EMPREENDENDO SONHOS

A HISTÓRIA DO LABORATÓRIO SABIN E
SEU PREMIADO MODELO DE GESTÃO

Janete Ribeiro Vaz e Sandra Soares Costa

EMPREENDENDO SONHOS

A HISTÓRIA DO LABORATÓRIO SABIN E
SEU PREMIADO MODELO DE GESTÃO

ALTA BOOKS
EDITORA
Rio de Janeiro, 2016

Empreendendo Sonhos — A história do Laboratório Sabin e seu premiado modelo de gestão

Copyright © 2016 da Starlin Alta Editora e Consultoria Eireli.

ISBN: 978-85-7608-944-5

Todos os direitos estão reservados e protegidos por Lei. Nenhuma parte deste livro, sem autorização prévia por escrito da editora, poderá ser reproduzida ou transmitida. A violação dos Direitos Autorais é crime estabelecido na Lei nº 9.610/98 e com punição de acordo com o Artigo 184 do Código Penal.

A editora não se responsabiliza pelo conteúdo da obra, formulada exclusivamente pelo(s) autor(es).

Marcas Registradas: Todos os termos mencionados e reconhecidos como Marca Registrada e/ou Comercial são de responsabilidade de seus proprietários. A editora informa não estar associada a nenhum produto e/ou fornecedor apresentado no livro.

Impresso no Brasil — 1ª Edição, 2016.

Edição revisada conforme Acordo Ortográfico da Língua Portuguesa de 2009.

Produção Editorial Editora Alta Books	**Supervisão Editorial** Sergio de Souza	**Design Editorial** Aurélio Corrêa	**Gerência de Captação e Contratação de Obras** J. A. Rugeri	**Vendas Atacado e Varejo** Daniele Fonseca Viviane Paiva
Gerência Editorial Anderson Vieira		**Marketing Editorial** marketing@altabooks.com.br	**Marco Pace** autoria@altabooks.com.br	comercial@altabooks.com.br
Produtor Editorial Thiê Alves				**Ouvidoria** ouvidoria@altabooks.com.br

Equipe Editorial	Bianca Teodoro Carolina Giannini Claudia Braga	Christian Danniel Jessica Carvalho Juliana de Oliveira	Mayara Soares Renan Castro Silas Amaro

Revisão Gramatical Iara Zanardo	**Diagramação** Lúcia Quaresma	**Layout e Capa** Aurélio Corrêa

Erratas e arquivos de apoio: No site da editora relatamos, com a devida correção, qualquer erro encontrado em nossos livros, bem como disponibilizamos arquivos de apoio se aplicáveis à obra em questão.

Acesse o site www.altabooks.com.br e procure pelo título do livro desejado para ter acesso às erratas, aos arquivos de apoio e/ou a outros conteúdos aplicáveis à obra.

Suporte Técnico: A obra é comercializada na forma em que está, sem direito a suporte técnico ou orientação pessoal/exclusiva ao leitor.

Dados Internacionais de Catalogação na Publicação (CIP)

V393e   Vaz, Janete Ribeiro.
          Empreendendo sonhos : a história do laboratório Sabin e seu premiado modelo de gestão / Janete Ribeiro Vaz e Sandra Soares Costa. – Rio de Janeiro, RJ : Alta Books, 2015.
          272 p. : il. ; 24 cm.

          Inclui bibliografia, índice e apêndice.
          ISBN 978-85-7608-944-5

          1. Empreendedorismo. 2. Laboratórios clínicos - Administração. 3. Inovação. 4. Sustentabilidade. I. Costa, Sandra Soares. II. Laboratório Sabin.

                                    CDU 658.012.29
                                    CDD 658.409

Índice para catálogo sistemático:
1. Empreendedorismo   658.012.29

(Bibliotecária responsável: Sabrina Leal Araujo – CRB 10/1507)

ALTA BOOKS
EDITORA

Rua Viúva Cláudio, 291 — Bairro Industrial do Jacaré
CEP: 20970-031 — Rio de Janeiro
Tels.: 21 3278-8069/8419
www.altabooks.com.br — e-mail: altabooks@altabooks.com.br
www.facebook.com/altabooks — www.instagram.com/altabooks

Dedicatórias

Dedico este livro, com admiração, à minha mãe, Geralda, uma mineira simples, dinâmica e cuidadora.

Ao meu pai, que, ainda jovem, foi ao encontro de Deus, mas deixou um grande legado, que serviu de base para a minha formação; era um fazendeiro, empreendedor e visionário admirável, além de ser o meu grande ídolo no mundo dos negócios!

Aos meus filhos, Leandro, Raquel e Rafael, que aprenderam a essência de nossos princípios e valores familiares. Obrigada pela alegria que trazem à nossa casa e por serem exemplos de filhos e seres humanos.

À Patrícia, minha norinha, e ao Matteo, que me trouxeram a alegria de ser avó.

E à Sandra, que, muito mais do que sócia e amiga, é a companheira que Deus escolheu para me complementar nesta obra.

JANETE VAZ

Dedico este livro aos meus pais, que sempre me incentivaram, com exemplos e valores, a ser independente e corajosa e me ensinaram a acreditar que tudo é possível.

Ao meu marido, Odilon.

Ao meu filho Marcelo, sua mulher, Fabia, e à minha neta Beatriz.

Ao meu filho Guilherme, sua mulher, Beatriz, e à minha neta Catarina.

E ao meu filho Gabriel.

São eles que sustentam minhas iniciativas e dão significado a tudo o que faço.

À Janete Vaz, minha amiga, companheira, sócia. Tão diferentes no modo de ser, mas tão iguais nos valores e princípios, juntas abraçamos o sonho de empreender e, nessas três décadas de convivência e parceria, conseguimos construir a confiança com nossos colaboradores, pautadas no respeito pelas pessoas, na transparência e na ética.

SANDRA SOARES COSTA

Agradecimentos

O êxito deste projeto — que reflete o espírito de equipe pelo qual o Laboratório Sabin é reconhecido — decorre do apoio, da colaboração e da confiança de muitas pessoas que, ao longo desses 30 anos, compartilharam conosco seu talento e sabedoria.

Agradecemos a todos os nossos colaboradores, pela permanente, incansável e eficiente contribuição. Eles são as nossas estrelas que brilham em todos os lugares. Sem eles, esta obra não existiria.

Aos nossos clientes, por acreditarem no nosso trabalho. Para eles, nasce, desde o primeiro dia, a energia que nos move.

Aos consultores e professores que trouxeram o conhecimento da academia para dentro da nossa organização. Além de nos estimularem a lapidar o nosso modelo de gestão, tornaram-se bons amigos:

Rosmary Delboni, pelo suporte ilimitado e aconselhamento contínuo, que nos ajudaram a fazer a diferença na grande arte de liderar pessoas.

Luisane Vieira e Eduardo Ferraz, que tanto auxiliaram na conquista da excelência técnica.

Alexandre Vianna, Anníbal Affonso Neto, Dayse Carnaval, Eduardo Verás, Epiphânio Camilo, Fabian Salum, Leonardo Araújo, Luis Augusto Lobão Mendes, Newton Garzon, Ulisses Diniz e Vincent Dubois, professores da Fundação Dom Cabral, e Emerson de Almeida, fundador e presidente da instituição. Ao repartirem conosco sua experiência e nos dedicarem tempo e talento, contribuíram para que as histórias contadas neste livro se tornassem realidade.

Aos médicos, parceiros e fornecedores, criteriosamente selecionados, pelo apoio e credibilidade constante ao nosso trabalho. Somos grandes também por e para eles.

À Cristina Nabuco, jornalista que nos fez abrir a porta da memória e mergulhou fundo conosco para resgatar e registrar a nossa história.

À Andrea Pinheiro, que se encarregou da revisão dos originais.

À Fabia Barbieri, que contornou sucessivos obstáculos, levando à frente o trabalho de produção deste livro.

E a todos os colaboradores, parceiros, clientes e amigos que cooperaram com suas memórias e depoimentos para a realização de mais um sonho: a redação deste livro.

Recebam a nossa mais profunda gratidão.

JANETE VAZ E SANDRA SOARES COSTA

*"O que Deus quer é ver a gente aprendendo a ser
capaz de ficar alegre e amar no meio da tristeza.
Todo caminho da gente é 'resvaloso'.
Mas cair não prejudica demais.
A gente levanta, a gente sobe, a gente volta."*

GUIMARÃES ROSA, escritor mineiro (1908–1967)

*"A verdadeira coragem é ir atrás de seus sonhos
mesmo quando todos dizem que ele é impossível."*

CORA CORALINA, poetisa goiana (1889–1985)

Sumário

Prefácio xv

Introdução — Uma história de princípios xvii

Parte 1 — Uma empresa de alma feminina — 1

1 — Referência em saúde 3
Sabin em números 6
A história do Sabin 9

2 — O início de um sonho 11
A inspiração vem do berço 15
Exemplo materno 18
Na capital das oportunidades 21
Coragem para fazer diferente 26
Trabalho duro 31
Mais pedras no caminho 35
Tempo de evoluir 39

3 — A hora da virada 41
A nova matriz 43
A busca da certificação 46
Sistematizando a gestão de pessoas 49
De volta à escola 51
Trazendo novos conhecimentos 54
Crescimento sustentado e sustentável 59

4 — Desbravando caminhos 65
    Liderança feminina 68
    Confiança e compromisso 70
    Cuidando de quem cuida 73
    A sucessão 77

Parte 2 — Gestão com amor   83

5 — Prazer em servir 85
    E por falar em pão de queijo... 89
    Serviços diferenciados 91
    O que não se vê 92

6 — Pessoas em primeiro lugar 97
    Modelo de gestão 100
        Desenvolver 101
        Desafiar 106
        Reconhecer 106
        Recompensar 108
        Celebrar 121
    Seleção criteriosa 123
    Atraindo jovens talentos 125
    As boas-vindas 128
    Laços de ternura 132

7 — Inovar é preciso 135
    Está no DNA 138
    Incentivo à pesquisa 142
    Apoio aos parceiros 146

8 — Responsabilidade social 149
    Visão ampliada 152
    Promovendo a transformação social 155
    Nasce o Instituto Sabin 159
    Pioneirismo nos projetos 163
        Criança e Saúde 163
        Ludoteca 164
        Projeto Pescar Sabin 166

Projeto Meninas e Mulheres 167
Junior Achievement 168
Unidade Móvel de Promoção à
Saúde Samurai 169
Equipe de Esporte 169
Outras Iniciativas Sociais 169
Incentivo à reflexão 170

9 — Sustentabilidade na prática 173
Gestão ambiental 176
Edifício verde 178

10 — A força da marca 183
A construção gradual 184
Disseminando a cultura 187

Tempo de celebrar 191

Conclusão — O futuro já começou   201

Referências bibliográficas 205

Anexo 1: Premiações do Laboratório Sabin 207

Anexo 2: Unidades de atendimento 221

Índice 233

Fotos 237

Prefácio

Receber o convite para prefaciar o livro de comemoração das mais de três décadas do Laboratório Sabin e seu premiado modelo de gestão é uma honra.

A trajetória do Sabin tem um marco importante em sua história, que é o servir, cuidar e respeitar o ser humano.

Uma organização não alcança notoriedade da noite para o dia. O êxito de uma instituição está no fruto do esforço incansável, da perseverança, da competência e da atenção aos detalhes de cada etapa de sua edificação.

Assim como a Fundação Dom Cabral (FDC) nasceu de um sonho que teve como objetivo compartilhar e construir algo incomum e nobre para a comunidade, o mesmo ocorreu com o Sabin. O laboratório nasceu do sonho de construir algo que se tornasse um referencial na prevenção da saúde e contribuísse para a construção de uma sociedade mais igualitária e humana.

Servir e celebrar a vida são virtudes que conduzem o sonho das idealizadoras, Janete e Sandra, alicerçado ao modelo Empreendedor de Gestão em Serviços. Servir é uma atitude complexa e exige cooperação, dedicação e amor ao que se propõe a fazer. Ao longo desses 30 anos de aprendizado e ensinamentos, a visão de futuro propiciou ao Sabin a conquista de ser um dos pioneiros na América Latina a investir em tecnologia e automação laboratorial integrada, garantindo o crescimento da empresa e a qualidade dos exames. Essa atitude evidencia a capacidade do Sabin de crescer de forma sustentável, inovando em modelos de gestão que privilegiam resultados econômico-financeiros e o desenvolvimento social por meio dos pilares conceituais da sustentabilidade.

O Sabin é um parceiro e uma referência em cidadania. Ser reconhecido internacionalmente é um privilégio. Estar entre as 100 Melhores Empresas em Cidadania Corporativa é muito mais do que um motivo de orgulho para a família Sabin. É o resultado de um modelo inovador aliado ao "Jeito Sabin de Ser", uma particularidade que está no DNA das empreendedoras Janete e Sandra.

Registro o meu agradecimento ao colega Fabian Salum, responsável pela relação da FDC com o Laboratório Sabin por longos anos e também pela inspiração deste texto, e o meu desejo de que a longevidade do Sabin transcenda e continue a formar talentos e lideranças que compartilhem valores, crenças e princípios humanitários.

Emerson de Almeida

Fundador e Presidente da Diretoria Estatutária da FDC

Introdução
— Uma história de princípios

Para o teólogo e escritor Rubem Alves, "aquilo que está escrito no coração não necessita de agendas porque a gente não esquece; o que a memória ama fica eterno". Janete Ribeiro Vaz e Sandra Soares Costa guardam na lembrança um almoço ocorrido em dezembro de 2011 na imponente Torre New York, sede do jornal *Valor Econômico*, em São Paulo. Um júri formado por representantes da academia, de consultorias e do setor empresarial as elegera entre as 15 melhores gestoras do país na segunda edição da revista *Valor Liderança Executiva*, produzida em parceria com a empresa de seleção de executivos Egon Zehnder.

Não foi o primeiro prêmio recebido por essas empreendedoras, que, em 1984, abriram um pequeno laboratório de análises clínicas em Brasília. Com ousadia, perseverança, competência técnica, ética, zelo pelas pessoas, paixão pelo negócio e uma parceria afinada, elas fizeram do Sabin uma empresa singular. Em um mercado dominado por gigantes, Janete e Sandra cresceram conquistando a confiança dos clientes, o respeito da classe médica, a admiração dos colaboradores e o orgulho da comunidade. Conseguiram, inclusive, destacar-se internacionalmente apoiando a pesquisa científica.

Em 2006, na 10ª edição do *Guia Exame* — *Você S/A*, "As Melhores Empresas para Você Trabalhar", o Sabin foi o 1º colocado em "Responsabilidade Social e Ambiental", a 5ª "Melhor Empresa para a Mulher Trabalhar" e a 2ª "Melhor Empresa para Trabalhar na Categoria Serviços de Saúde". Cinco anos depois, o Sabin foi anunciado como "A Melhor na Gestão de Pessoas" pela revista *Valor Carreira* na categoria de 501 a 1000 funcionários e se sagrou o grande campeão entre os 30 destaques escolhidos por meio de pesquisa feita pela Aon Hewitt em parceria com a revista.

Naquele ano, 2011, ele já se tornara o maior laboratório do Centro-Oeste e se projetava no cenário brasileiro, dando início ao processo de expansão que o levou a ter mais de 170 unidades de negócios espalhadas por oito estados mais o Distrito Federal, totalizando mais de 3000 funcionários. Em maio de 2013, Janete foi até o México receber outro prêmio memorável: "Melhor Empresa para Trabalhar na América Latina", concedido pela *Great Place to Work Institute*. O Sabin obteve o primeiro lugar entre as organizações com mais de 500 colaboradores. Esses são apenas alguns exemplos de reconhecimento. A página do laboratório na internet (www.sabin.com.br) lista nada menos do que 95 premiações de 2004 a 2013, sem contar as homenagens e produções técnico-científicas.

Contudo, figurar entre as 15 melhores gestoras de empresas do Brasil teve um sabor especial de vitória. "Senti-me prestigiada e valorizada pelo trabalho realizado", conta Sandra, que sentou-se com várias líderes de sucesso durante o almoço. "Janete e eu somos duas fazedoras. Fomos fazendo e fazendo... Não tínhamos parado para ter a dimensão da referência que o Sabin virou. Ser recebida com tanto carinho, ao lado de grandes mulheres, executivas de multinacionais, mostrou aonde havíamos chegado e trouxe orgulho do que eu e minha sócia construímos: uma empresa estruturada, comprometida com a qualidade e o prazer de servir."

Sandra recordou os primeiros anos do Sabin, quando dispunham de muito conhecimento técnico e quase nenhuma experiência de gestão. "Realizamos um trabalho árduo. Em muitos momentos, quando não sabíamos o que fazer, seguimos a nossa intuição. Acreditamos que era possível e corremos atrás. Acertamos, erramos e mudamos de direção. Quem ama o que faz, aprende com os erros. Valeu a pena."

Janete também se emocionou naquele dia. "A gente não imaginava que chegaria tão longe", atesta. Tanto ela quanto Sandra compartilham os louros com sua equipe. "Estas premiações são reflexo do esforço, dedicação, alegria e disciplina que nossos colaboradores oferecem todos os dias aos nossos clientes e parceiros", diz. Um dos principais bordões do Sabin é incentivar os colaboradores a tirarem os sonhos da gaveta. "Ao ajudarmos as pessoas a realizarem seus sonhos, elas se tornam mais felizes e, por isso, produzem mais e melhor", acrescenta Janete. "Ficamos felizes com os prêmios, mas não há nada melhor do que ver efetivamente a mudança na vida das pessoas."

Essa visão tem um significado contundente no momento em que o laboratório completou 30 anos de atividade, fiel à receita que o consagrou — o foco nas análises clínicas, o "arroz com feijão do setor", sem introduzir no "cardápio" de serviços exames de imagem que podem gerar margens de lucro maiores, como fizeram seus pares. E, sobretudo, observando os princípios que sempre nortearam sua atuação e traduzem a essência da marca: verdade, saúde total, tecnologia, empatia, inovação e felicidade.

O laboratório comemorou seu aniversário de 30 anos investindo no crescimento orgânico (abertura de novas unidades nas praças para onde se expandiu) e na governança corporativa. As sócias Janete, 60 anos, e Sandra, 62 anos, deixaram a operação para se concentrarem na estratégia, nas funções de presidente e vice-presidente, respectivamente, do Conselho de Administração do Grupo Sabin. Desde janeiro de 2014, os cargos diretivos foram confiados a lideranças formadas no laboratório: Lídia Abdalla, 40 anos, ex-superintendente técnica, é a presidente executiva, assessorada por quatro diretores. "Temos a tranquilidade de saber que convidamos as pessoas certas para cumprirem esta missão, para nós, gloriosa, pois estamos entregando uma empresa saudável, valorosa financeiramente e com uma marca forte", afirma Janete.

Este livro pretende contribuir para essa transição ao registrar fatos ocorridos ao longo das três décadas, notadamente os obstáculos vencidos e as lições aprendidas, além de passagens narradas por quem ajudou a construir a cultura organizacional do Sabin.

Ele foi dividido em duas partes.

A primeira abre com um panorama do que a empresa representa hoje, segue contando a história do laboratório, desde o sonho das fundadoras até a profissionalização, e termina com os diferenciais, em especial a maneira particular de exercer a liderança cultivada pelas fundadoras.

A segunda parte aborda as lições de gestão: compromisso com o cliente, investimento nas pessoas, inovação e busca de excelência, responsabilidade social, sustentabilidade ambiental e construção da marca.

As considerações finais evidenciam os desafios para o futuro.

O objetivo maior do livro é apresentar uma empresa de princípios.

Segundo o dicionário:

> Princípio — S.m. Começo, origem, fonte. / Física. Lei de caráter geral que rege um conjunto de fenômenos verificados pela exatidão de suas consequências: princípio da equivalência; S.m.pl. Regra da conduta, maneira de ver. / Regras fundamentais admitidas como base de uma ciência, de uma arte, etc.

Então, nada mais oportuno do que contar como tudo aconteceu desde o princípio.

PARTE 1

Uma empresa de alma feminina

Onde excelência rima com calor humano

1
Referência em saúde

"Quando cheguei à unidade do Centro Empresarial Brasília Shopping para conhecer o Sabin, achei que estava no endereço errado: tinha música ao vivo na recepção", conta Rosmary Delboni, administradora de empresas e especialista em sistemas de responsabilidade social, que presta consultoria ao laboratório desde 2002.

Em vez das tradicionais paredes brancas e dos móveis em tons neutros que remetem à frieza do ambiente hospitalar, ela se deparou com uma decoração aconchegante: poltronas forradas de tecido azul-royal ou coral, cadeiras verde-claras, divisórias de vidro, madeira clara nas mesas e bancadas, porcelanato bege no chão e uma parede enorme, azul-escura, bem atrás do balcão da recepção.

Desde as sete horas da manhã, um músico tocava para amenizar a ansiedade dos clientes devido ao desconforto da picada de agulha e ao temor dos resultados desconhecidos. Além disso, havia no ar um aroma tentador de pão de queijo, oferecido em substituição às bolachinhas para quebrar o jejum indispensável à realização de muitos exames.

O clima também lhe pareceu incomum: no lugar da sobriedade dominante nos serviços de análises clínicas, encontrou calor humano. Atendentes sorridentes e atenciosos tratavam os clientes pelo nome.

"Da primeira impressão até hoje, o Sabin me encanta. É tudo muito vibrante. Sinto a paixão das pessoas, que se entregam de corpo e alma. Sinto vida, dinamismo. O Sabin é uma organização pulsante", descreve Rosmary.

> *Muitos gráficos mostram o quanto a empresa cresceu em clientes, faturamento e mercado... Mas em nenhum momento arrefeceu o entusiasmo da equipe, a começar pelas sócias, incluindo todos os colaboradores. O vínculo com a empresa é apaixonado. Isso é a alma do Sabin.*

O laboratório cresceu e se tornou referência nacional no ramo de medicina diagnóstica, sem abrir mão do atendimento humanizado. Investiu nos mais avançados sistemas de informação e automação do mercado para servir em grande escala — em 2012, atingiu a marca de 100 unidades de atendimento, instaladas em pontos estratégicos em seis estados mais o Distrito Federal. Porém, mesmo assim, conseguiu manter a informalidade e o engajamento da equipe observados nas empresas de menor porte.

A sede do laboratório, no Brasília Shopping, possui seis mil metros quadrados destinados a atendimento, apoio logístico, setor administrativo e área técnica. As análises clínicas efetuadas no Núcleo Técnico Operacional (NTO), a partir de amostras biológicas (urina, fezes, sangue e secreções), possibilitam o diagnóstico de várias patologias nas especialidades de hematologia, endocrinologia (hormônios), imunologia, micologia, microbiologia, parasitologia, biologia molecular, toxicologia e citogenética.

O portfólio do Sabin oferece mais de três mil tipos de exames, que incorporam as mais modernas metodologias no que tange a equipamentos de última geração, profissionais altamente qualificados e controle de qualidade rigoroso, bem como estão em constante processo de evolução. Todas as fases são automatizadas, desde o recebimento das amostras, identificadas por etiquetas contendo códigos de barras, até a emissão do laudo.

A informatização do sistema garante a rastreabilidade e a segurança na identificação das amostras, a precisão e a exatidão das análises, a confiabilidade dos resultados e a agilidade da entrega: 98% dos resultados são liberados em até 24 horas. O laboratório mantém unidades de processamento de exames em todos os estados em que atua.

A qualidade do serviço é submetida a controle externo por meio do Programa de Acreditação da Sociedade Brasileira de Patologia Clínica (PALC) e do Programa de Excelência para Laboratórios Médicos

(PELM)[1], que avaliam todas as etapas da realização dos exames, bem como a exatidão e a confiabilidade dos resultados. A Agência Nacional de Vigilância Sanitária (ANVISA) exige adequação de 80%. Há vários anos, o Laboratório Sabin conquista índices acima de 99% de adequação no controle de qualidade do PELM.

O dinamismo observado pela consultora Rosmary Delboni estimulou a diversificação do negócio. Formou-se o Grupo Sabin, que, além do laboratório, abrange mais duas organizações: a clínica de imunização Sabinvacinas e o Instituto Sabin.

Criada em 2008, a Sabinvacinas possui 14 unidades no Distrito Federal e uma em Salvador, onde administra mais de vinte tipos de vacinas para todas as faixas etárias, inclusive aos viajantes, também com alto padrão de qualidade e atendimento personalizado.

O Instituto Sabin[2] é a organização social que, desde 2005, reúne e formaliza as práticas de responsabilidade social do Laboratório Sabin: dedica-se à promoção da qualidade de vida dos colaboradores e de toda a comunidade, organizando suas ações em três áreas temáticas — saúde, esporte e educação.

Um dos projetos mais antigos do instituto, o Pescar Sabin, objetiva a formação pessoal e profissional de adolescentes em vulnerabilidade social, com a participação de empresas parceiras. Ao longo de mais de uma década de atividade, o projeto capacitou mais de 164 jovens. Cerca de 90% deles estão empregados.

Por meio de ações como essa, o Sabin procura disseminar seus valores e fortalecer sua marca. "A diferença entre vocês e outras empresas é que as outras falam que fazem, mas não se observa a prática falada permeando a organização: os clientes estão insatisfeitos e os talentos são desperdiçados", foi o diagnóstico ouvido por Janete Vaz de um consultor. "Vocês do Sabin falam e fazem."

Sandra Costa reforça o comentário, dizendo que "os valores do Sabin não estão na parede, estão na vida das pessoas. Por isso, eles nos sustentam e nos diferenciam no mercado como uma empresa ética, responsável e inovadora".

---

[1] Mais informações sobre essas certificações são fornecidas no Capítulo 5.

[2] Informações mais detalhadas sobre a atuação do Instituto Sabin estão disponíveis no Capítulo 8.

SABIN EM NÚMEROS

O maior laboratório do Centro-Oeste não se identifica apenas como prestador de serviços no segmento de análises clínicas. Seu negócio é a promoção da saúde e sua missão é oferecer serviços de excelência em medicina laboratorial.

Em 2015, atingiu mais de 170 unidades de negócios em todo o Brasil. No Distrito Federal, onde se localiza a sede, há mais de 80 unidades, que detêm 60% de *market share*. O Laboratório Sabin está presente também em mais oito estados: Amazonas, Pará, Tocantins, Bahia, Goiás, Minas Gerais, São Paulo e Mato Grosso do Sul.

O número de atendimentos diários supera oito mil. São atendidos mais de 2,4 milhões de clientes por ano, totalizando 28 milhões de exames por ano.

A organização emprega 3000 pessoas, das quais 77% pertencem ao sexo feminino e 23% ao sexo masculino. As mulheres ocupam 77% dos cargos de liderança, não por haver preferência de gênero, mas em decorrência da política de valorização de pessoal. Mais da metade da equipe (65%) tem acima de dois anos de casa.

A idade média do colaborador é de 33 anos e o percentual de jovens chega a 19,5%. Em 2013, o Sabin foi premiado como uma das 35 "Melhores Empresas para Começar a Carreira — Destaque em Desenvolvimento Profissional". O guia, da revista *Você S/A*, avaliou as práticas para gerir profissionais com idades entre 18 e 26 anos adotadas por 84 empresas radicadas no Brasil. No Sabin, mais da metade dos profissionais nasceu após 1980: 54% dos colaboradores pertencem à geração Y.

Ainda segundo o guia, o Sabin destina 5% de seu faturamento ao desenvolvimento da equipe por meio de bolsas de estudo, palestras, congressos, simpósios, treinamentos e workshops, muitos deles realizados no próprio auditório do laboratório. "O líder que, em seis meses, não acrescenta uma linha ao seu currículo está com problemas", observa Janete Vaz.

Em 2012, foram aplicados cerca de 400 mil reais somente em bolsas de estudo (são 120 para graduação por semestre). Outro dado relevante: 99% dos gestores foram formados internamente (34 são da geração Y), o que garante ao laboratório um banco de sucessores alinhados com os valores e os princípios da empresa.

Terminadas as análises, o índice de felicidade do jovem que trabalha no Sabin foi calculado em 82,4.

Ainda não é corrente falar em felicidade no ambiente empresarial. Com a supervalorização da recompensa financeira a partir dos anos 1970/1980, a lógica trabalhista resumiu-se a "engolir sapos em troca de um bom salário", como definiu, de maneira nada poética, o jornalista Alexandre Teixeira no livro *Felicidade S.A.* (Arquipélago Editorial). No entanto, o autor defende que a felicidade no trabalho é o lado menos visível da sustentabilidade e divulga experiências de empresas que estão quebrando paradigmas do mundo corporativo. O Sabin é uma delas.

Nas palestras que realiza pelo país, difundindo o *case* do laboratório que ajudou a fundar, Janete Vaz diz com indisfarçável orgulho: "No Sabin, até a felicidade se mede". De fato, os números apresentados quando o Sabin foi eleito o "Melhor do Setor de Serviço de Saúde" no *Guia Exame — Você S/A* de 2011 são eloquentes:

- 96,8% dos colaboradores se identificam com a ideologia da empresa;
- 91,9% estão satisfeitos e motivados;
- 90,8% acreditam ter desenvolvimento;
- 90,6% dos colaboradores aprovam seus líderes.

Em 2013, o laboratório foi reconhecido pela terceira vez no *Guia Você S/A* — "As Melhores Empresas para Você Trabalhar" como a melhor do setor de Serviços de Saúde e recebeu o título de "Destaque em RH". A pesquisa apurou o índice de felicidade no trabalho de seus colaboradores: 90,3.

Conhecido por sua premiada política de recursos humanos, o Sabin aplica 19% de seus resultados em gestão de pessoas. A alma feminina, característica do laboratório, convive em harmonia com o controle de caixa. O faturamento da companhia chegou a R$325 milhões em 2013. Um sinal de que as empresas podem atingir grandes resultados ajudando os colaboradores a realizarem suas aspirações pessoais.

As metas para 2015 são ambiciosas: superar 170 unidades de atendimento, aumentar o quadro de funcionários em 15% e elevar o faturamento para acima de R$500 milhões (crescimento de 30%). Sua expectativa é ampliar a operação para outras cidades brasileiras.

Vários fatores explicam o sucesso de uma organização. No caso do Sabin, Rosmary Delboni destaca a paixão aplicada ao que se faz, a responsabilidade para tratar o negócio e a sinergia existente entre as sócias.

> *Sandra e Janete demonstram ter uma sabedoria intuitiva, que eu chamo de inteligência empresarial, mas também buscam processos formais e aprendem rápido a utilizar as ferramentas que o mercado oferece. Esse equilíbrio mantém a empresa coesa e bem conduzida.*

O próximo capítulo recorda como as sócias pavimentaram sua trajetória bem-sucedida. As duas bioquímicas que tiveram a coragem de montar um laboratório em vez de se limitarem a exercer funções técnicas em serviços dirigidos por terceiros — em geral médicos, como era praxe na época — imprimiram mudanças significativas ao seu segmento e deixaram sua marca na história do empreendedorismo brasiliense e um valioso legado para os interessados em práticas inovadoras de gestão.

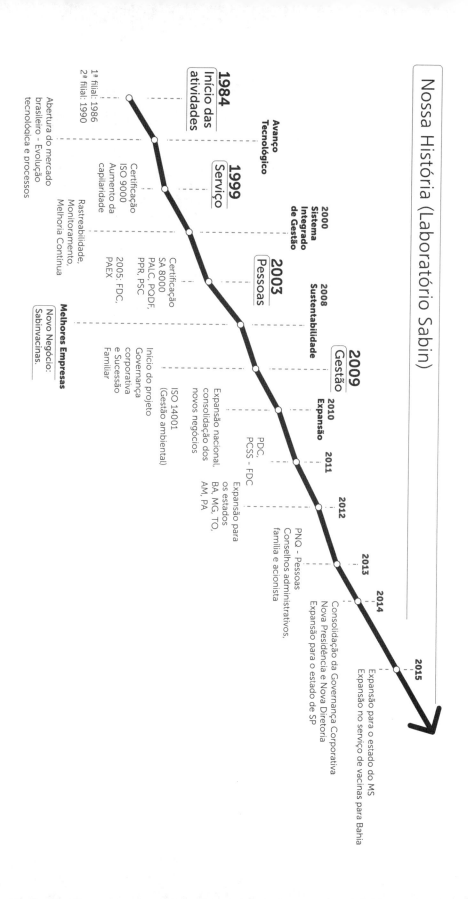

2

O início de um sonho

O Sabin abriu suas portas em uma quarta-feira, 2 de maio de 1984. A primeira cliente foi uma senhora de nome auspicioso: Dona Glória. "Interpretamos como um sinal dos anjos de que o nosso laboratório seria uma glória", conta Sandra Costa.

Natural de Inhapim[1], cidade mineira do Vale do Rio Doce, ela encontrou em Janete Vaz, goiana de Anápolis[2], localizada a 53km da capital Goiânia, a parceria ideal para realizar o sonho do negócio próprio. "Janete é evangélica, eu sou católica. Sempre tivemos uma religiosidade muito profunda. Costumo dizer que Deus é o diretor-geral do Sabin." A espiritualidade vai além da religião, explica Janete: "Procuramos transmitir e perpetuar bons valores, que consideramos na tomada de decisões".

Elas se conheceram em 1980, trabalhando no Laboratório Planalto, em Brasília. As duas eram formadas em Farmácia e Bioquímica — Sandra pela Universidade Federal de Minas Gerais e Janete pela Universidade Federal de Goiás. A resolução de abrir um serviço de análises clínicas foi tomada de comum acordo em um sábado de 1984, em uma conversa telefônica, depois do almoço. Empolgadas, começaram a sonhar e partiram para a ação.

Naquela mesma tarde, lá foram as duas procurar um espaço físico para instalar o laboratório. Janete, que nutria esse projeto há anos, vivia olhando salas. "Rodamos a cidade inteira, analisando possibilidades", conta Sandra. "Até que Janete se lembrou de uma sala para alugar no Edifício de Clínicas." Era um local novo, um polo

---

[1] A população do município mineiro de Inhapim é de 24.269 habitantes, segundo o censo do IBGE de 2010.

[2] Anápolis tem 334.613 habitantes, conforme o censo do IBGE de 2010.

de desenvolvimento na Asa Norte, com muitos consultórios recém-inaugurados. Janete olhou o prédio e disse: "Aqui vai ser o nosso laboratório".

A maior vantagem era a proximidade dos médicos, já que muitas clínicas funcionavam ali. O maior obstáculo era de ordem financeira. Tanto o aluguel quanto o condomínio eram caríssimos. E já havia outro laboratório atendendo no edifício. Mas as duas não se intimidaram. "Às 18h, já estávamos na calçada em frente à porta de onde seria a primeira unidade do Sabin", completa Janete.

No dia seguinte, um domingo, saiu um anúncio nos classificados do *Correio Braziliense*, maior jornal do Distrito Federal, dizendo: "Vendo equipamento completo para laboratório". "Aí o sonho começou a se concretizar", acrescenta Janete. Tudo foi resolvido em um fim de semana.

O anúncio era de um laboratório que acabara de ser desativado. Estavam à venda um microscópio, uma centrífuga, maca e alguns recipientes de vidro. Janete e Sandra compraram tudo. Quando o antigo proprietário soube que pretendiam montar um laboratório, concordou em parcelar o pagamento em seis vezes.

Trataram de reunir suas economias. Sandra tinha uma pequena reserva financeira, formada graças ao seu trabalho em instituições públicas e privadas e ao do marido, o dentista Odilon Costa, que possuía uma ótima clientela. Janete tinha alguns dólares guardados em casa, além de três empregos, que manteve até o negócio dar certo; vendeu o carro e pediu empréstimo ao pai para quitar algumas parcelas. "Pagamos tudo a ele, que só não cobrou os juros", recorda Janete. Da quarta parcela em diante, o caixa do laboratório assumiu a despesa.

O passo seguinte seria reformar a sala para abrigar o laboratório. Foi feito um projeto e Odilon desenhou a primeira recepção. Sandra e Janete conversavam todas as noites por telefone para acertar detalhes da obra.

Em uma das noites, o assunto foi o nome do laboratório. Sandra comentou que, em Belo Horizonte, era comum os laboratórios terem nome de pessoa. As duas concordaram em homenagear algum benfeitor da humanidade. Começaram a levantar opções até que Odilon, que estava na sala ao lado, sugeriu Sabin[3]. A ideia teve ótima acolhida. "Sabin foi um cientista, benfeitor da humanidade, profissional inovador. Criou a vacina da gotinha contra paralisia infantil em um tempo em que só existia vacina injetável e a doença fazia muitas vítimas. Seu nome já traduz a consciência de saúde", explica Sandra. "Chegamos à conclusão de que tinha tudo a ver com a gente. E decidimos por telefone. Essa agilidade sempre nos marcou. A facilidade para tomar decisão nos acompanha até hoje."

O Sabin começou em uma sala de 100m², com equipamentos de segunda mão — não havia dinheiro para adquirir aparelhos mais sofisticados, como um microscópio melhor e um espectrofotômetro[4]. De acordo com Sandra Costa, isso só foi possível porque naquele tempo grande parte do trabalho de análises clínicas era manual. Hoje seria inviável, pois os laboratórios precisam ter acesso à tecnologia de ponta. O número de funcionários também era reduzido: três; uma recepcionista, que atendia os clientes e fazia o faturamento, o coletor de sangue Edésio Salgado e a faxineira Dona Francisca, mãe da Cidinha, atual supervisora do Faturamento, que fazia a limpeza aos sábados. Fora as sócias-fundadoras, que também punham a mão na massa.

"O que oferecíamos não era o tangível, mas o intangível", afirma Sandra. "Era qualidade, competência, credibilidade, inovação, presteza, acolhimento, o jeito diferente de atender e o foco no cliente, valores que sempre nos pautaram."

Janete relembra aqueles primeiros anos: "Existia muita vontade de crescer, de fazer exames novos, de ter equipamentos novos, de ter metodologias novas, de proporcionar atendimento diferenciado, de chamar o cliente pelo nome, de sorrir às sete horas da manhã, de dizer 'bom dia' ao primeiro, segundo, terceiro e assim, sucessivamente, a todos os clientes".

Foi uma aposta arrojada. A cidade de Brasília oferecia oportunidades para empreendedores. Com as maiores redes de laboratórios con-

---

[3] Albert Bruce Sabin (1906-1993), médico e microbiologista polonês radicado nos Estados Unidos, tornou-se mundialmente conhecido pela criação de uma vacina oral contra a poliomielite.

[4] Espectrofotômetro é um aparelho largamente empregado em laboratórios, cuja função é medir e comparar a quantidade de luz (energia radiante) absorvida por uma solução. Serve para identificar e determinar a concentração de substâncias que absorvem energia radiante em um solvente.

centradas no Sudeste, havia mercado a explorar e espaço para pequenos negócios. Três serviços de análises clínicas se destacavam na capital: Exame, Pasteur e Planalto. O ramo era dominado por médicos e homens. Elas eram bioquímicas, mulheres e jovens. Sandra tinha 32 anos e Janete, 29.

O cenário sócio, político e econômico não era dos mais favoráveis. O país completava vinte anos de regime militar. Havia uma mobilização pela volta da democracia. De janeiro a abril de 1984, milhões de pessoas foram às ruas pelas Diretas Já. Porém, no final de abril, a emenda Dante de Oliveira, que estabelecia eleições diretas para presidente da República, não foi aprovada pelo Congresso Nacional.

A política econômica praticada pelo último governo militar, do presidente João Baptista Figueiredo, revelava-se incapaz de deter a inflação galopante. Em abril, ela chegara a 8,9%, inferior à do mês anterior, que batera em 10%, mas totalizando o apavorante índice anual de 228,9%, segundo dados da Fundação Getulio Vargas.

E pairava a sombra da Aids, a síndrome da deficiência imunológica adquirida, que nos três anos anteriores provocara 1700 vítimas fatais nos Estados Unidos e 21 mortes no Brasil. Em abril de 1984, o anúncio de isolamento do vírus causador, feito quase simultaneamente por dois cientistas, o norte-americano Robert Gallo, do Instituto Nacional de Saúde de Bethesda, em Maryland, e o francês Luc Montagnier, do Instituto Pasteur, em Paris, trazia a esperança de tratamento e produção de vacina.

No entanto, o clima dominante era de desesperança. Nem mesmo o futebol, fonte de tantas alegrias para o brasileiro, conseguira amenizar a sensação de estagnação. A eliminação na Copa da Espanha, de 1982, adiou o sonho do tetracampeonato. Sob comando do técnico Telê Santana, o time reunia craques como Zico, Sócrates, Falcão e Junior. Bastava um empate com a Itália para garantir a vaga na semifinal. A derrota por 3 a 2, com três gols de Paolo Rossi, o "carrasco" do futebol-arte, foi a grande zebra do mundial e uma das maiores decepções do esporte nacional.

Todas essas dificuldades não impediram Janete e Sandra de acreditar em seu sonho e fundar uma empresa de exames laboratoriais na capital do país.

O médico Francisco Airton Borges de Oliveira, clínico geral e pneumologista, tinha consultório no Edifício de Clínicas e acompanhou o Sabin desde o início:

> Havia basicamente um grande laboratório em Brasília, o Exame, fundado por médicos e muito conceituado. Qualquer laboratório novo diante dele seria considerado Davi contra Golias. Sandra e Janete eram pessoas bem qualificadas. Vieram com ideias novas. Cresceram devagar, investindo pesado no que é mais importante, a qualidade, e no bom relacionamento com os pacientes, os empregados e os parceiros. Buscaram novidades em congressos internacionais, as melhores máquinas, capacitação para os profissionais e assessoramento em business, mas tiveram que lutar muito para mostrar esse trabalho aos médicos e aos convênios. Garra não faltou. Sandra e Janete comeram o mingau pelas beiradas. Enquanto os outros laboratórios envelheciam, dormindo sobre os louros, o Sabin se renovava. O empreendimento cresce ano a ano porque elas fazem questão de evoluir.

A INSPIRAÇÃO VEM DO BERÇO

Janete Vaz atribui a motivação para abrir um negócio ao espírito empreendedor da família. "Muitas vezes, os gurus estão dentro de casa, alimentando-nos com ensinamentos", diz. Sua maior inspiração é o pai, Antônio Mendes Ribeiro. "Aprendi a fazer negócios no alpendre de casa, observando meu pai vender as cabeças de gado da fazenda. Tenho muito orgulho desse homem do campo, grande referência para a família e os amigos."

Terceira de seis irmãos, todos com nomes iniciados pela letra J — João, Jair, Janete, Jailda, Joar e Juarez —, ela viveu até os dez anos na fazenda do pai, em Anápolis. Veio ao mundo em 27 de agosto de 1954, no dia em que seu pai completava 23 anos de idade. "Ele enviou um bilhete para a minha avó dizendo que havia recebido uma boneca de presente de aniversário. A boneca era eu."

Antônio perdera o pai aos dois anos de idade. A mãe tornou a se casar dois anos depois com o tutor de seus filhos, que era tio paterno dos meninos, "o nosso querido contador de histórias, o Vô Chico", relembra Janete. Aos 16 anos, Antônio percebeu que o padrasto estava acabando com sua herança e pediu ao juiz para ser emancipado. Queria sair da tutela do Vô Chico e cuidar da própria vida. O pedido foi aceito e ele começou a trabalhar em sua pequena propriedade. Primeiro investiu na agricultura, depois entrou na pecuária. Conseguiu financiamentos e acabou se tornando um dos maiores fazendeiros do estado de Goiás.

"Papai tinha só o segundo ano primário, mas ensinou matemática e física para os filhos até todos passarem no vestibular. Era inteligente e íntegro. Tratava todas as pessoas da mesma maneira, fosse quem fosse, peão ou fazendeiro. E dizia: 'Sua palavra vale mais do que sua assinatura'. Daí vem o meu cuidado de cumprir contratos com fornecedores e encargos sociais."

Também tinha o hábito de sempre pagar seus agregados da fazenda no dia 30. "Quem trabalhou o mês todo merece receber no dia 30." Janete segue esse preceito. "Embora a lei autorize a pagar os funcionários até o quinto dia útil do mês seguinte, no Sabin, o dia de receber é o último do mês."

Outra frase de Antônio virou lição de saúde financeira para Janete: "Quem não sabe administrar o pouco, não sabe administrar o muito". "Aprendi com meu pai sobre administração, ética, respeito às pessoas, honestidade, humildade, garra e determinação. A fazer uma boa negociação e monitorar os resultados; a escolher bem a semente e o tempo certo de plantar. Graças a Deus, a Sandra me deixou de rédeas soltas e sempre tive liberdade de aplicar na gestão do Sabin as coisas que aprendi com ele."

Antônio tinha apenas 18 anos quando se casou com Geralda Moreira Ribeiro, de 17 anos, mulher tímida e trabalhadora. Participava da lida da casa e de seus seis filhos.

"Da minha mãe herdei a responsabilidade social e o gosto por cuidar das pessoas", conta Janete. "Se ela ganhava um doce, já dividia em oito pedaços. Algum filho podia argumentar: 'Mas papai não está em casa'. Ela respondia: 'Não faz mal, um pedaço é dele'. Quando matava um porco, distribuía entre as famílias da fazenda. Se algum agregado ficava doente, ela levava para cuidar na nossa casa." Até quando a mulher de um peão teve hanseníase, cuidou dela, mesmo morrendo de medo de lepra. "Essas coisas, você aprende em casa."

O início de um sonho

Para Janete, o maior passo de Geralda foi tomar coragem para sair da fazenda e se mudar para a cidade quando chegou a sua vez de estudar. "A escola da fazenda ia só até o 4º ano primário e eu queria continuar os estudos." Sua escolha profissional também foi influenciada por Geralda. "O sonho da minha mãe era ter uma farmácia. Ela achava que mulher casada poderia cuidar de um comércio e ter filhos. As mulheres não foram preparadas para o mercado. Tudo era voltado para o casamento."

Determinada a educar as filhas para serem boas esposas, Geralda costumava inscrevê-las em cursos. "Tive aulas de bordado, aprendi a confeitar bolos, e fiz corte e costura, que eu detestava. Minha irmã aprendeu a costurar bem. Eu só concluí o vestido do curso, mas adorava cozinhar. Preparei o bolo do casamento do meu tio. Quando meus filhos eram pequenos, eu assumia o fogão no domingo. Gostava de preparar pratos diferentes. Durante a semana, as empregadas revezavam a cozinha."

Janete passou em Farmácia e Bioquímica no vestibular da Universidade Federal de Goiás. No entanto, fez sua opção não pelo sonho da farmácia que sua mãe desejava, pois descobriu sua paixão pelas análises clínicas.

Outra fonte de inspiração para Janete foi a avó paterna, que tinha o nome muito parecido ao de sua mãe. Geralda Mendes Ribeiro se casou com o avô de Janete aos 13 anos de idade e ficou viúva aos 18 anos, quando já tinha dois filhos e estava grávida do terceiro. Depois de dois anos sozinha, casou-se novamente com o tio de seu marido.

Quando ela se mudou da fazenda para a cidade, Vô Chico já havia perdido quase tudo. Só deu para comprar uma casa em Anápolis. Para educar a filha do segundo casamento, Dona Geralda foi trabalhar como revendedora da Avon. Os filhos tentaram proibir, mas não deu certo. Ela era uma ótima vendedora e ganhava todos os prêmios por bater as metas. Assim, ganhava muitos brindes, que ela gostava de dar aos netos como presentes de casamento, como geladeira, televisão, artigos de prata e cristal. Fora os presentes que ela gostava de dar. "Minha avó lembrava o aniversário de todo mundo. Sua maior alegria era presentear as pessoas."

Janete perdeu o pai com apenas 63 anos e a avó aos 83 anos, em Anápolis.

EXEMPLO MATERNO

Sandra Costa recebeu da mãe as primeiras lições de empreendedorismo. Cecilia Joaquina Soares era costureira bem-conceituada na cidade de Inhapim. De constituição frágil, magra e sempre ativa, ela abriu um ateliê dentro de casa e contratou costureiras para trabalhar para ela. "Cuidava muito bem do seu negócio", relata Sandra. "Eu a admirava muito."

Seu pai, Silvestre Soares, administrava uma pequena fazenda e possuía uma Kombi com a qual prestava serviços a terceiros. Era uma pessoa alegre e um pai carinhoso, que gostava de boa mesa e de escolher os produtos da cozinha da família. Todos o chamavam de "Vete" e a filha era conhecida por "a Sandra do Vete". "Recebi dos meus pais características distintas. Na visão dos meus primos, sou uma mistura ótima dos dois. Minha mãe era focada no trabalho, disciplinada, religiosa. Também tive que trabalhar (e muito!). Mas também sou como meu pai: alegre, gosto de viver bem e de estar cercada de amigos."

Mais velha de três filhos, todos com nomes iniciados pela letra S — depois vêm a irmã Silma e o irmão Savio —, desde cedo Sandra ajudava a mãe. Era o suporte dela para compras de aviamentos e tecidos. "Com nove anos, eu pegava um ônibus para Caratinga, a cidade mais próxima, a 30km de distância, e passava o dia providenciando os itens da lista. Escolhia linhas, botões, tecidos do jeito que ela mandava, e controlava o dinheiro. Agradeço à minha mãe por ter me confiado essa responsabilidade e desenvolvido a minha autonomia."

Cecilia também exigia que a filha brilhasse na escola. Apesar de só ter feito o primário, valorizava os estudos e era rigorosa na cobrança. "Quando tirávamos notas abaixo de oito, ficávamos morrendo de medo de apanhar", lembra Sandra.

Além de microempresária, Cecilia exercia o papel de conselheira da família. Era quase a mais velha de onze filhos. "Os irmãos em melhor situação financeira (um era proprietário de uma indústria em Governador Valadares, o outro comandava uma grande fazenda no interior de Minas) vinham trocar ideias com ela no domingo."

O avô paterno de Sandra tinha bom poder aquisitivo, era um fazendeiro influente na região, muito rígido. Ela teve a oportunidade de conviver com ele e observar como conduzia seu agronegócio, uma fazenda de café. Já o tio-avô de Sandra era o farmacêutico prático da cidade.

"Meus tios mais novos estudaram em colégio interno. Era chiquérrimo! Tinha uniforme de gala, enxoval, louça. Minha mãe me dizia: 'Você não tem condições de ficar em internato. Para custear, teria que trabalhar lá dentro.' Só de pensar, eu ficava apavorada. Ela continuava a me alertar: 'Você não é filha do João Santana, você é neta'. Em outras palavras, eu teria de me esforçar. Nada seria fácil na minha vida."

Foi também com a mãe que Sandra conheceu a alegria de ajudar as pessoas. Cecilia fazia roupas e enxovais para as meninas que estudavam no colégio das freiras e não tinham meios de pagar. "Ela ajudava como podia e eu sempre tive isso comigo."

A família morou em Inhapim até Sandra completar 15 anos. "Minha mãe confeccionava todos os vestidos para festas e casamentos da cidade. Fazia o corte e as costureiras montavam a roupa." Daí Cecilia resolveu se mudar com os filhos para Belo Horizonte para eles prosseguirem os estudos. "Minha mãe não teve medo da mudança. Disse apenas: 'Se faço aqui, posso fazer lá'. Em BH, ela montou um negócio maior e ampliou a clientela."

Vete não se opôs. Continuou administrando o sítio nos dias úteis e, nos fins de semana, ia se encontrar com a família na capital mineira.

Sandra teve ótimos professores no ensino público de Inhapim. Espelhava-se principalmente em uma prima que era professora. Ela fez o curso de Letras e circulava pela cidade dirigindo seu carro. "Era mulher, professora e filha do prefeito, mas conquistou tudo com estudo. Admirava seu jeito livre e cosmopolita de ser. Ao terminarem o colegial, meus colegas queriam prestar concurso para o Banco do Brasil e hoje estão aposentados. Eu não pretendia fazer concurso. Queria estudar e crescer. Tinha uma inquietude dentro de mim e vi naquela professora um modelo."

Sua primeira escolha foi Medicina. Fez o científico para prestar o vestibular e, ao mesmo tempo, o curso Normal para se formar professora, por insistência da mãe. "Ela dizia que eu tinha que ter uma profissão. A vida não era fácil. Eu precisava de rendimento para ajudá-la com as despesas." Ela não passou no primeiro vestibular que prestou e se matriculou em um cursinho.

Sandra arrumou emprego assim que terminou o colegial: foi lecionar em uma escola primária no período da manhã. À tarde, estudava e, à noite, frequentava o cursinho. "Ali me identifiquei com as aulas de química. Então tive um estalo: 'Por que não escolher uma profissão que me permita fazer isso de que estou gostando tanto?'" Foi então que mudou seu foco para a Bioquímica.

Também contribuiu para essa decisão a convivência com uma irmã de sua mãe, a tia Cristina, que chamavam de Tia Nenê. "Ela era dez anos mais velha do que eu. Cursou Psicologia e se especializou em gestão de pessoas. Solteira, ela morava em um apartamento com duas colegas, a Carol e a Vera, estudantes de Bioquímica. Eu ia muito lá e ficava ouvindo as duas discutirem assuntos da profissão."

Sandra fez o vestibular em 1972. Estava muito bem preparada e teve um ótimo desempenho. Sua pontuação dava para entrar em Medicina, mas ela queria Bioquímica. "Gostei desde o começo", revela. Nos anos da faculdade, passou a dar aulas para o segundo grau: tirava dúvidas dos alunos nos plantões de biologia.

Na Universidade Federal de Minas Gerais, as aulas das disciplinas básicas reuniam alunos matriculados em vários cursos. Havia dez turmas, divididas por ordem alfabética. A turma de Sandra começava na letra O. "Ali eu conheci o Odilon, que fazia Odontologia. De colega de classe, ele passou a namorado. Casamos em julho de 1977 e meu filho Marcelo nasceu em agosto do ano seguinte, 1978."

Odilon Costa é de Monte Carmelo, também em Minas Gerais. "São sete irmãos de uma família acolhedora e calorosa", descreve Sandra. Quatro cunhados moravam em Brasília. Sandra e Odilon estiveram na cidade em dezembro de 1978 para o casamento de um deles. "Eu achava que nunca moraria na capital federal. A cidade não tinha o aconchego das ruas, aquelas esquinas em que todo mundo se conhece. Mas aconteceu."

O mercado de BH estava saturado de dentistas. O marido de Sandra tinha que se desdobrar atendendo em três consultórios para ter rentabilidade. Em Brasília, eles encontraram uma colega de faculdade do Odilon radicada na cidade. Ela disse que o campo para dentistas era ótimo, com muitos pacientes e bons convênios. Cinco dias depois, ele recebeu uma proposta de trabalho em um consultório montado em Brasília.

Sandra estava empregada em um laboratório pequeno de BH e dava aulas em um curso profissionalizante. "A proposta nos balançou e a razão falou mais alto. Se a gente quisesse crescer, não seria ali. Então decidimos aceitar a oferta. Estávamos confiantes: 'Vamos nos dar bem profissionalmente e ganhar muito dinheiro'."

Trataram de providenciar a mudança. "Em fevereiro de 1979, já estávamos instalados. Saí de BH com o Marcelo novinho, com apenas quatro meses, e minha mãe chorando enquanto se despedia do primeiro neto. Ela faleceu poucos meses depois, em setembro de 1979, aos 57 anos. Meu pai nos deixou em 1986."

NA CAPITAL DAS OPORTUNIDADES

Três dias após chegar em Brasília, Sandra estava empregada no terceiro maior laboratório da cidade, o Planalto. Uma amiga, Gessy Miranda de Araujo, trabalhava lá e a levou para conhecer as instalações e o dono, um militar, o Dr. Luiz Pouso, que foi o grande mentor de Sandra e Janete. "Nós o chamávamos de 'Capitão'. Ele me recebeu dizendo: 'Estamos precisando de gente boa'."

Havia uma carência de profissionais em Brasília por não existir uma faculdade de Farmácia e Bioquímica no Distrito Federal. Sandra trouxe uma carta do Conselho de Farmácia de Minas Gerais. Ao se encontrar com o representante do conselho local, soube que ele era de Juiz de Fora. Sandra era mais uma mineira chegando à capital. "Brasília foi generosa com a gente", diz.

O dia a dia no laboratório consistia em fazer muitos exames de rotina. Sempre ligada em inovação, Sandra questionava o Capitão: "Por que não introduzir novas análises?" Ele respondia com um lacônico: "Porque não". "Inconformada com a resposta, eu insistia e ele argumentava: 'Porque os médicos não pedem, é trabalhoso'."

De fato, a operação era extremamente manual. "Não existia automação. Era preciso preparar tudo, a começar da solução. Tinha que controlar as intercorrências para evitar erros. Dava trabalho, mas era gostoso. Eu adorava o desafio de preparar aquilo e ver que tinha dado tudo certo depois. E tinha que dar certo, porque os médicos dependiam do resultado para o diagnóstico", recorda Sandra.

Em março, a obstetra que fez o parto de um sobrinho de Sandra, Dina Veronica, inaugurou com o pediatra Viete Freitas uma clínica de quatro andares. Planejaram instalar um laboratório ali. Tinham até os equipamentos. Faltava alguém para coordenar o serviço. Sandra foi convidada. "Com dois anos de formada, aceitei o desafio. Tinha que contratar pessoas e conduzir processos."

Ela ficava meio período no Planalto e meio período no novo laboratório, o SAS. No mês seguinte, conseguiu um estágio no Hospital das Forças Armadas. Em 1979, em pleno regime militar, aquele hospital tinha o laboratório mais bem equipado de Brasília. "Os papas da área estavam lá", rememora Sandra. "Hospital é uma grande escola, pois todos os pacientes estão doentes. É a grande chance de unir o conhecimento teórico da faculdade à prática."

O duro era conciliar dois empregos, estágio e filho pequeno. Até acontecer um fato inesperado. Em um sábado, voltando de um churrasco, Sandra e o marido sofreram um grave acidente de carro na estrada. "Quebrei a perna e fiquei quase cinco meses de licença pelo antigo INPS (atual INSS). Durante esse período, intensifiquei meu estágio no hospital. Ia de gesso, cadeira de rodas, muletas."

Mal havia se recuperado do acidente quando perdeu a mãe. "1979 foi um ano conturbado e de muitas mudanças na minha vida. Houve definições e perdas. Foi um rebuliço! Mas Deus dá o que a gente consegue levar", diz.

Sandra conserva uma boa lembrança daquele ano. Em 1979, nasceu seu primeiro sobrinho, filho da irmã Silma, que morava em BH. "Mesmo grávida, ela se dedicou intensamente a cuidar da minha mãe em sua doença. E deu à luz o seu primeiro filho uma semana após a morte da mamãe. Foi uma alegria no meio de tanta tristeza!"

Sandra e Silma tiveram, cada uma, três filhos, que foram criados unidos. "Ela é minha amiga, meu porto seguro. Com a falta de nossos pais, nós nos apoiamos mutuamente em tudo", conta Sandra. O irmão caçula, Savio, reside na Alemanha com a esposa e um filho.

Terminado o estágio no Hospital das Forças Armadas, Sandra assumiu o cargo de técnica responsável pela primeira drogaria da 312 Norte, hoje Drogaria Rosário. "Trabalhei lá até 1981 e fui demitida. Eu anotava demais e perguntava demais. Fiquei arrasada! Foi a única demissão da minha vida. O pior é que eu tinha o sonho de montar uma farmácia."

Em 1980, as histórias das duas fundadoras do Sabin se cruzaram. Em fevereiro, Janete começou um estágio no Laboratório Planalto. Enquanto fazia graduação na Universidade Federal de Goiás, conheceu o namorado, depois noivo, marido e atual ex-marido, Rubens Vaz. Ele fazia Direito na Universidade de Brasília (UnB). Formada, Janete se casou aos 23 anos, fixou residência em Brasília e teve o primeiro filho, Leandro, aos 24 anos. Seu projeto era abrir um laboratório. Antes, porém, procurava emprego. Queria ver como o serviço de medicina diagnóstica funcionava na prática. O Planalto não estava contratando, então ela pediu um estágio. Falou que pretendia fazer mestrado na UnB. O Capitão aceitou.

"Sandra e eu nos demos muito bem", conta Janete. Decidida a encontrar um sócio para o projeto de abrir um laboratório, ela convidou a nova amiga. Ainda pensando em montar uma farmácia, Sandra recusou. "Nós éramos quatro no Planalto, dois médicos e duas farmacêuticas", lembra Janete. "Fiz a proposta para os três e nenhum aceitou. Um dia, soube de um laboratório que tinha quatro sócios. Um queria vender a parte dele. O Capitão, meu primeiro patrão e pai de profissão, deu um conselho: 'Janete, um é pouco, dois é bom, três é demais'." Atenta à recomendação, Janete voltou a procurar um sócio apenas.

O dono do laboratório fazia algumas análises especiais ao microscópio que consumiam muito tempo. Tinha uma fazenda, mas quase não podia usufruir porque precisava estar sempre ali no laboratório.

Janete começou a aprender a realizar a parte que cabia ao Capitão. À tarde, fazia a liberação da lâmina ao microscópio, depois voltava às 23h, quando o Capitão comparava o que ela fazia com o que ele fazia. Vendo que estava tudo correto, em um mês resolveu contratá-la.

Pouco depois, o pai do Dr. Pouso adoeceu e ele teve que ficar praticamente três meses afastado, acompanhando o familiar. Enquanto isso, Janete e Sandra garantiam a credibilidade dos exames. "O Capitão demonstrava confiança no nosso entusiasmo, no nosso envolvimento", revela Sandra. "A automação começava e nós estávamos abertas para aprender. Fora isso, passamos a nos envolver mais com os clientes e o Dr. Pouso nos ensinou a conversar com médicos e convênios."

Janete realizava um trabalho muito bom de empatia no atendimento aos clientes, o que não era comum nos serviços de medicina diagnóstica. Enquanto isso, Sandra começou a estudar para um concurso da Secretaria de Saúde do Distrito Federal. A prova aconteceu em dezembro de 1980 e ela foi chamada no ano seguinte, na primeira lista: estava entre os cinco primeiros colocados.

Sandra foi contratada para implantar o setor de Imunologia no hoje famoso Laboratório Regional de Ceilândia, na periferia de Brasília. A Secretaria de Saúde estava mudando o conceito de atendimento, com novos postos para coleta de sangue, e pretendia disponibilizar um laboratório de ponta. Porém, no final de março, Sandra descobriu que estava grávida. Uma semana depois, foi a vez de Janete anunciar a gravidez.

As primeiras máquinas para análises automatizadas estavam chegando. Sandra precisava assumir o trabalho na rede pública. Então, ela saiu do Laboratório SAS, deixando a clínica montada e Janete em seu lugar. À tarde, continuou no Planalto e, de manhã, ia para Ceilândia, a 35km de Brasília. "Comprei meu primeiro carro, um fusquinha, e dirigia até lá. Grávida, eu enjoava muito de manhã. Quando formamos um grupo de cinco colegas, criamos um transporte solidário: cada dia um ia e voltava dirigindo."

Guilherme, filho de Sandra, e Raquel, filha de Janete, nasceram com um mês de diferença: ele em 6 de novembro, ela em 6 de dezembro. As duas farmacêuticas do Planalto tiveram que abreviar a licença-maternidade para uma semana.

Sandra começou a sentir que era hora de reduzir o ritmo: "Pedi demissão do Planalto e fui trabalhar apenas de manhã no laboratório de Ceilândia. Trabalhando meio período, eu estaria mais próxima das crianças. Mas aí eu chegava em casa e o bebê estava dormindo. Ele dormia a tarde toda. Um mês depois, entrei em desespero. A Janete explicou a situação para o Capitão, que me aceitou de volta no Planalto."

Os irmãos do Odilon estavam pensando em investir em uma farmácia. Era o sonho de Sandra. Depois de encontrar um ponto adequado, ela abriu com os dois cunhados a Drogaria SOS em janeiro de 1984. A empresa teve quatro filiais, até ser vendida em 2000. No entanto, Sandra se decepcionou: "A atividade era muito rotineira e comercial. Ao contrário dos exames, que exigiam dedicação. Era preciso montar o material, estudar e aprender novas técnicas."

Para exemplificar como o trabalho era artesanal na confecção dos insumos e os procedimentos de realização dos exames eram todos manuais, Sandra recorda como era feita no Laboratório Planalto a dosagem no sangue de anticorpos contra rubéola. Na época, esse exame, que é um dos mais importantes solicitados no pré-natal, requeria sangue de pinto de um dia, por ser mais isento de anticorpos. Sandra se deslocava até a cidade-satélite de Sobradinho para colher o material e preparar a reação de rubéola.

Para o exame de lúpus, o FAN, eram usadas substâncias do fígado de ratos de laboratório recém-nascidos. Sandra ia ao biotério, escolhia um camundongo e fazia todo o processo de preparação manual das lâminas. O rigor em todas as fases diminuía a possibilidade de erros. "No final, o resultado era gratificante." Graças à precisão técnica, Sandra tornou-se uma profissional notável na área de imunologia, conquistou o respeito dos colegas e da classe médica e virou referência em análises clínicas na cidade.

Então, Sandra começou a refletir com mais carinho sobre o convite de Janete. E, em um sábado de 1984, deu o telefonema que mudou a vida das duas. Sandra perguntou à amiga: "Aquela ideia de abrir um laboratório está de pé?"

CORAGEM PARA FAZER DIFERENTE

Os primeiros seis anos do Sabin foram desafiadores. Sandra e Janete dividiam as tarefas e a mesa. Sua administração era guiada pela intuição e pela percepção. Elas centralizavam todas as decisões e essa prática foi mantida até aprenderem a fazer gestão. "A gente via a necessidade e agia. Simples assim", resume Janete.

"Nós fazíamos exames, acompanhávamos os clientes, intensificávamos o relacionamento com os convênios e os médicos e, no final do expediente, lavávamos e preparávamos o material para o dia seguinte. Tudo com entusiasmo e uma vontade enorme de crescer. Era o que me impulsionava e me recompensava. Tinha satisfação em saber que aquele negócio era a concretização de um sonho", informa Sandra.

O que valeu muito no início foi o bom relacionamento com os principais fornecedores, construído enquanto as sócias estavam no Planalto e nos outros empregos. Isso facilitou a aquisição de equipamentos. Um representante, o Zé Roberto, colocou um espectrofotômetro no Sabin e disse: "Vocês pagam quando puderem". Seis meses depois, as sócias começaram a quitar a dívida.

O Capitão também as apoiou. Ele foi um dos primeiros avisados sobre a gestação do Sabin, já que as fundadoras queriam que tudo fosse transparente. Janete fazia análises hormonais em um equipamento do Planalto que o Sabin ainda não possuía, logo estava impossibilitado de proceder àqueles testes. Na primeira semana de funcionamento, em maio, o Capitão decretou: "A Janete vai fazer os meus exames. Põe o de vocês também." Assim, mesmo sendo um laboratório pequeno, o Sabin teve condição de efetuar dosagens hormonais (T3, T4, Beta-HCG). O teste da gravidez (Beta-HCG) na urina precisava de dois meses de atraso menstrual. Com o equipamento do Planalto, era possível fazer o exame antes, no sangue.

Logo no início, o Sabin conseguiu fechar alguns bons contratos com convênios, como, por exemplo, com a Aster (Associação dos Funcionários da Terracap). "Tínhamos exclusividade no atendimento e isso nos garantiu a receita para honrar todos os compromissos, a reforma, a folha de pagamento...", relata Sandra.

Na época, os ministérios contratavam o serviço privado de saúde para fazer exames. O Sabin participava de todas as licitações. "Os concorrentes prestavam atenção, liam cada linha da nossa proposta em busca de motivo para nos rejeitar", recorda Janete. "Nós incomodamos desde o começo."

Elas, ao contrário, não estavam focadas nas ações dos demais laboratórios. "Estávamos abertas a escutar a 'voz interior' da empresa. Pensávamos no que fazer para melhorar a nossa atuação. Sempre tivemos um cuidado obsessivo com os detalhes, por menores que parecessem. O envelope em que é entregue o laudo, por exemplo, tinha que ser bonito e bem-feito. O crescimento e a liderança vieram como consequência desse posicionamento", acrescenta Sandra.

Desde o início, sua meta era encantar o cliente. Sandra relembra: "Já começamos quebrando pequenos paradigmas no atendimento". O sangue era colhido apenas de manhã; à tarde, os laboratórios não atendiam o público. O Sabin começou a fazer a coleta à tarde. Os laboratórios fechavam na hora do almoço. O Sabin, não. Janete ficava lá de manhã e Sandra à tarde, o que permitia atendimento em horário corrido.

O expediente dos laboratórios encerrava às 17h30. "Se um médico precisasse de algum exame às 18h, a gente fazia", continua Sandra. "Queríamos trazer o cliente para o centro do nosso negócio e para dentro do laboratório, dando a ele a máxima importância, daí a nossa disposição a trabalhar fora dos padrões".

Em seu turno, Janete ia à recepção receber os clientes, que foram se tornando amigos. "Nosso marketing era feito por eles, boca a boca", conta Janete. Não raramente, ela ajudava o técnico de laboratório Edésio, um dos primeiros colaboradores do Sabin, na coleta de sangue. "Edésio tinha o sonho de morar nos Estados Unidos, mas não conseguia tirar o visto", narra Janete. "Ficamos sensibilizadas e procuramos ajudá-lo. Ele finalmente conseguiu e foi, levou a mãe, a família, casou e tornou-se pastor. Perdemos um bom coletor, mas ele realizou seu sonho."

Sandra e Janete também logo perceberam a importância de conquistar o médico, que solicita os exames e atesta sua credibilidade. E investiram para assegurar a qualidade de suas análises. "Mesmo sendo pequenos, procuramos os melhores fornecedores do mercado — o que só os grandes laboratórios faziam", acrescenta Janete. "Os kits baratos saem caros no final. É preciso ter garantia do nosso processo."

"Nossos projetos eram grandiosos; nós nos espelhávamos nos grandes", completa Sandra. No entanto, agiam com o pé no chão e aguardavam o momento certo para dar o passo com segurança. Por exemplo, surgiu a necessidade de adquirir um aparelho mais sofisticado para realizar exames para o diagnóstico de doenças autoimunes. "Precisávamos de um microscópio melhor, mas o custo era alto", informa Sandra. "Esperei até perceber que a aquisição era viável e trouxe dos Estados Unidos o que havia de melhor, com todas as lentes e fontes."

Não era fácil comprar equipamentos. Os obstáculos às importações prejudicavam o avanço dos negócios na área de medicina diagnóstica. Os escassos equipamentos para automatizar um pouco o processo geralmente vinham de Miami, nos Estados Unidos, de segunda ou terceira mão e, invariavelmente, estavam obsoletos. Em 1992, o Plano Collor facilitou a importação e o acesso a soluções de ponta. O Brasil entrou no cenário mundial. Os lançamentos passaram a ser simultâneos aqui e lá fora.

Antes disso, Janete e Sandra se mantinham atualizadas graças às revistas científicas que assinavam e à participação em congressos, simpósios e cursos. Em 30 anos, estiveram em todos os congressos de Patologia e Análises Clínicas para conhecer os lançamentos, as metodologias e as inovações tecnológicas. "Embora com estrutura tímida e a parte técnica pequena e apertada, tínhamos a visão ampla, de futuro e modernidade", esclarece Janete.

Se algum cliente (ou mesmo médico) solicitasse um exame que ainda não constava do portfólio, Sandra e Janete não desistiam até encontrarem um modo de oferecê-lo. "Nunca tivemos medo de pedir desculpa, nem ficamos emperradas no tempo. Pelo contrário, sempre buscamos as melhores referências nacionais e internacionais."

Em 1987, o reumatologista Mario Soares, um antigo parceiro do Sabin, comentou com Sandra que os serviços de análises clínicas de Brasília não faziam exames complementares para doenças autoimunes (lúpus, artrite reumatoide, esclerodermia). Na fase anterior à automação, os testes eram manuais, o que exigia um controle rigoroso. Havia muitas variáveis e possibilidades de erro. Outra dificuldade era a obtenção dos reagentes, já que a maioria era importada.

Sandra procurou o maior especialista brasileiro no assunto, o patologista clínico Paulo Leser, professor da Escola Paulista de Medicina/Unifesp, e pediu estágio em seu laboratório. Queria conhecer a fundo a metodologia para realização dos testes. "Eu já era profissional formada e fui buscar capacitação. Durante 15 dias, acompanhei aquela equipe. Aí comecei a planejar como o exame seria feito no Sabin e fiquei tão empolgada que a minha tese de mestrado foi sobre esse tema[5]."

Janete insiste, porém, que a inovação não se resume a novos exames (embora isso seja muito característico do Sabin), mas também à maneira de acolher, ao modelo de gestão. "Tentávamos trazer uma forma mais humanizada de atender o cliente, como se fosse parte da família."

Até 1999, quando houve a mudança para o Brasília Shopping, Janete costumava ficar na recepção, recebendo os clientes, aprendendo suas necessidades, ouvindo suas histórias. "Esse contato foi muito importante para o meu crescimento, para entender o negócio na entrada, na hora da verdade, e depois passar para a nossa equipe a importância de fazer a diferença para o cliente ali na hora da verdade." Se, por acaso, o Sabin não realizasse determinado exame que constava do pedido médico, Janete ligava para os laboratórios concorrentes para auxiliar o cliente. Porém, no final, sempre falava: "Da próxima vez, volta aqui, não vai lá, não".

Outra mudança significativa produzida pelo Sabin foi aplicar ao segmento de laboratórios a máxima do cantor mineiro Milton Nascimento: "Todo artista tem que ir aonde o povo está". Enquanto os outros serviços tinham suas atividades concentradas em um único endereço, o Sabin começou a abrir novas unidades de atendimento.

---

[5] A dissertação de mestrado de Sandra Soares Costa, "Avaliação dos fatores de risco cardiovascular em pacientes portadores de lúpus eritematoso sistêmico", foi apresentada à Faculdade de Medicina da Universidade de Brasília em 2006.

A primeira filial foi instalada dentro de um hospital, o Hospital Alvorada Brasília, antigo HGO (Hospital Geral e Ortopedia de Brasília), em 1986. A segunda surgiu em Taguatinga, em 1990. O Sabin foi o primeiro laboratório a se fixar em uma cidade-satélite de Brasília. E assim, sucessivamente, em Ceilândia, Gama... Os concorrentes tentaram insistir na política do "quem quiser, que venha a mim", mas, com o tempo, também tiveram que expandir além do Plano Piloto de Brasília.

O Sabin também introduziu o diferencial de ter o computador como suporte aos seus processos. "Informatizamos nove anos antes dos concorrentes", relembra Sandra. "Não tivemos resistência como a maioria do mercado." O primeiro programa foi produzido pelo cunhado do médico Eduardo Calmon, vizinho de sala no Edifício de Clínicas. Era rudimentar e se limitava ao atendimento, não incluía o cadastro.

O que Sandra e Janete almejavam era ter um programa exclusivo, mas o custo parecia proibitivo em tempos de inflação descontrolada. Demoraram um ano para encomendá-lo a um especialista em TI. "Fomos o primeiro laboratório de Brasília a ter um programa customizado que nos permitia cadastrar e atender em tempo real", informa Sandra. Após o primeiro, vieram outros dois até a implantação de um software específico para laboratórios, que supriu as deficiências dos anteriores, em 2000.

Desde cedo, o Sabin tomou outra decisão visando à credibilidade: não oferecer ajuda financeira para o médico, chamada eufemisticamente de "parceria", em troca da indicação do laboratório. Alguns médicos chegaram a perguntar diretamente qual seria a porcentagem que o Sabin daria caso mandassem todos os pacientes para lá.

Janete era firme na resposta: "Você vai mandar pacientes porque conhece os nossos serviços e a nossa qualidade". Foi uma decisão estratégica, ela assevera: "Perdemos amizades e arrumamos desafetos, mas gosto de pôr a cabeça no travesseiro e dormir. Isso é garantia de sustentabilidade. Quem pagava propina, se não quebrou, não cresceu, porque a conta não fecha. Documentamos as nossas práticas no Código de Conduta Ética do Sabin. Hoje, a transparência trabalha a nosso favor. O médico tem vergonha de fazer esse pedido".

Mario Wilson Pena Costa, cunhado de Sandra e sócio dela na farmácia, testemunhou o início do Sabin. Esses primeiros tempos foram recordados na mensagem enviada por ele ao laboratório por ocasião do aniversário de 30 anos do Sabin:

> *Lembro-me como se fosse ontem quando a nossa sócia e Responsável Técnica pela farmácia da 102 Norte, em Brasília, resolveu arregaçar as mangas do seu jaleco branco e partir para um desafio maior. À época, parecia algo semelhante e modesto como era a nossa farmácia. O tempo logo mostrou o contrário.*
>
> *Construir uma empresa é muito fácil no sentido estrito da palavra, mas a construção de uma empresa em seu sentido mais amplo é muito difícil. Não basta cumprir as formalidades da abertura, encontrar um ponto comercial e fincar a placa com o nome dela. Construir uma empresa é fazê-la nascer e alimentá-la para crescer com bases alicerçadas em fundamentos sólidos. Não é para qualquer um. Basta ver a taxa de mortalidade das empresas antes de chegar ao seu quinto ano de vida.*
>
> *O Sabin nasceu de mãos e mentes obstinadas. As duas fundadoras estavam determinadas a levá-lo à idade adulta. Sou testemunha ocular de tudo isso, da sua fase embrionária até a sua adolescência. Agora ele já é um senhor. Imponente, bem-sucedido e com notório reconhecimento pelos serviços prestados. Eleito várias vezes Melhor Empresa para Trabalhar, destacado por suas ações sociais e reconhecido também por aqueles que muito contribuíram para que ele chegasse aonde chegou.*
>
> *Parabéns, Sandra! Parabéns, Janete! Parabéns a todos os funcionários e familiares que direta ou indiretamente também fazem parte dessa bela história.*

TRABALHO DURO

Quando o Sabin foi aberto, Sandra e Janete continuaram em outros empregos e hospitais. Havia muitos riscos. Era preciso ter certeza de que seu negócio decolaria. Janete estava no laboratório de manhã e Sandra à tarde, e conversavam sempre por telefone. A rotina das duas era atribulada.

Para se dedicar ao Sabin, Sandra saiu do Planalto e continuou na Secretaria de Saúde do Distrito Federal. Ia para o serviço público de manhã. Por nove anos, teve mais de um emprego, até que, em 1992, passou a trabalhar exclusivamente no laboratório.

Janete continuou no Planalto, mas passou a secretaria do SAS para o responsável técnico de lá. Abria o Sabin às 6h30, ficava até as 7h30, corria para o Planalto, onde cumpria expediente até as 11h30, voltava para o Sabin, permanecia até as 14h, depois ia para a clínica AMH, onde trabalhava a tarde toda, e, nos finais de semana, era responsável técnica por uma farmácia em Ceilândia. Três meses depois de abrir o Sabin, Janete trocou o horário da AMH para o turno da noite, das 18h às 22h, mas pediu demissão em março de 1985. "O primeiro ano foi muito difícil, pois eu precisava garantir minha renda", conta Janete, que sustentava sua família.

Em novembro de 1984, Janete foi aprovada no concurso da Secretaria da Saúde, naquele tempo chamada de Fundação Hospitalar do Distrito Federal. Saiu do Planalto e foi trabalhar na rede pública, no setor de hematologia. "Depois de oito meses, teve eleição para a liderança da unidade. Eu me candidatei e ganhei com 89% dos votos. Fiquei cinco anos na chefia do laboratório do Hospital Regional de Taguatinga. Foi uma experiência de gestão." Pediu demissão da rede pública em 1990. E, mesmo depois de deixar a farmácia, continuava trabalhando durante o sábado inteiro em casa: abria o sistema do Sabin e liberava exames até as 19h.

No meio de tantos afazeres, os mais sacrificados foram os filhos das empreendedoras. Sandra teve três: Marcelo, Guilherme e Gabriel. Janete também teve três: Leandro, Raquel e Rafael.

"O começo foi uma loucura!", conta Janete. "Raquel tinha dois anos e meio quando abrimos o Sabin. Eu ficava com meus meninos 15 minutos por dia. Comia enquanto eles faziam a lição de casa. Depois, teve uma fase em que eu os levava para a escola. Era meu tempo de ficar com eles. Deixava as crianças mais cedo, entre 6h40 e 6h50, com o porteiro ou o segurança. No caminho, lia a Bíblia, fazia oração, um culto matinal dentro do carro. Nunca ia buscar. Quem fazia isso era o Rubens ou o motorista. Eu tinha hora para entrar nos empregos, mas não hora para sair. Quando chegava em casa, lá pelas 22h30, todos estavam dormindo."

Sandra trouxe uma empregada de Inhapim, a Ritinha. "Era uma pessoa de confiança que ficou dez anos comigo, depois foi embora para se casar." Mesmo assim, foi preciso abrir mão de reuniões de escola, festas de parentes e amigos. "Uma vez, a Ritinha viajou. Deixei meu filho uma semana na casa da minha sogra em Monte Carmelo, a 400km de Brasília. Meu marido sempre me apoiou no laboratório e em casa. Sempre esteve muito presente. Como seus horários no consultório eram mais flexíveis, ele levava os filhos às consultas de rotina no pediatra e ao hospital quando ficavam doentes. Sem a ajuda dele teria sido mais difícil."

Janete não tinha parentes na cidade que pudessem ajudá-la com os filhos. Uma vez, contratou uma empregada indicada pela sogra, por telefone. "Deixei a chave na vizinha. Avisei que os meus filhos chegariam às 13h. E concluí, dizendo: 'À noite eu te conheço'." Ela não conseguia levar os filhos ao pediatra e mal via a pequena Raquel. "Quando eles ficavam doentes, eu ligava para o pediatra, explicava os sintomas e, com as orientações dele, eu fazia o diagnóstico sozinha, por falta de tempo."

"Comecei a entrar em parafuso. Sentia como se estivesse abandonando os meus meninos; tinha receio de que um dia eles viessem cobrar essa ausência. Procurei uma prima psicóloga que trabalhava com casais em Goiânia. Perguntei se essa correria não traria problemas para os meus filhos. Ela me tranquilizou, dizendo: 'O tempo que você fica com eles é tão rico. Tem mães que largam o emprego e ficam tanto no pé do filho que desgastam a relação. Vendo o que você construiu, seus filhos terão orgulho de você'."

Rígida e disciplinada, Janete ensinou aos meninos algumas regrinhas, como: primeiro vem o dever, depois o lazer. Só podia brincar depois de terminar as atividades escolares. Pela manhã, ela checava se tinham feito o dever, como fora a prova. Às vezes aparecia em casa de surpresa, lá pelas 15h, só para conferir se estava tudo certinho. "Nunca deixei de ir às comemorações do Dia das Mães. Da primeira vez, cheguei em cima da hora. Os olhinhos do Leandro brilharam de alegria e ele abriu um sorriso. A menina do lado estava chorando porque a mãe não compareceu."

Segundo Janete, apesar de puxado, valeu a pena. "Nenhum dos meus filhos tomou bomba na escola ou se envolveu com drogas ou bebidas. Nunca paguei multa de trânsito. Consegui dar um bom direcionamento. Tenho orgulho do que fiz. Acreditei, fui assertiva e o fruto saiu bom. Contei com a parceria do meu ex-marido na educação e condução dos filhos. Fizemos muitas viagens com eles, desde muito pequenos. Isso foi fundamental para a formação cultural de cada um e também para a união familiar."

A divisão de tarefas aliviou um pouco a pressão sobre as sócias. Ela já estava acontecendo naturalmente, mas a rotina pesada no atendimento aos clientes e fornecedores e na liberação de exames mostrou a necessidade de contratar um profissional para encampar algumas das funções de Janete na bancada. Assim, foi admitido o primeiro bioquímico do Sabin, o Major Tavares. "Não identifiquei o nome de cara", revela Janete. "Mas quando ele entrou na minha sala, vi que era o Luiz Omar, colega da faculdade que tirou o primeiro lugar no vestibular." Ele começou a trabalhar no Sabin em maio de 1988.

Atual gerente científico do Sabin, Luiz Omar Tavares conta como tem sido sua experiência com o laboratório:

Soube que o Sabin estava precisando de um bioquímico. Quando fui ao Edifício de Clínicas, que surpresa, lá estava a minha colega de faculdade, Dra. Janete. No dia seguinte, conheci a Dra. Sandra. Trabalhei em vários setores: bacteriologia, imunologia, hematologia, hormônios, urinálise, e ainda dava treinamentos à noite para os técnicos do laboratório... As Dras. Sandra e Janete, além de fazerem todo o serviço de apoio, logística, pagamentos, fornecedores, convênios e médicos, ainda trabalhavam muito na realização de exames. Foi uma época difícil: só uma unidade, poucos clientes, exames sendo realizados manualmente e cadastro feito em fichas. Depois veio um "sisteminha" que ajudou um pouco (acho que foi a primeira inovação). Nessa época apareceu a coleta a vácuo e a pipeta automática. Com a mudança para o Brasília Shopping, chegaram numerosos equipamentos de ponta, semiautomatização da bacteriologia, certificação ISO 9001, instalação do programa da SHIFT e criação da assessoria científica, que acabei assumindo. E, nesse momento mágico, aconteceu a grande virada para o Laboratório Sabin: figurar entre os melhores e maiores laboratórios do Brasil. Relembrando tudo isso, me dá uma sensação boa de ser parte de algo grandioso e único.

Janete só tomou a decisão de sair definitivamente do setor de produção técnica em 1997, quando o laboratório já apresentava um ótimo crescimento, tinha muitos clientes, realizava diversos exames periódicos de empresas e fazia até coletas em residência. "Algumas vezes, também tive que fazer esse papel", lembra Janete. "Mas estava ficando cada vez mais difícil fazer todos os papéis."

Como vários exames exigem o jejum, o horário de maior volume de clientes de um laboratório é entre 7h e 10h, período também de atender os fornecedores, administrar os funcionários e preparar os documentos e os pagamentos do dia, já que o *office-boy* vai aos bancos no início da tarde.

Diante de tantas demandas e atentas à necessidade de descentralizar a gestão visando ao crescimento do Sabin, Janete e Sandra acertaram uma partilha de afazeres e investiram em capacitação e desenvolvimento. Cada uma assumiu áreas com as quais se identificava mais. De acordo com Janete, "o maior erro é não saber ouvir e desrespeitar os limites do outro".

Janete assumiu os setores administrativo, financeiro e de gestão de pessoas, e, assim, continuou negociando com os fornecedores e cuidando do relacionamento com todos os públicos. Sandra se encarregou dos departamentos técnicos, de inovação e pesquisa. No entanto, a divisão oficial só aconteceu dois anos depois, na implantação da ISO, quando foi preciso desenhar o organograma da companhia.

MAIS PEDRAS NO CAMINHO

O Sabin foi aberto por duas bioquímicas que assumiram um grande risco na base do *feeling*, da intuição e da percepção. Não havia administrador na equipe e as sócias não entendiam nada de administração, sequer tinham Plano de Negócios. "Ter capital ajuda e a sorte existe, mas, hoje, sabendo da existência dessa metodologia, eu não começaria um negócio sem planejamento", avalia Janete.

"Perdemos dinheiro por falta de conhecimento de gestão e também por acreditar nas pessoas erradas. Fomos roubadas nos números. Certo contador não recolheu os impostos devidos. Nossa dívida chegou a 97 mil dólares, quase o valor de um apartamento. Sandra e eu ficamos desoladas. Apareciam fiscais e contadores pedindo propina para sumir com o processo. Resistimos até que o governador nos deixou parcelar a dívida em cinco anos."

Também não havia organograma com a estruturação da hierarquia na empresa e atribuição de funções. As sócias se encarregavam de tudo. "Conhecemos todas as particularidades do serviço que prestamos. Literalmente, nós fizemos o nosso negócio", reconhece Janete. "Eu chegava às 6h30 no Edifício de Clínicas com as chaves e abria o laboratório. Quando surgia qualquer imprevisto, os funcionários ligavam na minha casa — para dizer que estavam doentes ou que passaram a noite com o menino no hospital. O laboratório estava crescendo e continuávamos com as mesmas práticas."

O máximo que faziam era gestão financeira. "Sabíamos quanto gastávamos e quanto ganhávamos", conta Sandra. "Tudo era comprovado. Janete levava o recebimento para casa todo fim de semana. Somava tudo que tinha para receber e para pagar. Fazia planilha manual para a semana, a quinzena e o mês."

Janete sempre teve facilidade para negociar com fornecedores. "Se não dava para pagar, eu ligava na véspera e negociava. Nunca pagamos uma conta atrasada em 30 anos", conta ela. "Assim, formamos uma imagem positiva diante dos fornecedores e dos colaboradores, que nos trouxe reconhecimento."

Ainda assim, as dificuldades foram muitas. Sandra se lembra de uma vez em que precisou de atestado de idoneidade financeira para participar de uma licitação. Foi até o Bradesco e pediu ao gerente. Como a empresa tinha menos de um ano no mercado, o banco se recusou a dar. "Saí dali chorando e desanimada, sem saber como provar que tínhamos condições de honrar os nossos compromissos. No final, achamos uma solução — nem me lembro mais qual foi. Não sei como, mas a gente sempre conseguia."

Alguns médicos acreditaram no Sabin desde o início, mas também houve resistência. "Sempre prezamos pela qualidade, mas éramos duas bioquímicas, mulheres, em um negócio dominado por médicos homens, que davam aulas em faculdades, direcionavam alunos e influenciavam convênios", declara Janete. "Era angustiante saber que o nosso laboratório se equiparava aos demais, com um benefício adicional: enquanto os outros estavam na mão de funcionários, no nosso, as duas proprietárias acompanhavam o processo o tempo todo. E, mesmo assim, enfrentava resistência. Foi preciso muito conhecimento do negócio e jogo de cintura para superar a discriminação e o corporativismo médico e conquistar o nosso lugar no mercado."

Certa vez, a qualidade do Sabin foi questionada pelo responsável por uma grande cartela de convênios. "Ele foi taxativo: 'Não confio em exames de vocês'. Fizemos a seguinte proposta: vamos colher sangue de um paciente e submeter à análise em quatro laboratórios de Brasília e aqui também", conta Sandra. "Argumentei: 'Sou humilde, sei o que faço, tenho bons controles e ferramentas técnicas que não são vistas, mas fazem parte do processo'." Aceita a proposta, as amostras foram colhidas e o resultado do Sabin empatou com os dos outros laboratórios.

Sandra também se recorda de outra rejeição dolorosa. Em 1994, surgiu um boato no mercado de que os exames hormonais que saíam do Sabin não tinham credibilidade. Era uma acusação muito séria, que chegou a um ponto intolerável. Certo dia, um paciente deu entrada no laboratório com um pedido de exame assinado por um professor de endocrinologia que era referência na cidade, formador de opinião. A letra do médico não estava legível e havia dois exames com nomes semelhantes. Para afastar o risco de fazer o exame errado, Sandra ligou pessoalmente para o médico a fim de esclarecer a dúvida. "Ele me atendeu berrando: 'O que um paciente meu está fazendo nesse laboratório? Manda ele sair daí. Vocês não prestam.' Desliguei o telefone e tive uma crise de choro. Marly Vidal, na época gerente de RH e atual diretora administrativa e de pessoas, entrou na sala e me encontrou tremendo e chorando. Depois apareceu com água de coco. Fiquei arrasada! A dor era tanta que eu me emociono só de lembrar."

A passagem serviu para evidenciar às sócias que os papas da endocrinologia em Brasília tinham as portas fechadas para o Sabin no início dos anos 1990. Era preciso reverter a situação. "Nós duas estávamos dentro da legalidade na nossa profissão: quem faz os exames na bancada são bioquímicos, que têm formação analítica voltada para isso. Mas precisávamos derrubar o preconceito, a ideia de que os nossos exames não eram confiáveis por não sermos médicas. Então, pensamos em agregar à nossa equipe um consultor com formação em Endocrinologia para auxiliar a equipe técnica e, ao mesmo tempo, passar credibilidade à comunidade médica brasiliense", argumenta Sandra.

"Enquanto procurávamos um médico para se juntar ao time, conhecemos a jovem endocrinologista Luciana Naves, formada pela UnB, especialista com residência em São Paulo e recém-chegada em Brasília de sua pós-graduação em Lyon, na França. Tinha voz doce. Logo me identifiquei com ela", relata Sandra. "Luciana é uma profissional brilhante e tinha experiência trabalhando em um dos grandes centros de pesquisa em Endocrinologia e Imunoquímica da Europa. Aceitou o desafio de ser nossa consultora. Ajudou a organizar os controles internos e conversou com os médicos do mercado."

A Dra. Luciana Naves dá seu depoimento sobre sua consultoria na época da estruturação da área de Endocrinologia do Laboratório Sabin:

> *Recebi o convite do Sabin com alegria. Tive um professor que dizia que lugar de endocrinologista é dentro do laboratório. O Sabin foi o primeiro laboratório em Brasília a reconhecer a importância do médico especialista na avaliação pré e pós-analítica da investigação hormonal, trazendo pioneirismo e segurança ao prescritor. Estávamos em 1995, e aceitei o desafio de prestar consultoria para o projeto que visava trazer inovação e apoio diagnóstico. Implantamos provas funcionais em Endocrinologia[6], que poderiam ter efeitos colaterais e requeriam a supervisão do médico solicitante. Eu acompanhava a execução dos testes do começo ao fim e fazia relatórios descritivos do que ocorria durante, além de fornecer os resultados. A iniciativa trouxe segurança aos médicos e colaborou para estreitar o relacionamento do Sabin dentro da especialidade. O trabalho resultou em uma grande demanda de telefonemas em busca de mais informações sobre as provas funcionais e os médicos mudaram sua postura, passaram a admirar o laboratório.*

Alguns anos depois, foi estruturada uma equipe para dar continuidade a esse projeto e fortalecê-lo, o que contribuiu para posicionar o Sabin no cenário médico de Brasília.

"Antes, foi preciso passar pelo vale de lágrimas", avalia Sandra. "Engolimos muitos e muitos sapos, mas tivemos a humildade de transformar sapo em rã à provençal." O professor que rejeitou o Sabin aos gritos há duas décadas virou amigo do laboratório e sustenta que não se lembra do triste episódio.

---

[6] Provas funcionais são estímulos com medicação para a produção de hormônios.

TEMPO DE EVOLUIR

O ano de 1994 foi um marco na história do Sabin. A hiperinflação que assolava o país e chegou ao pico de 46,58% ao mês em junho daquele ano finalmente começou a ceder, graças ao Plano Real, implantado pelo governo do presidente Itamar Franco. "O Plano Real foi um divisor de águas, trouxe confiança para investir", esclarece Sandra.

Um dos pilares do Plano Real era a URV (Unidade Real de Valor), um indexador cujos valores eram publicados diariamente para converter todas as transações realizadas para a moeda da época, o cruzeiro real. Enquanto o Sabin procurava se ajustar às novas regras, os laboratórios pararam de atender convênios. A greve durou mais de um mês. O Sabin não furou a greve, mas começou a organizar uma movimentação. Marcou uma reunião de negociação e chamou todos os envolvidos: diretores de hospitais, operadores de planos de saúde, convênios e concorrentes.

A narrativa é de Sandra: "Vimos os exames que davam prejuízo e aproveitamos para reajustar. Crise é oportunidade. Fechamos, também, um coeficiente no valor de 0,21 para precificar os exames e compor uma tabela comum. Tivemos muito contato com os diretores dos convênios, com os quais passamos a negociar diretamente. Muitos não conheciam as 'meninas do Sabin'. Criamos boas amizades que frutificam até hoje."

O clínico geral Eduardo Calixto Saliba, parceiro antigo do Sabin, tinha consultório no Edifício de Clínicas e se lembra muito bem desse momento de crise:

> *Era uma época sem lei. Os convênios ditavam as regras. Mesmo assim, Sandra e Janete adotaram um posicionamento ético e honesto e foram firmes na negociação. Elas sempre tiveram uma postura diferenciada. Imprimiram ao Sabin um padrão altíssimo de qualidade, com equipamentos novos e atendimento de primeira. O relacionamento das lideranças com os funcionários e dos funcionários com os médicos é fácil, respeitoso e agradável. Não só recomendo o Sabin para meus pacientes, como também é o laboratório que eu utilizo nos meus exames pessoais e nos de minha família. Hoje, o Sabin é disparado o melhor laboratório de Brasília.*

Em 1994, a multinacional norte-americana Abbott lançou o primeiro equipamento que promoveu uma renovação tecnológica. O tubo de ensaio circulava na máquina. Não era mais necessário pipetar sangue. Sandra esteve em São Paulo, participando do treinamento. O Sabin foi um dos primeiros em Brasília a adquirir o equipamento, que era grande para os padrões da época.

Em 1995, foi a vez de investir em estrutura e logística. O Sabin estava preparando as bases para o salto que daria na década seguinte.

À medida que passou a se destacar como um laboratório bem-sucedido, obcecado por eficiência, mas capaz de manter relações saudáveis com clientes, parceiros e médicos, o preconceito se manifestou de outra forma. "Duvidavam que eu e a Sandra fôssemos as verdadeiras donas do laboratório. Achavam que éramos laranjas." Circulavam boatos atribuindo a propriedade do laboratório a alguém diferente a cada hora, em geral políticos e empresários, sempre do sexo masculino.

"As pessoas não acreditavam que um negócio que tinha dado certo podia ser pilotado por uma mulher", lamenta Janete. "Chegaram a me perguntar se eu conhecia o dono do Sabin. E pior: alguém afirmou que conhecia o dono e este morava em Miami. Na época, eu estava casada e as pessoas vinham pedir emprego ao meu ex-marido. Tudo era com ele, mesmo quando eu estava presente. Só que ele nunca trabalhou no Sabin! Demorou para a Sandra e eu termos reconhecimento pelo nosso trabalho."

Em uma das viagens a Belo Horizonte para visitar a família, Sandra trouxe consigo um folheto do Laboratório Hermes Pardini, referência na capital mineira, apresentando as sete unidades de atendimento da empresa. Mostrou à Janete e disse, animada: "Um dia seremos do tamanho deles".

No fim dos anos 1990, o Sabin já crescia 20% ao ano e somava nove unidades no Distrito Federal. Superara o modelo mineiro e tinha ainda muito fôlego para crescer.

3
A hora da virada

Certo dia, após a morte do guardião de um mosteiro zen-budista, o Mestre convocou todos os discípulos para escolher quem seria a nova sentinela. Com tranquilidade, o Mestre ordenou:

— O primeiro a resolver o problema que eu vou apresentar assumirá o posto.

Então, ele colocou uma mesinha magnífica no centro da sala e, sobre ela, um vaso de cristal muito raro, com uma rosa amarela de extraordinária beleza. E disse:

— Aqui está o problema!

Todos ficaram olhando a cena: o vaso belíssimo, de valor inestimável, com a maravilhosa flor ao centro! O que representaria? O que fazer? Qual seria o enigma?

De repente, um dos monges sacou a espada, olhou o Mestre e os companheiros, dirigiu-se ao centro da sala e... Zapt! Com um só golpe destruiu tudo.

Tão logo o discípulo retornou ao seu lugar, o Mestre disse:

— Você é o novo guardião. Não importa que o problema seja algo incrivelmente belo. Se for um problema, precisa ser eliminado.

Essa parábola serviu de inspiração e alento para as lideranças do Sabin em um dos momentos mais marcantes, difíceis e, paradoxalmente, enriquecedores da história do laboratório.

Em 1999, o laboratório iniciou a implantação da ISO 9001, certificação internacional que atesta o processo de gestão de qualidade. "Só se falava nisso nos congressos. O comentário era que as empresas não certificadas não conseguiriam mais fechar contrato com as operadoras de planos de saúde", explica Janete Vaz. "O maior volume do nosso faturamento vinha do atendimento aos convênios. Se a exigência de certificação virasse regra, teríamos de passar por auditorias para sermos credenciados."

A impressão inicial era de que bastaria chamar alguém para fazer um *tour* pelo laboratório e fornecer o certificado, que seria enquadrado e deixado em um lugar visível. A pesquisa em livros e as visitas às primeiras empresas da área de saúde que aderiam à certificação, como o Hospital Israelita Albert Einstein, em São Paulo, revelaram que o processo seria muito mais complexo. "No Laboratório Hermes Pardini, em Belo Horizonte, havia a sala da ISO 9000", recorda Sandra Soares Costa. "Apesar de termos esses parâmetros, era uma linguagem totalmente desconhecida para nós. Eu sabia que o galo estava cantando, mas não sabia onde. Precisava aprender."

Orientadas por uma empresa especializada, Janete e Sandra perceberam que a adequação à ISO provocaria grandes mudanças na metodologia de trabalho do laboratório, não apenas para fazer diferente, mas para fazer melhor.

No entanto, antes era preciso transpor alguns obstáculos. "Como mostrar progresso e qualidade, ter processo, rastreamento e fluxo em um espaço físico tão limitado?", questiona Sandra. "Começamos a alimentar o sonho do imóvel próprio." Também ficou constatada a necessidade de implantar um software capaz de acompanhar os exames desde a coleta até a entrega do resultado, para evitar a possibilidade de erros. O primeiro requisito para a ISO era a rastreabilidade.

"Ouvíamos falar que o desenvolvido pela empresa de sistema de informação laboratorial SHIFT era o que melhor atendia às necessidades do nosso segmento, mas parecia caro demais para uma empresa ainda pequena como era o Sabin, até concluirmos que não se tratava de custo, mas de investimento para implantar com sucesso a certificação", esclarece Janete. "O mais difícil é mudar o modelo mental. Para isso, é necessário derrubar barreiras. É como quebrar cristais."

As duas sócias entenderam que o apego ao modelo antigo impediria o crescimento da empresa. As velhas respostas levariam sempre aos lugares conhecidos, enquanto as novas e criativas abririam oportunidades. "Para crescer de verdade", aponta Janete, "era preciso deixar a casa perfeitamente em ordem e melhorar a gestão".

"A palavra-chave do Sabin é resiliência[1], isto é, a capacidade de estar no segundo estágio melhor do que no primeiro. Nós recebemos o impacto e mudamos. E isso é muito importante, a rapidez do nosso processo de mudança", acrescenta Janete.

Com esse espírito, as duas empreendedoras conduziram sua equipe em direção à profissionalização da gestão. Essa mudança estratégica não só promoveu a arrancada para o crescimento, como também ajudou a consolidar o Sabin como referência no Centro-Oeste e trouxe reconhecimento no cenário nacional. Foi assim, quebrando cristais, que o Sabin se reinventou.

A NOVA MATRIZ

Sandra e Janete procuravam um lugar para instalar a matriz do Sabin quando foram lançadas as torres anexas ao Brasília Shopping. "Era véspera de Natal, e eu tinha viajado para Nova York com a família. A Janete ficou tomando conta de tudo por aqui. Sempre tivemos um vínculo de confiança muito forte. Quando uma viaja, a outra assume e o que decidir, está feito. Recebi um telefonema da Janete. Ela me contou do lançamento maravilhoso. Estava com a planta do prédio na mão. Falou sobre as salas disponíveis, exatamente como nós queríamos. As condições eram interessantes e o Plano Real nos dava segurança para assumir prestações de longo prazo, apesar de termos muitos compromissos. Eu disse para ela fechar o negócio", relata Sandra.

Janete escolheu uma sala de 380m^2 a ser paga em 36 parcelas. Quando Sandra voltou da viagem, ela e o marido foram conhecer o empreendimento. Odilon observou que, para o Sabin ficar bem visível, isto é, com a entrada de frente para o elevador, seria preciso adquirir mais três salas. Janete foi lá e fez outro acordo. As novas salas seriam pagas em 24 parcelas.

---

[1] No livro *Jogos Pedagógicos e Histórias de Vida: Promovendo a resiliência*, a educadora e psicodramatista Cristina Jorge Dias descreve resiliência como a "capacidade de as pessoas se recuperarem diante das adversidades por meio de suas possibilidades de readaptação ao meio e da flexibilidade para lidar com situações contrárias às suas vontades e desejos".

Por último, elas levaram o arquiteto para olhar a obra e desenhar o projeto. Após ouvir os planos das sócias, ele fez seus cálculos e alertou que não caberia tudo o que as duas pretendiam colocar naquele espaço. A saída seria comprar outra sala ao lado, de 380m². "Mas a gente não tinha dinheiro", admite Janete.

Com uma boa dose de persuasão, ousadia e muita visão, Janete propôs a solução: "Tirei cópia dos comprovantes de pagamento de todas as parcelas em dia e fui fazer uma oferta à administração do Brasília Shopping. Propus um pagamento simbólico da nova sala até completarmos as 24 parcelas das três adquiridas depois. Faltavam algumas parcelas ainda. A nova sala começaria a ser paga de fato ao terminarmos essas 24. Mostrei que, assim, poderíamos honrar a dívida. Era uma negociação atípica, mas a administração do shopping aceitou as minhas condições."

O Sabin iniciou as atividades no novo endereço em 2 de maio de 1999, quando completava 15 anos. A matriz passou a ocupar uma área dez vezes maior: 1000m². Foi possível ampliar a área técnica e a operação logística e proporcionar mais conforto aos clientes. Os espaços destinados ao público receberam um modelo inovador de decoração, focado no acolhimento e no atendimento humanizado.

Os investimentos em equipamentos e informatização possibilitaram maior controle do processo, garantindo a identificação e a rastreabilidade. A nova plataforma de automatização permitiu o monitoramento das amostras em todas as fases, da coleta à entrega dos resultados. O sistema de informação laboratorial criado pela empresa SHIFT monitora todos os processos em rede, aumentando a rastreabilidade e a integração entre a área técnica e o atendimento. Avisa, inclusive, se a entrega do resultado está no prazo e supervisiona o almoxarifado: informa tudo o que entra e sai.

Com a introdução desse programa, a partir de 2000, o Sabin foi pioneiro na oferta de resultados pela internet — enquanto os demais laboratórios ainda forneciam senha para entrega do laudo. O exame é liberado com assinatura eletrônica. Foi possível criar, também, o prontuário virtual, por meio do qual o médico passou a ter acesso aos registros dos exames feitos anteriormente pelo paciente.

A novidade foi recebida com entusiasmo pela classe médica brasiliense, como ilustra o depoimento do cardiologista Cantidio Lima Vieira:

> *Uma das inovações mais importantes feitas pelo Sabin foi a entrega dos resultados pela internet. Agilizou o acesso aos laudos. A pessoa faz o exame de manhã e, no fim da tarde, o resultado já está pronto. É rapidez com qualidade. Disponibilizar o histórico do paciente pela internet também facilita o trabalho do médico. A comparação com exames anteriores ajuda a verificar a evolução do quadro.*
>
> *Conheci o trabalho do Sabin quando entrei no antigo HGO (Hospital Geral e Ortopedia de Brasília), ainda nos anos 1980. Eu fazia plantão na emergência e o laboratório tinha uma unidade no hospital. O Sabin foi o primeiro serviço de análises clínicas a descentralizar a coleta. A minha interação com o laboratório sempre foi positiva e prestativa. Quando a equipe percebe algum desvio, já entra em contato para verificar as providências. E, se o médico prefere refazer o exame, o laboratório faz sem questionar, o que traz segurança para o profissional e o paciente. O diagnóstico é muito importante. Nada como ter certeza de que o melhor está sendo feito.*

Se agora a entrega de resultados pela internet soa corriqueira, há 15 anos, quando o Sabin a introduziu, havia muitos receios. "Tive de ir à Vitória, capital do Espírito Santo, para conhecer o sistema em funcionamento, a fim de me certificar de suas vantagens", confessa Janete.

"Mesmo tendo computador para algumas tarefas, o atendimento era prestado com a ficha em mãos. Ali estava anotada a vida do paciente, os exames, os resultados e os contatos que tivemos com ele. Foi difícil abrir mão dela", complementa Sandra.

A endocrinologista Luciana Naves também compartilhou esses temores:

> *Se não enfartei naqueles meses, não enfarto mais. No dia da mudança, eu estava tão ansiosa que bati o carro na garagem. Eu assinava tudo na mão. Ficava me perguntando: o computador saberá rastrear tão bem quanto nós? Será que vamos ter controle da senha eletrônica? E se um hacker invadir o sistema? Tínhamos medo de perder o controle e o paciente.*

Apesar dos fantasmas que assombraram a equipe, Janete diz que introduzir esse sistema de informação laboratorial foi seguramente uma das melhores inovações do Sabin. Ele disponibiliza, inclusive, um correio eletrônico interno largamente utilizado pelos funcionários, que o chamam carinhosamente pelo nome do fabricante, SHIFT. Era o que faltava para a implantação de um sistema de gestão de qualidade, a ISO 9001/00, de 2002, que, em 2010, migrou para ISO 9001/08, e o passo inicial para outras transformações que vieram na sequência, como a descentralização da gestão, a descoberta de talentos, a formação de sucessores e o projeto de expansão.

A BUSCA DA CERTIFICAÇÃO

Um dos principais objetivos da auditoria externa, segundo Sandra, era comprovar externamente aquilo que se conhecia internamente: a qualidade do Sabin. Em 2005, ele escreveu aos colaboradores para agradecer seu empenho: "É gratificante ouvir do auditor comentários que só nos enchem de orgulho de ter uma equipe tão comprometida e competente. A força que nos traz um carimbo dessas acreditações nos coloca no rol de laboratórios que possuem coberturas não só nacionais, mas também internacionais. Vi recentemente no congresso de Chicago palestras com orientações aos laboratórios sobre como obter essas certificações. Mais uma vez, estamos na frente."

A iniciativa foi novidade no mercado nacional, como observa Janete: "Poucas empresas de saúde viam valor em auditorias externas, embora as certificações já estivessem em uso na indústria. Mas nós queríamos estar atualizados e não ficar para trás. A auditoria envolve não só as operações em si, mas também a apresentação do ambiente. Então, quando há auditoria externa, dá até medo de deixar a gaveta desarrumada. Ficamos mais exigentes conosco do que os auditores, em um processo de melhoria contínua."

A ISO e as certificações obtidas posteriormente são encaradas como ferramentas de gestão. Elas possibilitam a evolução da equipe, diminuem a possibilidade de erro, trazem velocidade e, no caso do Sabin, tornaram a dinâmica do negócio mais descentralizada. Sandra e Janete optaram pela gestão participativa, envolvendo os colaboradores no processo de "construir essa empresa". "Todos sabiam qual era a missão da empresa e o papel de cada um para fazer isso acontecer", afirma Janete.

Cada procedimento foi descrito, com objetivo, aplicação, responsabilidade, documento de referência, definições, descrição do processo, entradas, sequenciamento, saídas, registros, monitoramento e histórico das revisões. E, para fazer o controle de qualidade permanente, foi estabelecida uma política de qualidade com objetivos claros e processos mapeados, bem como a definição de indicadores destinados a monitorá-los.

"Os indicadores não são burocracia. Servem para uniformizar, estabelecer o passo a passo da ação, e trazem melhora no rendimento", destaca Janete. "Temos indicadores técnicos de gestão por área, definidos em reuniões de planejamento estratégico das quais chegam a participar 120 pessoas. Como são estabelecidos em conjunto e revisados periodicamente, a estratégia já nasce com o comprometimento da equipe."

"Quando você traz as pessoas para dentro de sua gestão, para de fazer as coisas por intuição e começa a trabalhar com indicadores", comenta Sandra. "Não colocamos metas que não possam ser realizadas. Deixamos as pessoas com liberdade para criar. Quem tem uma boa ideia é estimulado a fazer um projeto para viabilizá-la."

Hoje está tudo documentado. O Sabin tem um sistema de qualidade integrado, "mas quem participou do processo sabe que foi um parto", admite Sandra. "Por mais de um ano, ficava todo mundo preparando documentos após o expediente. Quem não tinha carro pegava carona com quem tinha. Foram degraus escalados com muito trabalho."

Houve também resistência. Em certos momentos, foi difícil vencer a tendência à acomodação: "Sempre fiz dessa forma, para que mudar?"

No primeiro treinamento, um dos coordenadores disse para aplicar a certificação fora de seu setor, pois ele não ficaria engessado pelo papel. "Tivemos que ser claras: ou se adapta ou está fora. Ele se manteve irredutível", lembra Janete. "Fiz sua demissão chorando. Ele entrou no laboratório como *boy*, fez carreira aqui dentro. Mas, para alcançar o nosso objetivo, era preciso ter disciplina ou não conseguiríamos produzir mudanças significativas. Tivemos de quebrar o cristal."

Uma gerente também se recusou a aderir. Justificou-se dizendo: "Não tenho tempo de participar de reuniãozinha preparando pasta para entregar para a equipe". Ela foi chamada para uma conversa com a diretoria e resolveu colaborar.

Contudo, alguns comentários bem-vindos trouxeram uma dose de ânimo. Jeane Cardoso dos Santos, colaboradora de uma unidade de Taguatinga, deu um voto de confiança: "Se a Dra. Sandra e a Dra. Janete vieram com isso, deve ser algo para melhorar a vida da gente. Nunca trouxeram nada que piorasse."

A administradora Sandra Regina Leite Pereira entrou no Sabin bem no meio dessa virada. Gerente do Sistema Integrado de Gestão, sua função é garantir que todos os sistemas e certificações que compõem o modelo de gestão funcionem na prática da empresa. Na época de sua contratação, ela não conhecia nada de laboratório, mas tinha experiência na implantação da ISO 9000 em uma empresa de tubos e conexões em Campina Grande, na Paraíba, sua cidade natal. Mudou-se para Brasília em busca de novas oportunidades profissionais, o que encontrou no Sabin. Eis seu depoimento:

A namorada do meu irmão era bioquímica e trabalhava no Sabin. Quando o laboratório começou a implantar a ISO 9000, ela voltava para casa com um monte de dever de casa. Os consultores dividiam os colaboradores em grupos conforme os itens da norma e davam perguntas para serem respondidas. Minha cunhada tinha dificuldade na tarefa e me dispus a ajudá-la. Eu conhecia as normas e ela me explicava as rotinas do laboratório. Então, ela começou a se destacar no grupo. No terceiro dia, contou que não fazia o dever de casa sozinha, que tinha a minha ajuda.

Como o Sabin queria muito a certificação, a Dra. Janete me chamou para conversar. No dia seguinte, fiz a entrevista e fiquei. Senti as pessoas perdidas. Comecei a ajudá-las a colocarem a norma dentro do laboratório. Em um ano, conseguimos a certificação. A prática foi incorporada com simplicidade e está funcionando, sinal de que as ações podem ser rápidas e eficazes, sem ser chatas.

Agora temos um projeto para mantê-la, um caminho estruturado com mais conhecimento. E o cliente percebe que os processos são controlados e tra-

zem melhores resultados. Aprendi muito no Sabin, passei por vários setores e encontrei uma abertura incomum para apresentar minhas ideias e liderar o projeto. Quando se referem a mim como Sandra da Qualidade do Sabin, sinto uma grande responsabilidade e também orgulho por fazer parte dessa história.

SISTEMATIZANDO A GESTÃO DE PESSOAS

A conquista da ISO trouxe aprendizado de gestão. "A área de saúde estava atrasada. Focava muito o processo e se esquecia de focar as pessoas", assinala Janete. O jeito foi buscar inspiração em outras fontes: congressos de RH e visitas técnicas a empresas que desenvolviam boas práticas de gestão, como Natura e Nestlé.

Em 2003, o Sabin implantou a SA 8000, abreviação de *Social Accountability 8000*, norma internacional que se destina a melhorar as condições globais dos locais de trabalho e, portanto, se volta para a responsabilidade social.

"Até então, o RH era operacional. Limitava-se a fazer folha de pagamento, programar férias, e oferecer auxílio ao colaborador e incentivos à compra da casa própria, mas não havia nada sistematizado", informa Marly Vidal, atual diretora Administrativa e de Pessoas, que gerenciava o RH na época. Os líderes, por sua vez, não se preocupavam em controlar uniforme, atrasos, faltas e afastamento por doenças.

Para receber a SA 8000, foi preciso fazer um diagnóstico da situação, descrever procedimentos, criar um organograma e ter ferramentas de comunicação. A premiada política de gestão de pessoas do Sabin foi desenhada a partir desse momento.

"Como as consultorias eram caras, eu e a Dra. Janete resolvemos pesquisar em livros e também nos aproximamos da academia." Marly e Janete fizeram pós-graduação em Gestão de Negócios na Fundação Dom Cabral (FDC), uma das melhores escolas de negócios do mundo. E o que aprendiam, colocavam em prática. "É a cara da Dra. Janete: corre, vai atrás, estuda junto, vai, volta, ajusta, refina", continua Marly.

Janete recorda muito bem essa fase: "Queríamos montar um Programa de Salários, mas não sabíamos como organizá-lo. Ficávamos até 21h, 22h estudando. O mais curioso é que ninguém se lembrou de convidar a Lídia Abdalla, atual presidente executiva, na época gerente da área técnica, justamente quem cuidava do grupo maior de funcionários. Ela precisava participar desse processo e informar às pessoas como as mudanças propostas impactavam seu trabalho."

A certa altura, foi necessário contratar uma consultoria. A primeira reunião foi traumática, lembra Janete: "Mandei chamar todos os gestores. Era preciso responder duas perguntas básicas: quem é meu líder e de quem sou líder. De repente, todo mundo ficou se sentindo órfão. E havia também a parte ambiental, tão complexa. Eu tinha que saber aonde ia parar o meu lixo, o que era feito com os pneus dos carros que transportavam as amostras. Tudo isso também fazia parte da minha responsabilidade social. Nunca pensei em desistir, mesmo quando me decepcionei com as pessoas, exceto naquele dia. Mas na mesma hora voltei atrás. Meu trabalho sempre foi orientado por três Ps: paciência, persistência e perseverança."

Outro momento delicado foi quando o Sabin passou a monitorar a quantidade de horas extras de cada setor. Além de justificar o tempo a mais de trabalho dos subordinados, o líder precisava elaborar um plano de ação para que a situação não se repetisse no mês seguinte. "Foi um choque no início. As pessoas já inseriam no salário as horas extras. A conscientização levou seis meses", diz Marly. A medida, aparentemente impopular, tem explicação: horas a mais não significam maior produtividade e prejudicam a saúde do colaborador. "A quantidade de extras caiu de 7 mil horas por mês para 300 horas por mês."

O RH do Sabin desenvolveu uma política diferenciada envolvendo benefícios, cargos e salários, merecedora de vários prêmios. Para citar alguns: desde 2005, o Sabin está entre as "Melhores Empresas para Você Trabalhar" da revista *Você S/A*; desde 2008, está entre as "150 Melhores Empresas para Trabalhar da América Latina", conquistando o primeiro lugar em 2011, do Instituto *Great Place To Work*; e, desde 2008, está entre as "Melhores Empresas na Gestão de Pessoas" da revista *Valor Carreira*.

A ideia de participar dessas grandes pesquisas sobre o clima organizacional surgiu em 2004. O importante, segundo Janete, não era a classificação, mas saber o que o mercado estava fazendo. Ela dizia: "Vamos entrar, não para ganhar prêmio, mas para aprender as práticas. O lugar em que não tivermos respostas indica uma política a ser implantada."

No primeiro ano, o número de pessoas que responderam ao questionário ficou abaixo do necessário. "Criamos uma política de incentivo, fizemos treinamento, conseguimos atingir o índice de resposta e, melhor, entramos para a lista das melhores", conta Marly Vidal. "Foi um passo importante para o crescimento."

Rosmary Delboni assina embaixo:

Integrar a lista das "Melhores Empresas para Você Trabalha" teve impacto extremamente positivo. A relevância está em ter apresentado o Sabin e, em consequência, Janete e Sandra para a comunidade empresarial do país e ter estimulado a melhoria continuada na gestão de pessoas, um dos diferenciais do laboratório.

DE VOLTA À ESCOLA

Em uma viagem de Anápolis a Brasília, enquanto o marido dirigia, Janete resolveu ajudar a filha Raquel a estudar para a faculdade. Pegou um livro de administração e começou a ler em voz alta. Ficou impressionada! O que o livro descrevia era exatamente o que ela e Sandra faziam no Sabin sem conhecer essas teorias de gestão.

Foi em 2000, em tempos conturbados pós-mudança da matriz, da implantação do novo sistema e dos ajustes para se qualificar à ISO, que Janete teve o *insight* de voltar à academia. Nos dois anos seguintes, ela cursou MBA na Faculdade Castelo Branco, no Rio de Janeiro. "Eu ia só de fim de semana. Era bom demais! Chegava empolgada, dividia o que havia aprendido com a sócia e a equipe e tratava logo de implantar."

Depois, Janete fez MBA em Gestão Empresarial na Fundação Dom Cabral, seguido de um MBA para Líderes em um programa avançado de dirigentes, só para diretoria e filhos, na mesma FDC.

"Minha monografia foi sobre gestão de riscos. Tive Luis Augusto Lobão Mendes, professor de estratégia, como orientador", informa Janete. "Entendi que tudo que a liderança faz tem o impacto do risco que pode matar a organização. Você precisa conviver com o risco todo dia, mas a responsabilidade da decisão tira o sono, pois afeta a vida das pessoas. Por isso, o líder não pode decidir sem colocar todos os 'se' na frente: o impacto nas pessoas, no financeiro e na comunidade. Tudo tem que ser muito mensurável. A decisão tem que ser tomada com o pé no chão."

Sandra também voltou a estudar. Obteve MBA em Gestão de Negócios pela ESAD/UFRJ e em Gestão Empresarial pela FDC e, em 2004, fez mestrado na UnB sobre doenças autoimunes: o risco nos pacientes portadores de lúpus que se submetiam a exames novos (proteína C-reativa, homocisteína). "Aos 50 anos, com muito orgulho, eu estava sentada no banco universitário, participando de debates, instigando o espírito crítico e contando com a orientação de professores", relata Sandra. "Cada aluno deveria preparar uma apresentação de sete minutos sobre qualquer tema, nem precisava ser científico. Eu falei sobre responsabilidade social."

A lição se estendeu à equipe. Todo gestor do Sabin tem que ter pós-graduação em gestão.

Desde 2005, foi estabelecida uma parceria com a Fundação Dom Cabral, que tem contribuído para mensurar os programas já existentes na empresa e implementar o Programa de Excelência de Gestão. A parceria nasceu desde que Janete participou do primeiro programa da fundação: Parceiros para Excelência (PAEX). O objetivo era construir competência para gestão e um sistema de acompanhamento de resultados. Quatro professores ajudam na estratégia. Em conjunto e com a orientação deles, os colaboradores traçam e desenvolvem metas e depois os resultados são monitorados.

Para garantir a transparência e estimular o envolvimento e o trabalho em equipe, o Sabin utiliza o painel com indicadores visuais do

Balanced Scorecard (BSC), um sistema de gestão de desempenho desenvolvido por professores da *Harvard Business School* que visa à integração e ao balanceamento de vários indicadores.

"A metodologia trata da perspectiva financeira, das pessoas, dos clientes e dos processos para a definição de metas e a medição dos resultados em áreas estratégicas do negócio", explica Lídia Abdalla, ex-superintendente da Área Técnica e atual presidente executiva.

> *No Sabin, valorizamos flexibilidade, confiança nos resultados, conforto e segurança para o paciente (na coleta), e atuação em pesquisa e desenvolvimento. Temos metas monitoradas por setor: pontualidade na entrega, cadastro de urgência, limites críticos (quando põe em risco a vida do cliente) e resultados alterados (monitoramento em tempo real).*

Por exemplo, quando uma situação coloca em risco a vida do cliente, é feita a comunicação imediata ao médico.

O Sabin foi criando e construindo esses indicadores com suporte da Fundação Dom Cabral, que os acompanha para a realização do planejamento estratégico em cima do BSC. "O que precisa medir? O que impacta na minha eficiência?" Assim foram chegando aos indicadores necessários para cobrir todas as áreas. Há o macro, que abrange a empresa como um todo. Por exemplo, a pontualidade na entrega em 99,8% dos exames. E cada setor tem os seus particulares, a fim de investir em ações corretivas que levem à melhoria do atendimento para crescer de forma sustentável.

"Nosso objetivo é expandir levando a mesma qualidade ao cliente. O foco sempre é o cliente", salienta Lídia. "Não há risco de que ele vire apenas um número. Investimos na automação, mas com individuação das pessoas."

Lídia exemplifica como o foco no cliente é traduzido na prática: vamos supor que um diretor pediu para consertar o computador dele e, ao mesmo tempo, deu problema no sistema. O analista será deslocado para resolver o problema geral. "O diretor chamou. É importante? Sim, porém o mais importante é o cliente. Isso é muito forte no Sabin", continua Lídia. "Se a recepção está cheia, minha secretária ajuda lá e depois me atende."

Existe, inclusive, indicador de remarcação de consulta. O setor avisa se vai atrasar o resultado — se, em vez de ficar pronto às 16h30, só estará disponível às 18h, manda um fax para o médico. Aí o cliente tem tempo de remarcar a consulta. Ao perceber essa cordialidade, sente-se respeitado e prestigiado.

TRAZENDO NOVOS CONHECIMENTOS

"Três áreas são fundamentais para o sucesso ou insucesso de qualquer empresa: marketing, financeiro e TI (Tecnologia da Informação)", analisa Janete. "E, justo nessas três, nós não detínhamos conhecimento. Buscamos alguns especialistas no mercado e os demais cresceram com a empresa; nós formamos."

A primeira competência a ser suprida foi o marketing. Quando o processo foi normatizado e se adotou um sistema de qualidade que atestava e validava a eficácia do Sabin a ponto de colocá-lo em pé de igualdade com os grandes concorrentes, surgiu a necessidade de apresentar o laboratório ao mercado. "A grande causa da mortalidade das empresas é não saber falar com o mercado, mostrar quem é e o que faz."

Investir em TI também foi outro pulo do gato. "Fomos o primeiro laboratório a informatizar os processos, inicialmente no atendimento, depois na operação interna, até evoluirmos para o melhor software que existia no mercado em nosso setor."

O último processo, organizado há cerca de cinco anos, foi a gestão financeira. O Sabin tinha gerente de marketing, de TI, mas a contabilidade era terceirizada, relembra Janete: "O laboratório crescia, mas não enxergávamos o papel do financeiro — hoje não conseguiria viver sem. Foi um passo espetacular! A organização está controlada. Estamos desenvolvendo o olhar para soluções viáveis sem custo exorbitante. As decisões que implicam maior gasto são avaliadas por esse setor antes de serem postas em prática. Foi preciso pulso firme para ajudar o financeiro a falar 'não' para os outros gestores. A cultura era diferente."

Já a divulgação do Sabin para o público exigiu que outras barreiras fossem vencidas. "Por sermos da área de Saúde, achávamos antitético fazer anúncio", conta Janete. "Eu não sabia como funcionava nada disso."

Por essa época, as proprietárias do Sabin estavam em contato estreito com os gestores dos outros laboratórios. Por um ano, reuniram-se toda sexta-feira com Tito Figuerôa (Laboratório Exame, fundado em 1963) e Vera Amorim (Laboratório Pasteur, fundado em 1949) na sede da Associação dos Médicos de Hospitais Privados do Distrito Federal (AMHP-DF) para elaborar uma tabela padronizada que seria regulamentada pela Agência Nacional de Saúde Suplementar (ANS) em 2001/2002. O Sabin foi chamado graças à intervenção de um antigo parceiro, o Dr. Joaquim de Oliveira Fernandes, que, na época, dirigia a Aster (Associação dos Funcionários da Terracap): "Ou vocês enxergam o Sabin ou vão deixar o Sabin crescer sozinho".

"Nós nem conversávamos com eles, mas quebramos paradigmas e incomodamos", opina Sandra. "Abrimos o posto de coleta no Brasília Shopping, com estrutura física e design diferentes. Daí eles tiveram que mexer na estrutura física deles (que era bem semelhante à de um hospital). Já tínhamos virado vitrine."

Em um desses encontros, um dos concorrentes perguntou a Janete: "Responda se quiser: quanto vocês gastam com marketing?" Janete não tinha ideia. Fez um cálculo rápido e disse: 3%. "Vim voando fazer a conta. E era mais ou menos isso. Fazíamos um marketing sutil, em algumas feiras. Marketing para valer, ainda não. O concorrente costumava dizer que marketing se faz de sabonete, não de laboratório, mas eu já tinha outra visão."

Após a mudança para o shopping, o Sabin contratou uma assessoria de imprensa e criou um departamento de marketing. Era preciso dizer ao público o que o laboratório estava fazendo. A primeira gerente de Marketing foi Fabia Barbieri, admitida em 2000. Ela relembra esse tempo no depoimento a seguir:

> *Quando assumi a tarefa de montar a área de marketing do Sabin, éramos apenas eu e uma assistente; depois, o departamento foi crescendo. Distinguimos os três clientes — médico, convênio e paciente — e criamos ações*

para comunicar a cada um deles, de forma positiva, as inovações do Sabin. Para atingir o médico, começamos a participar de congressos. O primeiro foi de Ginecologia. Ninguém de análises clínicas fazia isso. Só as indústrias de medicamentos. Hoje, todo mundo em Brasília faz.

Para tratar com os planos de saúde, mudamos de postura: convênio não é inimigo, mas parceiro. Alcançamos o paciente nas campanhas publicitárias. Até 2000, fazíamos o que todo mundo estava acostumado a ver. Outdoors comuns, anúncios em livrinhos de convênio, placas de rua, nada excepcional. Até que encontramos um novo modo de comunicar as transformações que estavam ocorrendo no laboratório. Era tudo uma conquista. Hoje, nas novas praças, chegamos com a fórmula pronta, mas há muito trabalho a ser feito. Eles estão exatamente onde a gente estava em 2000. É uma volta ao passado, mas dessa vez sabemos o caminho das pedras.

A assessoria de imprensa Profissionais do Texto já atendia a conta do Brasília Shopping e procurou o Sabin para noticiar a inauguração do laboratório: uma nova opção no variado rol de serviços oferecidos no empreendimento. "Descobrimos como chegar ao jornalista por meio da assessoria de imprensa que está conosco desde 2000", conta Janete Vaz. "Tem sido uma convivência longa e produtiva."

Janete Saud e o marido, Sergio Cross, fundaram a Profissionais do Texto em 1998 e cresceram com o laboratório, como ela demonstra neste depoimento:

O Sabin é o nosso cliente mais antigo. Quando se mudou para o shopping, ofereceu instalações modernas e com design incomum. Os clientes ficavam maravilhados! Era o único laboratório com essa estrutura. Trabalhamos o nome das fundadoras e do laboratório para valorizar a marca Sabin pela qualidade, referência e agilidade na entrega de resultados e fomos conseguindo destaque no mercado.

Tivemos que ensinar como é o trabalho de assessoria de imprensa. Era corrente a ideia de que, para sair no jornal, seria preciso pagar. Mostramos como funcionava: entrevistar, escrever, submeter à avaliação, encaminhar às redações. No começo, a assessoria levava sugestões de pauta para a imprensa, em geral médicos comentando temas de saúde. Agora, o laboratório atende a muitas demandas. O Sabin indica dermatologistas, pediatras e endocrinologistas para matérias. Os prêmios recebidos ajudaram a projetar o laboratório no cenário nacional.

O mais bacana nessa convivência é o contato direto com as Dras. Janete e Sandra. O trabalho flui melhor quando há essa proximidade. Com o crescimento do laboratório, elas tiveram que delegar funções. Hoje, há gerente de Marketing e diretores, mas elas continuam acompanhando de perto a comunicação institucional.

A primeira agência de publicidade contratada foi um fiasco. A campanha não deu certo e suas propostas estavam fora de sintonia com o modo de ser do laboratório. Até surgir a ideia de passar a conta para Marcelo Costa, filho mais velho de Sandra, o qual se formara em Publicidade na UnB, depois de desistir do curso de Medicina. "Ele fez estágio no Sabin e conhecia bem a empresa, a essência do negócio", conta Sandra.

As sócias foram, então, percebendo que era possível fazer anúncios sérios, criativos e inteligentes sobre, por exemplo, um exame novo de toxoplasmose para gestante usando imagens que simulavam a barriga. "Ninguém fazia anúncio desse tipo e nós fizemos", rememora Janete. "Ficamos tranquilas porque sabíamos que havia cuidado ético. Não se pode tratar saúde como um produto qualquer."

Marcelo Pena Costa desenvolveu uma linguagem particular para os anúncios do Sabin. Na campanha de maior impacto, cartazes com frases que traziam analogias para associar o laboratório à ideia de precisão foram espalhados em vários pontos de Brasília. Todos com fundo vermelho, a cor do logotipo do Sabin.

Um deles dizia: "Esta placa está exatamente a 1.110m 54cm acima do nível do mar". Abaixo, à esquerda, vinha o slogan: "Precisão. Esse é o nosso negócio." E, à direita, apareciam o nome e o logotipo do laboratório.

Outro desses cartazes informava: "Laboratório Sabin Brasília Shopping a 438m 57cm", seguido do slogan e do logotipo da empresa.

A campanha ganhou diversos prêmios, dentre eles o Prêmio Abril de Publicidade de 2004, e foi tão marcante que, de vez em quando, alguém ainda se lembra dela. "Uma vez, em Manaus, o diretor de uma empresa, que era de Brasília, veio me falar sobre aqueles cartazes", observa Janete Vaz.

O publicitário Marcelo Pena Costa, autor da campanha, relata sua experiência:

Sempre achei que a comunicação de laboratório não precisa ser chata e rígida. Pode ser divertida e engajadora, sem ferir os padrões de conduta ética. Por conhecer o Sabin de muito perto, eu sabia o que podia e o que não podia fazer, e isso me trouxe uma vantagem. O momento era oportuno. O laboratório vivia uma transição. Tinha conquistado credibilidade perante a classe médica, agora precisava levar essa informação ao público.

A minha primeira sugestão foi mudar o logotipo. O Sabin investiu em uma sede que não tinha aparência impessoal e passava por uma grande mudança interna com a implantação da ISO. Isso precisava transparecer na marca. Propomos a mudança da identidade, desde a embalagem do frasco até o envelope do laudo. Desenvolvemos uma marca mais orgânica e mais humana.

Aí começamos a pensar nas características que um laboratório precisa ter, até chegarmos à precisão. Fizemos uma placa de outdoor para informar a abertura de uma nova unidade. Foi tão bem recebida que resolvemos estender a campanha para outros lugares. Produzimos novas placas e ampliamos para outras mídias (rádio e TV — a internet ainda não era opção de mídia).

Os números que apareciam nas placas eram absolutamente precisos. Tudo foi medido com rigor. Saímos pela rua com fita métrica e um GPS emprestado por um engenheiro. Era um aparelho enorme, caríssimo! Queríamos ter feito um painel de LED. Na época, era uma novidade. Descobrimos uma empresa do Rio Grande do Sul que fazia, mas não deu certo. Foi um processo cuidadoso. As duas proprietárias resistiram no início, mas a vontade de fazer diferente foi mais forte. Quando viram que podia funcionar, deixaram testar: "Faz um outdoor e, se for o caso, replica".

Carreguei a lição do Sabin para outros clientes. É fundamental conhecer bem a empresa, entender como o negócio funciona, quem faz o serviço e quem está pagando por ele. Depois, resta apenas o trabalho de traduzir isso para as pessoas.

CRESCIMENTO SUSTENTADO E SUSTENTÁVEL

A última etapa consistiu em dar uma resposta ao assédio de grupos interessados em adquirir o laboratório. Desde 2002, grandes redes nacionais sediadas no Sudeste estão de olho no mercado brasiliense. Já compraram porcentagens significativas de laboratórios regionais e fizeram ofertas às sócias.

Era preciso tomar uma grande decisão empresarial: crescer e expandir rapidamente a própria operação ou ser vendido e incorporado por grandes conglomerados do setor. Sandra confessa: "O nosso receio era passar o *timing* e perder o processo, isto é, deixar de fazer um bom negócio antes e fazer um mau negócio depois".

Em 2005, boatos de que o Sabin seria vendido se espalharam pela cidade. Na época, a filha de Janete, Raquel, trabalhava no Relacionamento e fazia visitas aos médicos. Um deles trouxe a notícia de que o Sabin havia sido vendido. Raquel negou. Ele insistiu: "Menina, você não sabe das coisas. A Janete vendeu a parte dela." Raquel respondeu: "Meu querido, minha mãe, Janete Vaz, não vendeu a parte dela. Posso te assegurar que estamos muito bem." Raquel saiu dali indignada e voltou para o laboratório, onde relatou a história para Janete e Sandra. As duas proprietárias ficaram tão incomodadas que marcaram uma conversa com o médico, que era amigo delas, para entender que conversa estranha era aquela.

Durante uma visita ao Hospital de Base (HB), o reumatologista Mario Soares, outro amigo do laboratório e um dos primeiros a apostar em seus serviços, ouviu essa fofoca sobre a venda, mas não se abalou. Disse apenas: "Imagina, o Sabin é que nem um filho para a Janete. Filho que não casa e nunca vai embora."

A Fundação Dom Cabral tem orientado o projeto de expansão e a sucessão. Janete participou ativamente de um programa de governança denominado Parceria para Crescimento Sustentável e Sustentado (PCSS). A meta é construir um projeto de crescimento e avaliar as oportunidades de mercado para expansão. "A PCSS nos instrumentalizou como pensadores estratégicos com foco em custos, riscos e no pensar da expansão, mantendo a cultura da empresa", avalia Janete. "Preparou a equipe para competir melhor no mercado."

Sob a supervisão de Lobão, a liderança do Sabin fez o exercício de projetar o laboratório até 2020 e desenhou um PEC (Projeto Empresarial para o Crescimento) com estratégias de ação até lá. "Durante três dias, ficamos revendo processos, estudando alternativas e refletindo se deveríamos vender ou não", relembra Sandra.

O maior dilema das sócias era crescer ou durar. "Para crescer, o jeito mais rápido seria vendendo, mas havia grande risco de acabar com tudo o que construímos. Matar a cultura, a filosofia e transformar o Sabin em um negócio totalmente voltado para resultados financeiros", pondera Janete. "Durar seria um modo de crescer mais lentamente, de preparar as pessoas para a expansão, de cuidar mais da sustentabilidade, da governança, de trazer mais a linguagem financeira para dentro de casa."

No final, optaram por não vender, mas cuidar do negócio de modo a torná-lo mais sustentável. "Não temos medo do crescimento", confirma Janete. "Eu já tive medo de não enxergar o futuro. Hoje consigo ver o passo a passo, a forma como queremos fazer, com pessoas alinhadas a esses valores." A Fundação Dom Cabral deu suporte à decisão e à execução dessa decisão.

"O exercício trouxe segurança ao nos permitir desenhar as ferramentas de construção", reconhece Janete. "O PEC é estratégia, um trabalho conjunto da FDC e dos executivos das empresas parceiras, desenvolvido de maneira customizada, que une a teoria ao dia a dia da organização, a fim de selecionar a melhor estratégia para o crescimento e o caminho a ser trilhado para alcançá-la."

Um dia por mês é dedicado à RAR (Reunião de Acompanhamento de Resultado), reunião mensal da qual participam 30 pessoas envolvidas com o projeto de expansão, com ou sem cargo. "Na ocasião, surgem boas ideias. Gosto de ouvir, respeito a argumentação. Falta costurar. Dar o arremate ainda depende da gente", esclarece Janete. "Às vezes estou em um caminho, mas aceito mudar se for o melhor para o Sabin. O que eu vejo que pode ser feito para todos, implemento. Se for particularidade para alguém, faço particularmente. Não acho que a Sandra é obrigada a aceitar."

Munido dessas ferramentas, o Sabin resistiu ao assédio dos investidores. Optou por continuar seu sonho e visão empreendedora, contribuindo para a promoção da saúde no Brasil. E, em vez de ser engolido, entrou no páreo das aquisições: fez quatro em 2012. Sua meta é crescer sem perder a sensibilidade, a agilidade e a cultura características. E, aliado à marca, levar novos exames, novas tecnologias, novos métodos de gestão e, principalmente, o "Jeito Sabin de Ser" e de construir relações duradouras com clientes, médicos, colaboradores, fornecedores e a sociedade.

Em 2009, o Sabin inaugurou novas unidades em Barreiras (BA) e em Anápolis (GO). Três anos depois, acelerou a expansão em território nacional. Abriu uma unidade em Manaus e realizou várias aquisições: o Laboratório Santa Lucília, em Uberaba, Minas Gerais; o tradicional PHD Laboratório Clínico, na cidade de Palmas, Tocantins; o Cemaza, em Belém, Pará; e o Labaclen, em Salvador, Bahia. Em 2014, o Sabin realizou a aquisição do tradicional Laboratório Quaglia em São José dos Campos, São Paulo. No ano seguinte, a bandeira Sabin chegou a Campo Grande, Mato Grosso do Sul, com a aquisição do Laboratório Renato Arruda. "Mudamos de alvo para compradores", ressalta Janete.

As sócias escolheram cidades de médio porte que atendiam às condições previstas em um *checklist,* como o PIB, a presença de médicos, hospitais e faculdades de medicina, o número de habitantes e de médicos por habitantes, e, fundamental, o acesso ao aeroporto: "A expansão é ancorada em logística robusta e bem planejada", informa Sandra. "Não temos metas que não serão cumpridas, mas temos metas arrojadas. A tecnologia trabalha a nosso favor: são grandes escalas, grandes volumes, muita produtividade".

Para se ter uma ideia do que isso representa em números, no intervalo de quatro anos, o total de unidades de atendimento do Sabin quase duplicou: foi de 57 em 2009 para 111 em janeiro de 2013. No mesmo período, o número de funcionários pulou de 827 para 1855 e o de clientes atendidos foi de quase um milhão para dois milhões por mês. O faturamento quase quadruplicou, indo de 90 milhões/ano para 325 milhões/ano.

O ano de 2013 foi um período de consolidar a expansão e implementar a governança corporativa. Alguns fatores contribuíram para o sucesso da nova fase. Todo investimento para expansão veio de capital próprio. Janete e Sandra não precisaram recorrer a grupos financeiros, o que lhes proporcionou liberdade de ação. "O nosso foco sempre foi reinvestir o que ganhávamos na empresa", destaca Janete.

Também contou a seu favor estar com a gestão organizada. "Nós preparamos executivos para cuidar sozinhos de determinadas áreas", afirma Janete. "Seria impossível crescer tão rapidamente se o grupo não pudesse funcionar mesmo sem a nossa presença." Em 2010, cada um dos gestores foi estimulado a indicar um sucessor. No ano seguinte, cada um deveria indicar dois sucessores. E, em 2012, três sucessores. "A expansão foi construída pelas pessoas. O grupo está trabalhando há mais de dez anos e literalmente construiu o Sabin. Eu e Sandra não fizemos isso sozinhas."

Outro diferencial importante é que o processo é voltado para a pessoa. Ele foi estruturado passo a passo, prevendo cada etapa, como descreve Janete:

- "Em geral, a equipe sente-se órfã no dia da aquisição, quando recebe a notícia de que o laboratório foi vendido.
- No segundo dia, demonstra curiosidade: entra no sistema para conhecer a empresa que comprou.
- No terceiro dia, alguém da nossa equipe, um dos diretores, conversa com 100% da empresa para os colaboradores conhecerem quem são. É feito um treinamento básico, introdutório. Depois a Sandra chega, conta o que é a empresa. Todos os gestores falam da filosofia, da carreira.
- Em menos de 30 dias, é possível conseguir a adesão de quase a totalidade dos colaboradores.
- Nos primeiros noventa dias não se faz demissão — não é possível fazer a gestão de competência em um prazo tão curto, sem conhecer os talentos. Por isso, nesse período só é desligado da empresa quem pede para sair.

- As boas práticas da gestão anterior não são retiradas. Ao contrário, podem até ser levadas para a matriz.
- O período de adaptação interna gira em torno de seis meses. Depois de arrumada a casa por dentro, muda-se a fachada para avisar ao cliente externo."

Em Uberaba, em sua segunda estada na unidade para apresentar o trabalho, Janete ouviu o depoimento de uma recepcionista. Ela contou que foi fazer uma consulta médica. Ao chegar, ouviu as pessoas dizendo que o laboratório havia mudado, trocado a decoração, as pessoas e tudo mais. "Eu ri muito, porque não demitimos ninguém", relata Janete. "Eram as mesmas pessoas com roupagem nova." Mais um cristal havia sido quebrado.

4
Desbravando caminhos

Sonhei que havia me mudado para uma casa no Rio de Janeiro. Meu pai recebera uma superproposta de emprego. A casa era maravilhosa, de frente para o mar, com janelas de vidro de alto a baixo, uma linda piscina e decoração fantástica. Parecia um resort. Minha família estava reunida e feliz. O clima era de pura alegria. Mas não comigo. Eu fingia estar feliz, mas estava desesperada. Tinha um vazio dentro de mim. Na segunda-feira, eu retornaria à Brasília para me desligar do Sabin.

Quando acordei, senti um alívio gigantesco ao perceber que era apenas um sonho! Eu estava no mesmo lugar de sempre, com o mesmo emprego. Ter de abandoná-lo era o que me deixava tão triste. Então fui tomada por um sentimento enorme de gratidão a vocês por serem modelo, referência e inspiração. E pelo trabalho que me traz mais do que orgulho, traz paixão.

Obrigada pelos ensinamentos, pelos aprendizados compartilhados, por confiarem no meu trabalho, por acreditarem em mim e sempre estarem atentas às minhas competências e ao meu potencial. Por me permitirem crescer, amadurecer e dar o sangue por esta empresa como se fosse minha. Vocês têm um papel inenarrável na minha vida e na minha trajetória profissional. Deixo aqui o meu muito obrigado! Por tanto, tanto, tanto, sempre. Por me permitirem ser tão realizada fazendo o que faço, trabalhando onde eu trabalho.

O e-mail enviado em uma manhã de sábado de outubro de 2012 por Mariana Bittar, coordenadora de Talentos Humanos do Sabin, onde trabalha desde 2008, emocionou a diretoria. Não por ter sido exceção — manifestações espontâneas por parte de colaboradores e clientes fazem parte da rotina do laboratório e são muito bem-recebidas —, mas porque a mensagem de Mariana traduz claramente o impacto positivo que o modelo de gestão do Sabin exerce na vida das pessoas.

Janete Vaz e Sandra Costa construíram uma empresa que se diferencia no mercado pelo alto investimento no ser humano, além da qualidade do serviço, do atendimento personalizado aos clientes, do incentivo à pesquisa e inovação, e do compromisso com a sustentabilidade e a responsabilidade social[1].

Sua filosofia de gestão procura compatibilizar os objetivos da organização com os sonhos e as necessidades das pessoas. "Queremos realizar as nossas metas e que o colaborador realize as dele", explica Janete. "Não consigo separar o meu negócio das minhas pessoas. Criamos meios de retenção de talentos que chamam a atenção em uma cidade como Brasília, com tantos concursos públicos. Estamos mostrando que o desenvolvimento profissional pode ocorrer na área privada. Do mesmo jeito que preciso aprender para fazer melhor, procuro oferecer oportunidades de crescimento para a minha equipe. Chamo os envolvidos e vou atrás de livros, cursos e congressos. Desenvolver os colaboradores em todos os níveis, dos motoristas aos gestores, é a nossa essência. Olhar para trás e ver essa construção me faz uma mulher feliz e realizada."

Esse modelo de gestão baseado em valores fortes e orientado sobretudo para os talentos também é defendido por Sandra: "Sempre nos preocupamos em adotar uma cultura ética e de respeito às pessoas. Fazemos questão de proporcionar um ambiente saudável que permita vínculos de solidez profissional e pessoal. Procuramos formar uma verdadeira família, para que nossos colaboradores se sintam em casa e trabalhem da melhor forma possível. O maior ativo do Sabin, o nosso maior patrimônio, está na arte de saber conviver. Sinto uma satisfação enorme ao ver que ele se tornou uma empresa madura, responsável diante da comunidade e do meio ambiente."

Essa postura de conciliar as metas da organização com os sonhos dos funcionários é altamente inovadora, como demonstra a mensagem enviada por Luciano Figueiredo, da Fiat, após assistir à palestra de Janete Vaz na 2ª edição do FDC Experience, evento realizado pela Fundação Dom Cabral em 2012:

---

[1] A Parte 2 deste livro abordará como esses diferenciais orientam as ações e políticas praticadas no laboratório.

> Trabalho com qualidade há 16 anos dentro da indústria automotiva e sempre acreditei em modelos de gestão como o que você implementou em sua empresa. Nunca havia visto quem levasse a sério e tivesse colhido resultados fantásticos como o Laboratório Sabin. Escrevo com o simples, mas sincero propósito de parabenizar toda a sua empresa por esta conquista de crescer e usufruir de uma gestão direcionada ao benefício mútuo, com um modelo de gestão que é exemplo.

O cuidado com as pessoas já se manifesta, por exemplo, na lista de atribuições do líder. Além das funções costumeiras, no Sabin, o líder é encorajado a cuidar para que sua equipe seja feliz, divertida, amorosa, criativa, cooperativa e atenciosa. Além disso, deve reconhecer e elogiar publicamente seus subordinados quando realizam trabalhos de destaque.

Também se pode perceber esse cuidado no momento de aplicar a metodologia 360 graus, em que gestores e subordinados realizam avaliações recíprocas a fim de contribuir para o crescimento profissional dos envolvidos. Cada um deve pontuar os problemas observados no desempenho do avaliado, bem como traçar metas e rever os pontos de atuação que precisam ser trabalhados. O programa, que atinge 100% dos profissionais do Sabin, foi batizado de "Verdade com Amor" para incentivar os participantes a fazerem sua avaliação de forma afetuosa, elegante e respeitosa, para não cometerem injustiças.

O caráter vanguardista desse modelo de gestão é destacado por Annibal Affonso Neto, professor-associado de Estratégia de Marketing da Fundação Dom Cabral:

> Janete e Sandra impregnaram a cultura do Sabin de um profundo respeito às pessoas — clientes, funcionários, fornecedores e parceiros. Na maioria das empresas, o mais importante é o resultado financeiro, em que pese as pessoas. Os empregados são tratados a ferro e fogo. O Sabin inverte essa lógica. Sua grande lição é que o respeito às pessoas traz resultado financeiro: um empregado comprometido deixa o cliente satisfeito e o resultado é decorrência.
>
> Chama a atenção o carinho das Dras. Janete e Sandra com os empregados. Tive a oportunidade de vê-las aconselhando a copeira. Em quantas empresas as copeiras têm acesso ao diretor? Ao mesmo tempo, as lideranças são exigentes, fazem cobranças e chamam atenção para dar ao funcionário a chance de se corrigir e se desenvolver, sem jamais humilhar — muito diferente do que observei em outros lugares, em que diretores se dirigem de maneira desrespeitosa aos gerentes.

> *Será que isso ocorre em decorrência da liderança feminina? Talvez. A ascensão das mulheres aos postos de comando tem humanizado as relações. O ideal é que o exemplo de Janete e Sandra se transmita à próxima geração para que a empresa consiga preservar esses valores mesmo na ausência das principais líderes.*

LIDERANÇA FEMININA

Empreendedoras bem-sucedidas e mulheres que atingem altos postos nas organizações estão transformando o universo corporativo. O consultor César Souza fez essa observação no texto "O Poder do Batom", publicado no Blog do Management em 9 de maio de 2011[2]: "Não é por mera coincidência que, em todas as recentes listas das 'Melhores Empresas para Trabalhar no Brasil', parte considerável dos cargos gerenciais esteja sendo ocupada por mulheres". O Sabin faz parte desse grupo seleto.

"Algumas características do universo feminino que, de forma preconceituosa, eram consideradas como fraquezas viraram vantagens competitivas", continua Souza. Dentre elas, o consultor destaca:

> As mulheres são mais perseverantes e constantes; são menos imediatistas e mais capazes de raciocinar no longo prazo; sobrevivem melhor em tempos de aperto; possuem maior abertura e flexibilidade para o aprendizado; demonstram alta capacidade de realizar várias tarefas ao mesmo tempo.

Janete e Sandra concordam com essa reflexão. "A mulher possui habilidades e valores apreciados nas organizações, como sensibilidade e afetividade", diz Janete. "O cuidado que sempre teve com o filho migra naturalmente para o trato com as pessoas da equipe, de quem ela passa a cuidar. Fora isso, a mulher é multitarefa, isto é, realiza várias atividades ao mesmo tempo, não se preocupa com poder, mas em alcançar sua meta com as condições que tem em mãos, arrisca até conseguir e não dá um passo maior do que a perna. Podemos usar essas diferenças a nosso favor."

---

[2] O texto "O Poder do Batom", de César Souza, está disponível no site da revista *Exame*: <http://exame.abril.com.br/rede-de-blogs/blog-do-management/2011/05/09/o-poder-do-batom/>.

"Nós trouxemos essas características femininas, em especial a sensibilidade, a percepção e a intuição, para a gestão", analisa Sandra, referindo-se ao Sabin. "Temos uma gestão sensível, transparente e orientada para servir. Somos uma empresa oral, informal e voltada para a prática."

Contudo, tanto Sandra quanto Janete consideram que a afetividade, a capacidade de ouvir e a habilidade para estabelecer relações, tidas como características femininas de comando, não são suficientes para explicar o sucesso de empresas lideradas por mulheres. É preciso adicionar competências tradicionalmente associadas ao modo masculino de liderar, como a ousadia, o espírito de competição e a agilidade na tomada de decisões. Todos esses atributos podem ser encontrados nas fundadoras do Sabin.

"Para entender as necessidades dos colaboradores e construir o clima de respeito e transparência, é preciso somar razão e sensibilidade", analisa Sandra. "O sucesso requer espírito empreendedor, trabalho incansável e a alegria de fazer o que se ama."

Já os desafios que aparecem no dia a dia das empresas exigem boa dose de coragem, como explica Janete: "Tem que perder o medo de correr riscos, aprender a dizer não e a não sentir-se culpada por tudo. O segredo é o equilíbrio entre a sensibilidade feminina e a assertividade masculina."

Janete e Sandra não só acreditam na força da liderança feminina, como transformam em prática o que pontua a mais alta executiva do Facebook, Sheryl Sandberg, no livro *Faça Acontecer* (Companhia das Letras): "A mudança para um mundo mais igualitário vai se dar nas pessoas, uma a uma. A meta maior da verdadeira igualdade fica mais próxima cada vez que uma mulher faz acontecer."

No depoimento a seguir, o engenheiro Newton Garzon Moreira Cesar, professor-associado de Estratégia e Governança Corporativa da Fundação Dom Cabral e atual conselheiro externo do Conselho de Administração do Sabin, aponta quais são os fatores determinantes para o êxito do laboratório:

O longo sucesso do modelo de gestão do Sabin baseia-se na habilidade de Janete e Sandra. Uma completa a outra: Sandra tem viés técnico; Janete possui talento comercial. Foi um encontro fantástico de líderes brilhantes na gestão de pessoas. As duas souberam escutar os clientes e os colaboradores, elaborar o que ouviram e aplicar as ideias à realidade, com profundo conhecimento do negócio e do segmento de mercado, mesmo sem saber os conceitos de administração.

Outro diferencial foi a capacidade de construção e motivação, ao longo dos anos, de uma equipe altamente qualificada e alinhada à sua visão do negócio. Junte-se a isso a credibilidade. Janete e Sandra têm valores arraigados, são extremamente confiáveis. Determinadas, persistentes e capazes, elas têm feito o dever de casa. São muito disciplinadas. Durante dez anos, se prepararam para a sucessão. Foi tudo bem planejado! Nesse momento de transformação, é fundamental que se mantenham presentes. Incansáveis como elas são, com certeza alcançarão seus objetivos. É questão de tempo.

CONFIANÇA E COMPROMISSO

Ocupando papéis diferentes — Sandra atenta às operações internas do laboratório e Janete empenhada em divulgar a organização, como sua principal porta-voz —, elas imprimiram uma feição exclusiva a um negócio que, por muito tempo, foi tão impessoal a ponto de ser comparado a uma *commodity*[3]. O que mais pesava na escolha do serviço de análises clínicas era a localização próxima da casa ou do trabalho. Cuidando de tudo e de todos, as fundadoras criaram e disseminaram na equipe o "Jeito Sabin de Ser".

O sucesso de sua iniciativa, na opinião de Janete e Sandra, é fruto de uma relação de confiança, amizade, companheirismo, valores convergentes e realização mútua. "Somos diferentes, mas iguais no respeito ao ponto de vista uma da outra", testemunha Sandra. "A amizade que construímos vai além da sociedade na empresa. O respeito mútuo, o compartilhar valores e princípios, o sonhar e o caminhar na mesma direção foram muito importantes para o desenvolvimento do Sabin."

---

[3] *Commodity* é uma matéria-prima, um produto em seu estado bruto. Não apresenta valor agregado ou marca de referência ou serviço que a diferencie das demais no mercado.

"Desde o início, compartilhamos os mesmos ideais, o que facilitou as nossas decisões", atesta Janete. "Estamos sempre alinhadas para planejar as estratégias da empresa, como implantação de novas práticas, benefícios ou inovações de processos. Trouxemos valores familiares para o nosso negócio e, assim, fundamentamos o Sabin com uma filosofia de respeito, justiça e transparência."

Graças à confiança que sempre existiu entre as duas, foi possível optar por conta conjunta: não é preciso ter a assinatura das duas, basta uma assinar o cheque. Isso trouxe autonomia e agilidade nas decisões. Quando uma viaja, o que for decidido pela outra está feito. Não é prática comum entre as sócias solicitar vistoria no retorno ou uma prestar contas à outra apresentando relatórios de sua área de atuação. Em três décadas, Janete e Sandra nunca terminaram o dia com algum desentendimento importante e, durante anos, dividiram a mesma sala e a mesma mesa.

A sociedade também as impediu de incorrer em um erro comum cometido por grande parte dos empresários: não saber separar as contas pessoais das contas da empresa. "Como éramos duas, havia a necessidade de anotar tudo, ser transparente e fechar a conta", lembra Janete.

Por muito tempo, as decisões foram tomadas em conversas informais ao vivo ou por telefone. "Se, em uma festa, os amigos nos veem conversando em um canto com empolgação, eles já sabem: estamos discutindo negócios", conta Sandra. Hoje, o laboratório mantém uma estrutura de decisão, mas a agilidade foi preservada, bem como o comprometimento da equipe na execução.

O Sabin adotou o modelo da gestão participativa em todos os níveis, até a governança. "As decisões não são unilaterais, arbitrárias, de cima para baixo; existe espaço para a participação dos colaboradores", informa Janete, que aponta o valor embutido nessa escolha: "Ao promover a gestão participativa, você consegue a corresponsabilidade de todos nas decisões. O grupo se compromete."

Desse modo, estratégias, investimentos e novos negócios são definidos em conjunto com os líderes das equipes envolvidas. Se necessário, uma consultoria é contratada para avaliar a situação. Com os relatórios em mãos, o grupo senta e define a solução. Sandra enfatiza que a confiança existente entre as sócias é compartilhada entre todos os funcionários.

A cultura organizacional do Sabin incentiva a falar sempre a verdade. A justificativa é que, para um laboratório, é fundamental a verdade (entendida como o resultado final de um processo conduzido com total rigor). "A verdade acabou extrapolando a medicina laboratorial para permear cada momento de tudo o que fazemos", diz o *brandbook* do Sabin, o livro que explicita os valores e as ideias embutidos na marca. Por isso, "quando você trabalha no Sabin, é estimulado a ser você mesmo, a expor suas opiniões e investir em seus próprios sonhos".

Daí deriva a motivação para a proatividade. Um dos mandamentos da cultura do Grupo Sabin determina: "Você tem uma ideia? Coloque-a em prática." Os profissionais são encorajados a ter iniciativa. A burocracia é mínima, e isso acontece em todos os níveis. Por exemplo, um motorista viu um lugar interessante onde poderia ser aberta uma unidade de atendimento do laboratório. Visitou a sala, falou com o dono, negociou preço e levou a informação completa para a diretoria.

"Motivamos o espírito empreendedor", revela Janete. "O que nós fazemos é dar ferramentas para cada um encontrar e desenvolver seu potencial. Mas não passamos a mão na cabeça. Há muitos nãos, também. Para liberar uma solicitação, analisamos como o profissional agrega resultado para a empresa. Não é passando a mão na cabeça que você ensina. É mostrando o caminho correto."

Segundo Luís Augusto Lobão Mendes, professor de estratégia da Fundação Dom Cabral, Janete e Sandra praticam a "Gestão com Amor". Sua postura pode ser resumida em uma frase: "O carinho de cuidar das pessoas para que as pessoas cuidem com carinho do negócio". Eis seu depoimento:

> *Cuidar de pessoas, permitir que elas cresçam na organização e criar equipes engajadas que se sintam coautoras de tudo são características que fazem parte do DNA do Sabin. Essa semente já estava presente nas fundadoras. Nós, da FDC, ajudamos com as ferramentas de gestão para aumentar as chances de sucesso do negócio, permanecendo fiéis a esse estilo.*

O alinhamento das gestoras e o clima organizacional repercutem nos prêmios conquistados e nos resultados financeiros. O Sabin realiza um trabalho forte do coletivo em prol de todos. As lideranças combinam técnica e jogo de cintura: Sandra, cuidando da operação de excelência com muita eficiência, e Janete, mantendo uma rede de relações e a imagem do laboratório. Com determinação, acreditam que é possível colocar os sonhos das pessoas no projeto da empresa. E conduzem o crescimento. Diante de tudo isso, vislumbro um futuro positivo para o Sabin.

CUIDANDO DE QUEM CUIDA

Anotações sobre a função social da empresa, pistas para crescer em tempos de crise, perguntas para estreitar o relacionamento com o cliente, passos para negociação da *Harvard Law School*, prioridades do RH para o próximo ano e avaliação do ano que passou, além de pensamentos e reflexões bíblicas: a agenda de Janete Vaz revela o estilo *workaholic* dessa líder e a prática do chamado ócio produtivo. "Minha cabeça fica fervilhando, tenho muitas ideias. Tudo serve de inspiração. Um livro, um texto de jornal, uma propaganda, uma palestra. Mesmo nas viagens de férias, em um hotel ou na praia, se lembro de algo possível ou tenho inspiração para uma boa ideia a ser implantada, escrevo na agenda. Tenho várias agendas guardadas."

Leitora compulsiva, Janete chegou a ler 70 títulos em um ano, a maioria sobre gestão. Ela prefere começar pelo fim: lê o último capítulo, depois as páginas restantes, e faz anotações ao lado dos trechos que inspiram ideias ou estratégias. Além disso, trata de dividir com sua equipe, de quem se considera mentora, não só os gerentes ou gestores de áreas.

"Alguns livros me inspiraram tanto que fui resumindo e divulgando, capítulo por capítulo, no correio interno para todo mundo ter acesso. Outros, emprestei, mas como não anoto, depois fico naquele desespero sem lembrar para quem. O que eu mais faço é compartilhar conhecimento. Se você aprende e estoca, está perdendo a oportunidade de desenvolver as pessoas. Ao contrário, se aprende e multiplica, vai agregar valor ao trabalho e à vida das pessoas. Para quem realmente está preocupado com o próximo e quer promover o crescimento de sua equipe, a comunicação é primordial."

Não raramente, Janete se surpreende com as reações dos colaboradores. Mais de uma vez, já ouviu o seguinte comentário: "Doutora, estou fazendo Administração e esse texto vai me ajudar em um trabalho da faculdade".

Janete acredita que é possível aprender o tempo todo, com todas as pessoas. "Todo mundo ensina, do médico à menina da limpeza. Às vezes, as pessoas não sabem do que são capazes. Minha função é mostrar que é possível."

A história de Vanuza Sá, atual diretora de Relacionamento com o Mercado, ilustra bem como os funcionários são estimulados ao crescimento. Ela começou no Sabin aos 23 anos, recém-formada farmacêutica bioquímica, fazendo estágio no setor de bacteriologia. Foi o começo de uma história que dura 20 anos.

Ao completar quatro anos de casa, Vanuza foi promovida a gerente técnica do laboratório. Iniciou um mestrado na área de Imunologia e pediu licença de três meses para redigir sua dissertação. O Sabin vivia a grande virada que começou com a mudança para o Brasília Shopping e prosseguiu com a busca de certificações. Eis seu depoimento:

Quando voltei da licença, não estava mais na área técnica. Havia sido transferida para o setor de Relacionamento. Minha função era visitar médicos e falar com os convênios. Quase morri! Achei que a Dra. Janete queria me demitir e estava sem coragem. Perguntei o porquê e ela me respondeu: "Quero que você cresça." No início, resisti. Eu achava que não tinha competência para essa área. Era uma cientista treinada para atuar na bancada. Mas a Dra. Janete não me deixou desistir. Ficava ao meu lado me orientando, dizendo o que eu deveria falar. Recebi o treinamento direto da fonte. Foi difícil, mas hoje vejo que a Dra. Janete tinha razão. O laboratório precisava de alguém que tivesse conhecimento técnico para conquistar o médico.

Depois que comecei a atuar em Relacionamento, fiz curso de negociação e pós-graduação em Gestão Estratégica de Marketing e participei de projetos de desenvolvimento de gerência na Fundação Dom Cabral. Hoje, tenho uma equipe bem estruturada, que eu procuro treinar com a mesma paciência que a Dra. Janete demonstrou comigo. Quando correspondi à sua expectativa, ela me respondeu, feliz: "Agora você está vendo a floresta inteira, não só um pedaço." Olhando para trás, percebo que escrevi uma bela história, com grandes conquistas, vivida com muita intensidade e movida a desafios, pela qual agradeço imensamente.

Para promover o crescimento, Janete diz que é necessário entrar na intimidade das pessoas, enxergar seus anseios e comprometer-se com suas vidas. "Quero saber o que acontece com elas, se a mãe está doente, se o marido está empregado, se o filho está bem na escola. Se alguém namora há muito tempo, vou lá e aviso quando o menino está enrolando a menina. Dou conselho, sou casamenteira."

Essa proximidade no trato com os funcionários pode ser constatada em um simples passeio pelos corredores do Sabin na companhia de Janete e Sandra. Elas dão bom dia a todos, chamam pelo nome, perguntam de familiares e cumprimentam aniversariantes.

"Como mães e empresárias, nós sentimos que não somos 'patroas', mas facilitadoras do aprendizado e responsáveis pelo desenvolvimento das pessoas", ressalta Janete. "Transmitimos bons valores, o respeito, a igualdade, a justiça e a honestidade. Tratamos cada um com o amor que dirigimos aos nossos filhos para ajudá-los a viver melhor, tomar decisões, enfrentar os desafios e educar os próprios filhos."

Sandra comunga da mesma visão: "Apesar de não conseguir mais chamar todos pelo nome como antigamente (o que era possível quando o Sabin tinha até 400 colaboradores), mantemos muito forte uma cultura de aproximação. Nós nos empenhamos para não perder a simplicidade e não criar camadas de complexidade em nossa operação e nas relações com as pessoas."

A participação ativa de Sandra e Janete no sistema online de correio interno (SHIFT), que é o coração do Sabin, é outro sinal da proximidade mantida com os colaboradores. Por meio do correio, as duas mandam mensagens motivadoras à equipe, incentivam a participação em pesquisas e agradecem o empenho durante as auditorias. "Essa ferramenta é maravilhosa", elogia Sandra. "Além de comunicação imediata, ela nos permite abordar todos os problemas surgidos no dia a dia. Os treinamentos muitas vezes focam as situações narradas diariamente pelo sistema para estimular aquelas competências mais necessárias a um bom atendimento, que são rapidez e precisão."

A preocupação em difundir conhecimento não se limita à equipe. Sandra destaca a importância de aproximar os parceiros médicos das novidades em medicina diagnóstica vistas nos congressos: "A gente tem de ir além. O gênio da tecnologia Steve Jobs dizia que o cliente não sabe o que quer; cabe a nós mostrar o que eles querem. Os médicos às vezes também não sabem. Nós temos condições de levar a informação."

A comunicação é a base da liderança, como insiste Janete: "O líder deve estar disposto a dizer a mesma coisa de formas diferentes, de quatro a sete vezes. Se quiser que a mensagem chegue ao destino, à consciência da pessoa, primeiro precisa saber se entendeu e criar formas de atingir seu propósito." Para isso, o laboratório utiliza várias ferramentas, como o SHIFT, murais e jornais destinados ao público interno. Para o público externo, além do site e de espaços nas redes sociais, mantém uma página institucional na revista de celebridades e famosos de Brasília, a *Foco*.

No modelo de gestão adotado pelo Sabin, o líder exerce ainda outras funções:

- Dar o exemplo em todos os níveis. Suas ações repercutem mais do que as palavras;
- Fazer junto;
- Ouvir... Ouvir... Ouvir... Desse modo se constrói a confiança, sendo receptivo ao outro, conduzindo a situação e dando chance de crescimento;
- Treinar... Treinar... Treinar... Uma empresa não cresce se as pessoas não crescerem também. Nenhuma alta tecnologia é implantada sem potencializar o conhecimento. Só se obtém o máximo de potencial do equipamento se as pessoas que o manejarem forem muito bem preparadas;
- Transitar pela empresa e conhecer anseios e sonhos dos liderados;
- Acompanhar o fluxo das decisões;
- Monitorar resultados.

O mais importante é manter a equipe coesa e permanentemente motivada. "Sonhe grande e estimule as pessoas de sua equipe a sonharem", ensinam Janete e Sandra. Sem perder de vista os princípios que dirigem a cultura organizacional. Pode perder o negócio, mas não os valores. Na dúvida, tenha como norte esses seis princípios: verdade, saúde total, tecnologia, empatia, inovação e felicidade. "Temos o nosso jeito de trabalhar, o nosso jeito de fazer as coisas, e zelamos muito por isso", completa Janete.

A SUCESSÃO

Emocionada, durante o enterro de um funcionário que faleceu em um acidente de carro, em 2013, Marly Vidal perguntou à Janete se ela tinha medo de morrer e foi logo falando: "Eu tenho medo de que a senhora morra". Na época, Marly era superintendente de Recursos Humanos. "Se ela me perguntasse antes, eu também teria", conta Janete. "Respondi: 'Não tenho mais'. O Sabin tem condições de continuar sem a minha presença. Você cresceu tanto. Você e várias pessoas. A expansão está sendo construída com elas. Todas enxergam seu papel."

Até então, a grande preocupação de Janete e Sandra era preparar seus filhos para a sucessão. Mas qual deveria assumir? Cada uma tem três e todos passaram pelo Sabin. O mais velho de Janete, Leandro, é médico pela Universidade de Barcelona, na Espanha, especialista em medicina do esporte e ortomolecular e nutrologia. Indiretamente envolvido, ele ajuda com aconselhamento, alinhamento, sugestão de médicos e exames novos. Leandro participa anualmente do Programa de Educação Continuada em Obesidade e Genética na Universidade Harvard, nos Estados Unidos, e traz as novidades. É atleta de triátlon e sócio e diretor técnico da Golden Clinic. A segunda filha, Raquel, fez estágio em vários setores do Sabin, inclusive no Relacionamento. Agora dirige um laboratório voltado para as classes C e D. O caçula de Janete, Rafael, foi gestor do Sabinbiotec e trabalha no mercado financeiro.

Marcelo Pena Costa, o filho mais velho de Sandra, é publicitário, estudou no *London College of Communication*, na Inglaterra, retornou ao Brasil em 2010 e possui uma agência de marketing e publicidade que presta alguns serviços para o Sabin. Guilherme Costa, o filho do meio, foi gestor do Sabinvacinas e hoje é diretor de arte em uma agência de comunicação digital em Nova York, onde conclui seu mestrado em Comunicação Interativa na *New York University*. Gabriel Costa, o caçula, escolheu a área das finanças. Trabalha no mercado financeiro e empreende no ramo imobiliário. Economista pela UnB, participou de uma sociedade em uma corretora de valores em Brasília e esteve à frente da reestruturação do Laboratório Diagnóstico, do Distrito Federal, depois da aquisição, onde permanece como um dos sócios.

Conscientes de que a imposição dos filhos na sucessão às vezes destrói a empresa, Sandra e Janete resolveram garantir a perenidade da rede de laboratórios desenhando um modelo particular de governança corporativa — em vez de transferir a operação diretamente para os herdeiros, criaram uma forte equipe de gestores. "Passamos para eles esse nosso jeito de estar sempre próximo dos colaboradores", contam as fundadoras.

A missão de conduzir o dia a dia da empresa foi confiada à nova presidente executiva, Lídia Abdalla, assessorada por quatro diretores: Marly Vidal (Diretoria Administrativa e de Pessoas), Vanuza Sá (Diretoria de Relacionamento com o Mercado), Chanda Mota (Diretoria Financeira) e Rafael Henriques Jácomo (Diretoria Técnica). Além disso, foi formado um Conselho de Administração com cinco membros, três internos e dois externos, do qual Janete Vaz é presidente e Sandra Costa é vice-presidente. A estrutura, além de permitir que qualquer um dos filhos venha a dar continuidade ao negócio, garantiu às empresárias liberdade para focar a estratégia e o crescimento da rede.

"Crescemos com a empresa e participamos de todas as decisões. Estamos preparados para assumir esse desafio, mantendo a cultura construída ao longo dessas três décadas. Temos o compromisso com a sociedade de levar serviços com qualidade e excelência em todos os lugares a que o Sabin chegar", afirma a CEO Lídia Abdalla.

Ela entrou no Sabin há 15 anos, como *trainee*, um ano depois de se formar em Bioquímica em Ouro Preto, Minas Gerais. "Sou um exemplo de como o Sabin incentiva o crescimento e oferece todas as oportunidades aos seus colaboradores", diz, ao manifestar seu orgulho por fazer parte da família Sabin. No laboratório, ela teve a oportunidade de associar sua sólida formação técnica ao gosto de lidar com gente: "Além de buscar a melhor metodologia, sempre me envolvi com as pessoas, procurando desenvolver a minha equipe".

Lídia coordenou a área de Imunologia e Hormônios, e depois passou à Gerência Técnica. Fez mestrado na UnB e MBA em Gestão Empresarial pela FDC. Além disso, acompanhou todo o processo de profissionalização do Sabin, a introdução das certificações, a automação. "Conheço bem a empresa, a operação e as pessoas. Isso facilita minha aceitação."

Janete se recorda da escolha da nova presidente. "Por incrível que pareça, não é fácil achar sucessor para você." Na primeira reunião do conselho, Garzon, da Fundação Dom Cabral, informou que a presidente do conselho deveria escolher um presidente-executivo, como preconiza a Lei 6604 das sociedades por ações. Mesmo sendo empresa de sociedade fechada, decidiram seguir as regras. "Senti um frio e pedi seis meses de prazo para escolher esse nome", recorda Janete. "Perdi noites e noites de sono pensando no assunto. Nas reuniões do conselho, definimos que seria uma pessoa de carreira. Decidir qual das três superintendentes foi o mais difícil. A minha tendência era sugerir as três como um comitê de presidentes, pois juntas elas eram surpreendentes."

Na reunião de outubro para definição dos Mandamentos do Sabin, Janete teve uma inspiração: por que não adotar a gestão participativa, como sempre fizeram? "Solicitei à Juliana Alcântara, do RH, uma lista com 100% dos gestores. Faltando 15 minutos para iniciar a reunião, comuniquei à Sandra. Eu tinha medo de que ela não aprovasse, mas ela aceitou bem. Quem estava sem paz era eu."

Quando terminaram de falar sobre a filosofia e os valores do Sabin, Janete anunciou que todos ajudariam a tomar a decisão mais importante dos últimos anos: a escolha do nosso sucessor! "Apresentei os candidatos e pedi que votassem em dois nomes. Um poderia ser marcado pela amizade, mas o segundo seria pela razão. Dos 20 votos, a Dra. Lídia recebeu 16 e, o principal, o apoio de toda a equipe."

Esse momento de transição é um marco na história do Sabin, assegura Sandra. "E não poderíamos ganhar presente melhor. Pessoas que dedicaram seus conhecimentos e esforços para o crescimento dessa empresa e estão capacitadas para disseminar nossa cultura e continuar essa trajetória de sucesso."

Mesmo integrando o Conselho de Administração do Grupo Sabin como presidente e vice-presidente, respectivamente, Janete e Sandra continuam a trabalhar cerca de dez horas por dia. Para relaxar, Sandra joga golfe nos fins de semana, pratica corrida e gosta muito de ler e ir ao cinema. Janete joga tênis, participa de um torneio anual de mulheres em um resort em Itaparica, na Bahia, e faz jardinagem como hobby. As duas apreciam viajar com a família, ouvir clássicos da MPB e cozinhar, embora disponham de pouco tempo para encarar a cozinha.

Sandra resume o que essa história tem representado para ela e a sócia: "As pessoas vivem em busca de um sentido para as suas vidas. O Sabin possibilita vivenciar esse significado todos os dias. O que fazemos é essencial para os cuidados com a vida humana. Medir o sucesso pelo quanto se consegue ajudar as pessoas e contribuir para a promoção da saúde é mais do que uma realização, é um presente de Deus para a minha vida."

Uma história de amor

"Meu nome é Raquel Vaz, única filha mulher dessa incrível dupla. Somos seis filhos, três de cada.

Dizem que filho de peixe, peixinho é... Espero que sim! Grande responsabilidade ser filha de Janete.

Sou privilegiada! Além de ter a melhor referência do mundo ao meu lado, uma grande empresária, mãe, amiga, incentivadora e parceira, tenho também a tia Sandra. Tia porque o Sabin tem 30 anos e eu 32. Como não chamá-la de tia? Fico muito orgulhosa quando minha mãe fala: 'Como você se parece com a Sandra, ousada, corajosa!' Amo ter essas duas grandes referências ao meu lado, por isso sou privilegiada.

Minha história de vida sempre andou junto à história do Sabin. Melhor do que falas são exemplos, e sempre tive isso com a minha mãe... Aprendi a amar essa empresa, respeitar as pessoas e ajudar o próximo desde muito pequena. O Sabin já ajudava muitas instituições antes de o Instituto ser criado. Sempre fui às creches para as ações sociais, o que me ensinou o real significado de amor ao próximo, compaixão, realidade de vida e a nunca tirar os meus pés do chão. Participei da criação do Instituto Sabin, desde a fundação desta OSCIP até a execução de vários projetos. Hoje estou à frente como Presidente.

Trabalho no Sabin desde os 18 anos. Estive em vários setores, como Contabilidade, Relacionamento Comercial/Institucional e o próprio Instituto. Fazer parte dessa história me traz muito orgulho. Muitos colaboradores que hoje são meus parceiros de trabalho me viram crescer e construir uma carreira. Tenho lembranças de pessoas como nossa Diretora Administrativa e de Pessoas, Marly, que entrou como atendente, cresceu aqui dentro, se desenvolveu e foi desenvolvida. Isso mostra que acreditamos nas pessoas e buscamos o desenvolvimento de cada uma.

Dr. Tavares, grande exemplo de comprometimento e dedicação! Lembro de ligar em muitos domingos de manhã ou sábados à noite e contar alguma situação que havia acontecido e que ele já tinha resolvido para evitar que minha mãe deixasse a família para tomar as providências, como um vizinho que esqueceu a torneira ligada e alagou a unidade... Coisas simples.

Na criação do Instituto Sabin, a Esmeralda Fernandes saiu do setor de Relacionamento e a Dra. Vanuza assumiu. Começamos a trabalhar juntas! Paraibana, muito íntegra, destemida, arrojada e cheia de conhecimento técnico... Seríamos uma grande equipe. E de fato somos. Ela chegou cheia de receio de deixar a bancada, e eu acreditando muito no potencial dela. Sempre foi uma grande bioquímica e amava o que fazia. Mas, como sempre, Dra. Janete, visionária e cheia de grandes ideias, enxergou nela a oportunidade de ter uma embaixadora da área técnica fora da empresa. E foi exatamente o que aconteceu e acontece até hoje de forma extraordinária! A Dra. Vanuza é a minha grande parceira dentro do Sabin, a maior facilitadora do meu trabalho. Admiro cada dia mais essa grande mulher! Agradeço muito a Deus por ter colocado pessoas maravilhosas, cúmplices e fiéis comigo.

Aprendi a ser presente na vida de nossos colaboradores, participando de casamentos, nascimentos, funerais, aniversários, formaturas... Datas importantes na vida de cada um. A conhecer as pessoas e saber a real necessidade delas, às vezes um abraço, uma oração ou uma ajuda financeira. Isso faz total diferença na construção da vida, principalmente da minha! Aprendi a amar cada uma dessas pessoas, que hoje são a continuação da minha família.

Acabamos de completar 30 anos. Sem amor não existe perenidade, não existe sucessão. Empresas são vendidas e transformadas em ações, em resultado financeiro. No nosso caso, perenidade é parte da nossa história. Amo essa empresa, amo essas pessoas e, com certeza, faremos nossa parte! Sinto-me responsável pessoalmente por cada família que pertence à nossa empresa!"

Parte 2

Parte 2

Gestão com amor

Olhar no microscópio e também olhar nos olhos

5
Prazer em servir

Em uma das etapas mais delicadas de sua vida, enquanto fazia quimioterapia para tratamento de câncer, Eleuza Fellipe frequentava uma das unidades do Sabin. Era lá que fazia todas as análises clínicas solicitadas por seu médico. De repente, ela parou de ir ao laboratório. A equipe estranhou. Esperou algumas semanas e ligou para sua casa em busca de notícias. Quem atendeu foi seu marido. Ele contou que Eleuza tinha viajado para passar o Natal com a filha no Rio de Janeiro e, enquanto esteve fora, contraiu pneumonia. O quadro ficou tão grave que ela precisou ser internada e passou três meses no hospital. Já recuperada, ao retornar à Brasília, ela fez questão de procurar Janete Vaz, que conheceu em um torneio de tênis, para contar essa história. Impressionada com a gentileza do telefonema e sentindo-se muito prestigiada, ela comentou: "Vocês atendem seis mil exames por dia e se lembram de mim?"

O lema do Sabin é servir. "Seja na coleta, na análise ou no atendimento. Mais do que desempenhar a função para a qual você foi contratado, tenha em mente que você está aqui para servir", ensina o livreto com os mandamentos do laboratório. E servir bem aos clientes significa construir relações sustentáveis e duradouras.

O foco no cliente é uma das principais explicações para o sucesso das empresas. Segundo os manuais de *business*, organizações vencedoras não apenas entregam um produto ou serviço de qualidade. Isso é o requisito mínimo para sobreviver à competição do mercado. Portanto, não adianta ficar apenas centrado no produto ou serviço. É preciso olhar o cliente e oferecer algo mais. Seu objetivo é maior: encantar o cliente. Não apenas atender às suas expectativas, mas excedê-las.

No Sabin, o foco no cliente se traduz pela constante busca de excelência em todas as fases do processo. Se, durante a análise, ela resulta de treino, padrão e rigor (cada detalhe é meticulosamente planejado e executado), no atendimento, ela é fruto da espontaneidade e do envolvimento.

Os colaboradores são instruídos a equilibrar dois pesos que, à primeira vista, talvez pareçam inconciliáveis: utilizar equipamentos de última geração e as mais avançadas técnicas para garantir qualidade e precisão no diagnóstico, sem abrir mão da proximidade, do sorriso e do olho no olho no momento da coleta. Além de empregar as melhores metodologias para pesquisar profundamente as células do paciente, devem estar atentos às suas emoções e preocupados com seu bem-estar.

"Tenha visão do todo; você não trabalha com equipamentos, tubos ou administração. Você trabalha com a saúde das pessoas", reza outro mandamento do Sabin. "É um privilégio e, ao mesmo tempo, uma grande responsabilidade poder influenciar positivamente na qualidade de vida de tantas pessoas."

A intenção é tratá-las como se fossem parte da família. Uma colhedora do laboratório costuma dizer: "Meus pacientes aqui são idosos. Eu os trato super bem, como se fossem meus pais."

A abordagem adotada é informal. Em vez de cair em fórmulas prontas e desgastadas, como "pois não, senhor" ou "só um minuto, senhora", a orientação é chamar a todos pelo nome. Demonstrar interesse. Ter sensibilidade para perceber como a pessoa prefere ser tratada, seja por um cerimonioso "senhor" ou "senhora" antes do nome ou por um diminutivo carinhoso. Cada cliente é único e tem que se sentir como tal.

Esse cuidado é percebido e valorizado, como revela o depoimento de Arlete Sobral Ribeiro, técnica em contabilidade aposentada, cliente há mais de dez anos:

> *Tive muitas doenças, que superei com a graça de Deus. Durante um tempo, por causa de um câncer, precisei fazer exame toda semana. Eu ia a uma unidade do Sabin na Asa Norte, no prédio onde fica o consultório do meu médico. Fiz amizade com todos os atendentes. O pessoal trata a gente muito bem. Se eu fico algum tempo sem aparecer, eles ligam para saber*

como estou. Em uma das vezes, eu estava tão fraquinha por causa da quimioterapia que vieram fazer a coleta de sangue na minha casa.

Já fui sorteada para tratamento no spa. Como na época eu não tinha condições de sair de casa, pedi autorização para mandar a minha filha. Ela foi e adorou! Desde então, eu incentivo todo mundo a preencher o questionário de perguntas. O laboratório é limpo, organizado e facilita para fazer o pagamento — a nota fiscal sai na hora. E ainda tem o lanchinho: pão de queijo, suco, banana, biscoito e máquina com café e capuccino. Tudo isso me prende ao Sabin.

Por meio do atendimento próximo e humano, o cliente tem acesso ao intangível da qualidade, que ele nem sempre consegue perceber de outro modo, explica Sandra Costa: "A forma como o cliente é recebido quando entra no laboratório, com um sorriso no rosto e um cadastro correto, ajuda a construir uma relação de harmonia e amizade, mesmo que muitas vezes ele não seja receptivo".

É preciso entender que, ao chegar ao laboratório, a pessoa em geral está sob considerável stress: doente, fragilizada ou insegura diante de um resultado ainda desconhecido. A assistência à saúde difere da maior parte dos serviços de maneira bastante significativa, como elucidam o professor de Marketing Leonard Berry e o ex-presidente do departamento de Marketing da Clínica Mayo, Kent Seltman, no livro *Lições de Gestão da Clínica Mayo* (Editora Bookman): as pessoas viram consumidores de serviços de saúde não por escolha; ao contrário, muitas vezes demonstram relutância diante da presença ou da possibilidade de uma doença. Trata-se de um serviço antes "necessário" que "desejável". "Os clientes querem sair para comer, tirar férias, falar ao telefone, assistir ao vivo uma partida de futebol (...); não querem se submeter a um exame físico, fazer mamografia ou passar por algum procedimento cirúrgico." Segundo os autores, outros serviços nem sempre exigem que as pessoas se dispam — emocional e, às vezes, fisicamente — no mesmo grau requerido pela assistência à saúde.

"O momento de fazer um exame não é tranquilo", reconhece Janete. "Os clientes vêm ansiosos, inseguros, em jejum e com fome. Há nervosismo diante da coleta e do laudo, que pode diagnosticar uma doença grave. Ajudar as pessoas a passarem por isso de forma profissional e eficiente sempre foi o nosso objetivo."

A cliente Lisete Barros, funcionária pública aposentada, registra a importância do atendimento humanizado nessas horas de necessidade:

> O doente normalmente está fragilizado. Se não receber carinho, um sorriso de acolhimento, ele piora. Felizmente, existem profissionais de saúde que acolhem bem seus pacientes. Sou fiel ao Laboratório Sabin pelo atendimento, a começar dos recepcionistas, pelo carinho com o paciente, pelo cuidado dos técnicos que colhem o material (são pessoas credenciadas, maravilhosas!), pela rapidez, pelo lanche após o exame. Confio no trabalho do Sabin, na qualidade dos resultados. Nos cartões de pesquisa que pedem para dar nota ao atendimento, eu sempre dou a nota máxima, dez.

A decoração em cores quentes (azul-royal, verde-claro e coral), fugindo ao tradicional branco padrão hospital, ajuda a quebrar a formalidade e a tornar o ambiente mais aconchegante, como ressalta o cliente Alexandre Viana:

> O segredo do sucesso já consagrado pela qualidade do atendimento humano aos clientes é chancelado, surpreendendo a todos com a descontração no ambiente que, por natureza do ofício, é taxado como traumático para alguns. Parabéns por quebrar esse paradigma e tornar o ambiente alegre e acolhedor.

No entanto, o recurso mais aplaudido pela capacidade de aliviar a tensão no momento do exame é a música ao vivo na recepção. No Sabin há dezessete musicistas contratados em folha de pagamento que se revezam pelas unidades para garantir esse conforto. Os clientes aprovam, como demonstra a advogada e escritora Gracia Cantanhede:

> Na semana passada, estive no Sabin, no Lago Sul, e qual não foi meu o encantamento quando ouvi o som de um violão e vozes entoando uma bonita canção brasileira. Era um momento de ternura naquele local onde pessoas preocupadas com resultados de exames deveriam estar tensas. A música as acalmava e transportava para o mundo da poesia. Obrigada à Janete e à Sandra pelo bem que nos fazem.

Juntem-se a isso outros valores essenciais, que não podem ser negociados e corroboram o cuidado com o paciente. Janete cita a pontualidade: "Temos um lema que diz que 7h não é 7h01. Às 7h, o cliente já se arrumou e está em jejum, com fome e preocupado com o horário em que vai chegar ao trabalho. É por tudo isso que a recepcionista tem de começar a atender às 7h — não às 7h01."

Como Janete chegava cedo e trabalhava pela manhã, ela foi ficando tão associada a esse lema que bastava ela dizer "7h" para todos os colaboradores, inclusive os recém-chegados, completarem com "não é 7h01".

A cliente Teca Corrêa registrou sua surpresa e satisfação com o atendimento na página que o laboratório mantém no Facebook:

> *O corpo se joga da cama às 6h da matina. Corre para o trabalho, faz reunião de equipe das 7h às 8h. Corre em casa, cata a filha, leva para a escola. E corre para fazer exames de rotina. Chegando lá, [encontra] um atendente gentil, cortês e simpático; uma mocinha estilosa tocando violão, musiquinha gostosa. Tiraram meu sangue e eu nem me importei. E quando tudo terminou, não terminou. Na saída, uma mocinha sorridente me chama: "Senhora, aceita um café?". Entrei para tomar um cafezinho e tomei um delicioso chocolate quente com um pão de queijo fresquinho. Muito mais que o lanchinho, é o respeito, o carinho e a educação com o usuário. Laboratório Sabin, vocês estão fazendo a coisa certa. Obrigada!*

E POR FALAR EM PÃO DE QUEIJO...

O cheiro inconfundível do pão de queijo oferecido no desjejum também contribui para tornar o ambiente agradável. A história desse produto, uma das marcas do Sabin, combina empreendedorismo e capacidade de superação.

Um grande fabricante de pão de queijo fornecia o produto para todas as unidades do Sabin: em cada uma, ele instalava um forno e um freezer e entregava a massa pronta para assar. Um dia, os colaboradores de uma unidade em Taguatinga Sul descobriram os deliciosos pães de queijo preparados pela esposa do senhor José Ferreira e vendidos por ele no bairro. Tornaram-se fregueses assíduos. Certo dia, em vez de utilizar a massa do fornecedor do laboratório, eles passaram a usar a do Sr. Ferreira. O cheiro do pão de queijo se espalhava pela copa, deixando todo mundo com água na boca.

"Quando eu visitava a unidade, como boa goiana, que sabe muito bem fazer pão de queijo, eu observava que aquele crescia mais e era muito mais saboroso", conta Janete. "Então solicitava à Dona Angélica, copeira daquela unidade, que orientasse as copeiras das demais unidades sobre como deveriam assar o pão de queijo para que ficassem igualmente maiores e com aquele cheiro delicioso de um bom pão de queijo. Eu não sabia que os fornecedores eram diferentes."

Um dia, em 1998, aconteceu uma tragédia: a esposa e uma das filhas de Sr. Ferreira morreram em um acidente. Muito abalado, ele não queria mais trabalhar. Afinal, o pão de queijo que fazia tanto sucesso era receita da esposa. Depois de algumas semanas, ele resolveu continuar o ofício, até para homenagear a falecida. Mais ou menos nessa época, Janete ficou sabendo que aquela unidade de Taguatinga Sul servia os pães de queijo preparados pelo Sr. Ferreira e não os do fornecedor oficial do Sabin. "Mandei chamá-lo e lhe fiz uma proposta", lembra a fundadora. "Se ele conseguisse substituir os fornos de unidade por unidade, eu daria a ele a preferência no fornecimento dos pães de queijo." E foi assim que o Sr. Ferreira se tornou o fornecedor exclusivo de pães de queijo para colaboradores e clientes de todas as unidades.

Até que houve uma mudança na forma de tributação do Sabin de lucro presumido para lucro real. Todas as compras teriam que ser feitas com nota fiscal. Como o Sr. Ferreira não tinha empresa constituída, ele não poderia fornecer nota. A direção o chamou e explicou a situação. "Disse-lhe que nós não poderíamos adquirir uma agulha sem nota fiscal e ele teria que oficializar sua empresa." O Sr. Ferreira não tinha estrutura nem experiência para fazer essa mudança. Então o Sabin ofereceu os serviços de sua contabilidade, que o ajudaram a constituir sua indústria de pão de queijo.

Hoje, 13 anos depois, ele fornece ao laboratório oito toneladas de pão de queijo por mês e vende seu saboroso produto em toda a cidade de Brasília. Os filhos do Sr. Ferreira se formaram na faculdade e trabalham com o pai, que se casou novamente. Sua empresa esbanja saúde financeira e solidez, tanto que ele é chamado a ministrar palestras para executivos e empreendedores. Mas tem uma coisa que o Sr. Ferreira não compartilha com ninguém: a receita dos pães de queijo.

SERVIÇOS DIFERENCIADOS

O Sabin possui mais de 170 unidades de atendimento em oito estados: Goiás, Tocantins, Minas Gerais, Bahia, Amazonas, Pará, São Paulo e Mato Grosso do Sul, mais o Distrito Federal. Todas elas se comunicam por meio de um sistema integrado de informação. A logística de transporte das amostras é monitorada via satélite.

A maioria dos resultados dos exames (98%) é liberada no mesmo dia e o laudo pode ser acessado pelo médico diretamente do consultório. Para isso, o médico deve solicitar uma senha no laboratório. No prontuário de cada paciente, é possível acompanhar o histórico de exames realizados no Sabin desde 2000.

Os resultados também podem ser conferidos no celular. Em 2012, o Sabin desenvolveu um aplicativo para iPhone, depois estendido para iPad e Android, e atualizado a partir dos comentários dos clientes. Ele avisa em tempo real quando os resultados estão liberados. Por meio dele, o paciente consegue ter acesso aos laudos e históricos de resultados de exames. Ambos podem ser impressos, enviados por e-mail e salvos em PDF e e-books. No perfil de médicos, é possível consultar a pesquisa da Classificação Internacional de Doenças (CID) por nome da doença, número ou termo. O aplicativo possui, ainda, um localizador de unidades integrado com o Google Maps. Foram registrados mais de 80 mil downloads do aplicativo.

Estar em dia com as inovações tecnológicas é uma das qualidades do laboratório destacadas pela professora Lúcia Simino, cliente há quase 15 anos:

> *O Sabin usa a informática há muitos anos. Sempre acompanhou a evolução da tecnologia, o que se reflete na alta qualidade dos exames. Nunca um médico mandou repetir o teste. Nunca houve confusão. Fora isso, as meninas que atendem a recepção e os enfermeiros são gentis e carinhosos, e demonstram cuidado com pessoas de idade. O Sabin sempre atendeu às minhas necessidades e de toda a minha família. Eu e meu marido usamos muito o laboratório. Fazemos check-ups anuais. Prezamos muito a saúde.*

Pioneiro na instalação do serviço dentro de hospitais, o Sabin tem duas unidades em Brasília com atendimento 24 horas, no Hospital Daher (Lago Sul) e no Hospital Alvorada Brasília (Asa Sul). Há também uma unidade em Uberaba (Minas Gerais) atendendo em horários diferenciados. Essas unidades contam com profissionais capacitados para prestar suporte na realização de exames de emergência.

O laboratório realiza coletas em domicílio (basta agendar por telefone ou pela internet), dispõe de unidades especializadas em coleta infantil, com animadores e profissionais habilitados a atender inclusive bebês, e tem locais especializados na realização de exames de Citogenética e Biologia Molecular.

Para clientes corporativos, o Sabin oferece o Programa de Promoção e Prevenção à Saúde, alinhado à Política Nacional de Promoção da Saúde do Ministério da Saúde. Esse programa foi desenvolvido para atender à demanda das empresas e operadoras de saúde que procuram estratégias de incentivo à promoção da saúde e à qualidade de vida. Como resultado, o cliente corporativo tem a possibilidade de otimizar a gestão dos recursos direcionados à saúde dos colaboradores, melhorar a produtividade e diminuir o *turnover* e as taxas de absenteísmo, além de reduzir a sinistralidade das operadoras de saúde.

O programa se inicia com a realização dos exames contratados pela empresa — a coleta pode ser efetuada no próprio local de trabalho. A partir dos resultados obtidos, é gerado um *screening* populacional com o perfil de saúde da população avaliada, que pode orientar campanhas informativas, incentivos à prática de esporte e outras ações voltadas à melhoria da saúde dos colaboradores. "O objetivo final do programa é, portanto, promover a qualidade de vida e reduzir a vulnerabilidade das pessoas a riscos de saúde ligados a determinantes sociais", revela Vanuza Sá, diretora de Relacionamento com o Mercado.

O QUE NÃO SE VÊ

A qualidade é uma característica fundamental do Sabin. "Temos um laboratório 100% automatizado e com tecnologia avançada para oferecer o que há de mais moderno em análises clínicas", informa Sandra. "Os profissionais participam de treinamentos constantes e estão envolvidos e integrados."

A emissão dos laudos obedece a um rígido controle. Antes, a validação era feita por Janete e Sandra; depois, passou a ser feita por Lídia Abdalla, quando era gerente técnica. Finalmente, optou-se pela criação de uma equipe que se dedica exclusivamente à tarefa. Ela é formada por bioquímicos, biomédicos e especialistas que estão radicados não só no Distrito Federal, mas também em outros estados.

A primeira bioquímica a desempenhar a tarefa, Mônica Lino, é casada com um militar da Força Aérea que foi transferido para Natal, no Rio Grande do Norte. O grupo foi crescendo com a inclusão de outros profissionais que, por razões variadas, tiveram que se mudar de Brasília. Atualmente, um mora no Rio de Janeiro, outro em Barrinhas, na Bahia, e mais um em Florianópolis, Santa Catarina. Eles mantêm contato permanente com Luiz Omar Tavares, gerente científico, responsável pela qualidade dos laudos.

Essa seriedade é fundamental para oferecer suporte ao diagnóstico e foi decisiva para a empresária Marilda Jane Vaz da Silva Neiva, cliente há dez anos:

> *Tive um problema grave de saúde e os exames realizados em um outro laboratório não identificavam a causa. Fazia contagem do hormônio da tireoide, o médico tratava e eu não melhorava. Estava desesperada! Desisti de usar o convênio e fui fazer o exame particular no Sabin. Depois, eu descobri que o laboratório atendia o meu plano de saúde. O diagnóstico foi hipertireoidismo. Com o tratamento adequado, foi possível controlar esse distúrbio e realizar um grande sonho: consegui engravidar.*
>
> *Por causa desse problema, tenho que fazer contagem do hormônio da tireoide às vezes de três em três meses, outras de seis em seis meses. A recepcionista e os atendentes sempre foram atenciosos. Fiz ali o teste do pezinho do meu filho. Hoje, não tenho coragem de fazer exames em outro lugar. O curioso é que eu morava de frente para uma unidade do Sabin e não tinha reparado. No desespero, vi e experimentei. Foi Deus que me levou lá. Para mim, o Sabin é credibilidade, conforto e apoio. A confiança é muito grande!*

O Sabin também se submete a um rigoroso controle de qualidade, participando de auditorias periódicas e obtendo certificações que atestam a excelência nos processos seguidos. Algumas delas são: ISO 9001/2008, PALC (Programa de Acreditação para Laboratórios Clínicos da SBPC), PELM (Programa de Excelência para Certificação de Laboratórios Médicos da SBPC) e SA 8000 de Responsabilidade Social. Em 2014, o Sabin investiu em mais uma certificação, a ISO 31000, voltada para a Gestão de Risco.

Para se ter uma ideia do que isso representa, no Brasil há cerca de 16 mil laboratórios, mas apenas 300 deles possuem o selo PALC. O programa de acreditação realiza auditorias periódicas para verificar a conformidade com os itens da norma. Lídia conta que uma das últimas auditorias foi realizada por sete profissionais, entre médicos e bioquímicos, que auditaram as instalações da matriz para avaliar a confiabilidade de todo o processo, desde o atendimento no *call-center* até a emissão final do laudo.

Já o PELM avalia a qualidade por meio de amostras cegas de sangue recebidas para serem dosadas. Todo dia é feito um controle interno e uma vez por mês, um controle externo. Os resultados são enviados ao provedor, que devolve depois um relatório com a performance do laboratório. "Temos 100% de adequação ao PELM, o que garante a segurança do resultado que entregamos ao paciente", explica Lídia. "Nos índices de adequação, o Sabin está entre os cinco melhores laboratórios do Brasil."

O laboratório valoriza, ainda, outra certificação, tida como a mais importante: o sorriso de satisfação de seus clientes. Lídia esclarece o porquê: "O cliente é o melhor auditor, pois está conosco todo dia. O auditor instituído só vem uma vez por ano."

Sendo assim, a pesquisa de satisfação dos clientes não é um mero instrumento burocrático. As respostas ao questionário são consideradas para organizar treinamentos e pautar ações. Por isso, os formulários são lidos com atenção. Sandra explica: "O cliente que reclama é como um consultor: ele está nos dando um *feedback*, indicando pontos de melhoria e nos mostrando como aperfeiçoar os processos. E, o principal, porque ele quer continuar a ser nosso cliente, ele está nos dando a chance de melhorar."

Janete acrescenta que, se dois ou três apresentam a mesma reclamação, pode ser indício de falha no atendimento. "Quem atende mal não faz isso só uma vez. Se a reclamação se refere à demora no serviço, pode apontar para a necessidade de ampliar a instalação ou de criar mais uma unidade na área para desafogar o atendimento."

Os comentários são transmitidos à Gerência de Relacionamento com o Cliente. Lídia se lembra de um questionário em que o respondente se queixava de uma informação errada recebida no *call-center*. "O exame que ele precisava fazer só é realizado na matriz, não onde ele queria. Tivemos que nos desculpar pela informação errada e colocar o colaborador em reciclagem."

Para incentivar a participação na pesquisa, o laboratório oferece prêmios, como um dia em um spa. "Muita gente pede de presente de aniversário", conta Janete. Com isso, obtém alto retorno: 100% da pesquisa é respondida.

Ainda referente à pesquisa de satisfação, a cliente Maria Straatmann, de Salvador (BA), registrou uma observação curiosa na página do laboratório no Facebook:

> *Só no Sabin a gente vê a colaboradora da copa lendo o formulário de opinião/sugestões para um cliente/paciente que está sem óculos, com ótima dicção e naturalidade. Parabéns, Laboratório Sabin!*

O engajamento dos clientes e colaboradores contribui para aperfeiçoar a operação. "O nosso objetivo é fornecer um resultado tão bacana que permita ao médico eficiência nas decisões, ao convênio pagar uma conta honesta com melhor resultado, e ao cliente a melhora na saúde e em sua qualidade de vida", diz Janete.

Esse tripé tem atendido às expectativas do enfermeiro Mauro Cesar Machado, cliente há pouco mais de dois anos:

> *Precisei fazer uma cirurgia e escolhi o Sabin para os exames pré-operatórios. Tinha ouvido falar bem do laboratório, que é referência em Brasília. Recebi da equipe um atendimento bastante cordial, tanto na central quanto em várias unidades por onde passei. Ouvi explicação sobre os procedimentos e o material utilizado. O atendimento foi rápido, individualizado e atencioso. Também fiquei satisfeito com a confiabilidade dos resultados. Vale a pena procurar esse serviço.*

A alegria dos gestores é tanto maior quanto mais profundo for o vínculo estabelecido com o cliente, como descreve a jornalista Narlla Sales no e-mail dirigido à Dra. Janete:

> A cada vez que vou ao Sabin, um pedacinho da minha história vai ficando lá e um pouco de vocês vem comigo. No início da minha carreira profissional, nos exames pré-nupciais, nas horas difíceis de desconforto e enfermidade e, sobretudo, nas felizes. Em todos esses momentos, o pão de queijo, o sorriso dos colaboradores, a informação de que a agulha "é descartável", tudo isso vai marcando a nossa vida. Digo nossa porque hoje, além do marido, eu tenho um bebezinho na minha barriga. Grande (e desejada) alegria descoberta por meio do Sabin. É esta notícia que divido com a senhora hoje. Obrigada pelo zelo de vocês. O Sabin é mais que um negócio, eu tenho certeza disso.

6
Pessoas em primeiro lugar

Ele era um dos 65 participantes de um curso para contadores e economistas do Banco do Brasil. Janete Vaz foi convidada para fazer a palestra de encerramento sobre humanização no atendimento. A princípio, ele pensou que fosse apenas mais uma palestra de motivação do tipo que fala, fala e não diz nada... Mas bem naquele dia, ele precisou fazer um exame de sangue antes de ir ao evento, e justamente no Sabin.

Ao chegar ao laboratório, observou que uma das moças do atendimento vestia uma camiseta em que estava escrito: *Melhor Empresa para Trabalhar*. Os dizeres se referiam a um dos últimos prêmios que o laboratório havia acabado de receber, concedido pelo Instituto *Great Place to Work*.

Ele chamou a atendente e perguntou: "O que está escrito na sua camiseta é verdade? Você acredita nisso?" A moça, que voltara das férias naquela data, pediu um minuto para terminar de atender outro cliente. Assim que acabou, ela se dirigiu a ele, respondeu que a frase da camiseta era verdadeira e, para comprovar, começou a descrever as políticas e práticas adotadas na organização. Ele ficou impressionado, e não só com o que a moça relatava. O que mais chamou sua atenção foi o brilho nos olhos dela. Também ficou encantado ao vê-la cuidar de todos os detalhes para que recebesse um ótimo atendimento, mesmo sem saber de onde ele era.

Após a palestra, Janete recebeu um e-mail desse cliente: "Ele contou da oportunidade que tivera de se certificar de tudo o que eu havia pregado e disse que estava maravilhado".

Segundo o *Great Place to Work*, os funcionários acreditam que trabalham para uma empresa excelente quando confiam nas pessoas para as quais trabalham, orgulham-se por fazer o que fazem e gostam das pessoas com as quais trabalham. O Sabin conquistou essa premiação graças à decisão de colocar as pessoas no centro da estratégia empresarial, tomada ao implantar a norma SA 8000, selo de responsabilidade social voltado para o empregado, em 2003. Na época, possuía 290 colaboradores.

Desde então, o laboratório adotou uma política de pessoal transparente e igualitária que se tornou a menina dos olhos de seu modelo de gestão. Os programas se destinam a valorizar o ambiente de trabalho, a qualidade de vida e a aproximação com a família, bem como a capacitar para o crescimento na carreira, de modo a comprometer cada vez mais o funcionário com a cultura de excelência do laboratório.

De acordo com Janete, essas práticas não dependem apenas de recursos financeiros. Em 2009, por exemplo, o laboratório gastou R$5 milhões em benefícios para os funcionários. Com uma equipe de 16 profissionais, o RH do Sabin consome entre 18% e 20% do orçamento total da empresa. "O custo de manter tantos programas de incentivo é muito baixo comparado aos resultados que colhemos", garante a cofundadora.

O bom desempenho dessa estratégia é comprovado pelo elevado nível de fidelização dos colaboradores. O índice de engajamento chega a 83%. O de absenteísmo é de apenas 1,40% e a rotatividade (*turnover*) gira em torno de 0,80% ao mês. Outro dado relevante é o baixo número de processos trabalhistas: de 2000 a 2013, houve apenas quatro reclamações dessa ordem, todas vencidas pela empresa.

O alto índice de satisfação do cliente (99,83%) é outro indício do sucesso. O Sabin acredita que, se cuidar das pessoas, elas cuidam do negócio. "A satisfação e fidelização do cliente externo é consequência da satisfação e fidelização do cliente interno", explica Janete. "As empresas podem atingir grandes resultados motivando as pessoas a alcançarem seus sonhos e oferecendo oportunidades de crescimento."

A mensagem enviada em 2012 pela colaboradora Maria José Lopes, com seis anos de casa na época, reforça essa percepção:

> *Venho agradecer infinitamente pela minha promoção e pelo meu reajuste salarial. Fiquei muito feliz e quero que saibam que sou muito grata pela confiança e crédito depositados em mim. Coloco-me à disposição da empresa para o que precisarem. Como agradecimento, a cada cliente, procuro dar o melhor atendimento, pois ele é o motivo de eu ter o meu emprego, o meu ganha-pão, e a fonte de muitas conquistas que almejo, algumas já realizadas. Consegui comprar a minha casa com o meu esposo depois que comecei a trabalhar no Sabin. Morávamos em um apartamento pequeno. Só tenho a agradecer às Dras. Janete e Sandra por tudo isso.*

As sucessivas premiações também corroboram a estratégia de investir nas pessoas. "Elas ajudam a diagnosticar ações e a aprender novas práticas para a empresa se tornar globalizada e, ao mesmo tempo, mais individualizada", informa Janete.

O Sabin participa de três grandes pesquisas sobre o clima organizacional respondidas pelos colaboradores.

A do *Great Place to Work*, promovida pela revista *Época*, é a mais operacional para o setor de RH. Compara as práticas do laboratório às das melhores empresas do mundo. Em 2013, o Sabin foi eleito a "Melhor Empresa para Trabalhar na América Latina".

"Melhores Empresas para Você Trabalhar", da revista *Você S/A*, tem como foco os processos formais de gestão e ajuda a destacar a empresa no mercado. Em 2012 e 2013, o Sabin foi a "Melhor da Área de Saúde".

"Melhores em Gestão de Pessoas", da revista *Valor Carreira*, analisa o engajamento e a qualidade de vida dos colaboradores, atestando a credibilidade da organização. Em 2012 e 2013, o Sabin ficou em primeiro lugar na categoria de 1001 a 2000 funcionários.

No ano em que totalizou 1855 colaboradores, 2013, o Sabin adicionou mais um título a essa lista: Destaque em Pessoas pelo Prêmio Nacional da Qualidade (PNQ). O prêmio constitui o maior reconhecimento público à excelência da gestão das organizações sediadas no Brasil. Conferido pela Fundação Nacional da Qualidade (FNQ), ele ratifica o Sabin como uma empresa de Classe Mundial no critério Pessoas.

"Ao construir um ambiente estimulante e promover a paixão pelo trabalho, o Sabin estabeleceu uma relação de confiança e engajamento com o colaborador, a qual forneceu o alicerce para o crescimento da empresa", relembra Sandra. E também fez a diferença em tempos de crise, como na recessão entre 2008 e 2009, quando ocorreram muitas fusões e aquisições no setor e havia o temor de que a empresa fosse vendida.

O efeito dessa relação pode ser conferido nas mensagens de agradecimento que Janete e Sandra recebem dos colaboradores, como nesta, escrita por Ildely Ana em 2012:

> *Gratidão é a palavra que resume o meu sentimento por vocês. Cada benefício que vocês nos oferecem, cada palavra amiga que nos fortalece, cada lágrima de sentimento bom que vocês derramam, demonstrando afeto por toda a família Sabin, não tem preço. O sentimento que guardo de vocês é o melhor possível. Tenho orgulho de ter duas mulheres tão guerreiras respondendo por nós! Obrigada pelo reconhecimento que me deram, não só neste mês, mas no decorrer de quatro anos de casa.*

MODELO DE GESTÃO

A preocupação em desenhar uma política de RH nasceu a partir de uma crise. De 2000 a 2001, o laboratório perdeu 20 funcionários para a concorrência em um mês. "Eles simplesmente chegavam e pediam demissão", conta a diretora administrativa Marly Vidal. Daí se percebeu a necessidade de instituir um programa de fidelização. Os resultados foram aparecendo com o tempo. Em 2005, o índice de saída de profissionais ainda estava em 28% ao ano, mas, em 2011, já havia caído para 6%.

Antes havia algumas iniciativas esparsas voltadas para o crescimento pessoal, que acabavam funcionando como fator de retenção de talentos. A pioneira foi o Auxílio Educação, que colaborava no pagamento de mensalidades escolares. Além disso, vez ou outra, as sócias ajudavam um funcionário na aquisição de um eletrodoméstico ou outro bem. "Antigamente, tudo vinha do coração", lembra Janete. A partir daí, e mais ainda quando a empresa se candidatou à SA 8000, os programas foram formalizados e ligados oficialmente ao RH. Hoje, existe uma estrutura organizada de benefícios, aliada à política de cargos e salários e integrada ao modelo de gestão.

A decisão de tornar o capital humano um de seus maiores ativos levou o Sabin a procurar um modelo de gestão diferenciado. No velho modelo, os funcionários ofereciam sua lealdade em troca da segurança no emprego. Atualmente, a competitividade das empresas é assegurada pelas oportunidades de crescimento que elas proporcionam aos seus empregados.

O modelo do Sabin deveria ser capaz de combinar a formação e o desenvolvimento de talentos a um ambiente favorável para o alcance da visão e a realização das metas tanto da empresa quanto de seus funcionários. E, ao mesmo tempo, trazer a emoção, a vibração, a vontade e o desejo de crescer e de ser competitivo dentro da organização. Em síntese, deveria inspirar as pessoas.

Então, a equipe foi delineando uma política de gestão de pessoas que se baseia em cinco princípios: desenvolver, desafiar, reconhecer, recompensar e celebrar.

"Primeiro capacitamos os gestores e depois os desafiamos", esclarece Sandra. "Reconhecer eleva a autoestima e promove a realização. Os benefícios fazem parte do recompensar. Por fim, o celebrar está ligado à capacidade de comemorar as alegrias e conquistas de cada um."

Segundo Janete, "quando uma empresa implementa essas práticas, as mudanças acontecem naturalmente. As pessoas gostam daquilo que ajudam a construir, gostam de se sentir engajadas, gostam de fazer acontecer e trabalham com paixão. Assim, a busca da felicidade dos colaboradores proporciona o crescimento da organização e traz a credibilidade e o reconhecimento da comunidade".

Vale a pena conhecer como os cinco princípios se traduzem em boas práticas.

DESENVOLVER

A ideia central é incentivar a educação, estimular o potencial dos colaboradores e fazê-los confrontarem seus limites. Para isso, o Sabin promove treinamentos, cursos presenciais e online, workshops, consultorias especializadas em gestão e técnica e participação em congressos e seminários.

O laboratório oferece Auxílio Educação, bolsas de estudos para cursos de graduação e pós-graduação. O tamanho do benefício depende do tempo de casa. Com dois anos, o funcionário tem 25% de seu curso custeado pela empresa; quem tem quatro anos de trabalho paga só a metade. O benefício pode chegar a 80% do valor do curso. Segundo Marly, é comum as pessoas comentarem: "Se não fosse o auxílio do Sabin, jamais teria condições de fazer faculdade".

Para cargos de chefia, a empresa patrocina MBAs, mestrados e doutorados, prevendo, inclusive, a flexibilidade de horário para acompanhar as aulas.

"Tem gente que acha que estamos dando um tiro no pé, que estamos preparando profissionais para o mercado", diz Janete. "Mas 90% dos contemplados por esses programas continuaram por aqui e se desenvolveram muito com a faculdade." Um dos beneficiados foi Rita Maria de Assis, a Ritinha da limpeza, que está no Sabin desde 1992 e se destaca como auxiliar de lavagem e esterilização:

> *Eu tinha o sonho de concluir os estudos depois de casar e ter filhos, mas fui adiando. Até que o laboratório resolveu não contratar mais ninguém sem o ensino fundamental. Quando contei ao meu marido, ciumento, ele se indignou: "Você passa o dia inteiro trabalhando e ainda vai estudar de noite? Então pegue suas coisas e mude para lá de uma vez". Alguns dias depois, a empresa enviou um folheto para a minha casa sobre a importância do estudo no mercado de trabalho. Meu marido leu e foi fazer a minha matrícula. O Sabin pagou 100% do supletivo. A minha filha me ajudava com as matérias e eu consegui me formar.*

Ritinha já recebeu auxílio para comprar e reformar sua casa e prêmios ao completar 10, 15 e 20 anos de laboratório. O último foi um carro. Ela entrou no Sabin como auxiliar de serviços gerais.

> *Eu estava em um momento de muita necessidade. Tinha me separado do meu esposo e não tinha como dar de comer aos meus dois filhos. As Dras. Janete e Sandra me ofereceram a oportunidade que mudou a minha vida.*
>
> *O primeiro tanquinho que comprei foi com o salário do Sabin. Queria dar para a minha mãe, que cuidava dos meus filhos enquanto eu trabalhava, mas eu não tinha crédito na praça. A Dra. Janete tirou o tanquinho para mim e arranjou uma prestação que eu podia pagar.*

> Com oito meses na empresa, o meu filho de um ano faleceu. O laboratório me arrumou dinheiro e não descontou do pagamento. Todo mundo se mobilizou e me ajudou com o funeral. Recebi apoio financeiro e emocional. Isso não há dinheiro que pague. Não é em todo lugar que você encontra essa atitude de abrir as portas.
>
> Amo o que faço. Ensino o serviço a outros colaboradores. Com a ISO 9001, o laboratório foi certificado e o meu trabalho, também. Só tenho a agradecer a Deus por trabalhar em uma empresa liderada por duas mulheres brilhantes, guerreiras, exemplos de força, garra e determinação.

O mais recente programa voltado ao desenvolvimento é a Educação Financeira. Foi criado em 2009 para ajudar os colaboradores a administrarem seu dinheiro. "Quem tem problemas financeiros não consegue se concentrar no trabalho. É o nosso papel ajudar", justifica Sandra.

O programa surgiu depois que uma atendente mandou recado para Janete de que fora atrás de seu sonho: comprou um lote, começou a construir e se endividou. Janete chamou a atendente, quitou suas dívidas, parcelou o débito dentro do salário dela e a encaminhou para o projeto.

A equipe de Educação Financeira é composta de quatro profissionais: psicólogo, administrador, economista e financeira, que negociam com os credores, pagam as contas e depois reorganizam o pagamento, considerando o 13º salário e o PPR (dinheiro ganho pela participação nos resultados). O colaborador é acompanhado pela equipe até conseguir se estabilizar.

Os participantes são indicados pelas lideranças — daí a importância da proximidade com os subordinados, para saber como andam suas contas. Alguns meses depois do início do projeto, Janete recebeu um e-mail de uma das funcionárias que aderiram ao programa contando que havia colocado seu PPR na poupança. Janete interpretou a mensagem como sinal de validação da iniciativa.

O Sabin implantou a universidade corporativa UniSabin, um portal de educação virtual que os colaboradores acessam livremente a qualquer lugar e hora. Alguns cursos são obrigatórios, outros opcionais. Entre janeiro e junho de 2013, foram registradas mais de 100 mil horas de treinamento a distância nessa plataforma, o que possibilitou economia de R$300 mil nos gastos com voos e hospedagem.

Todas as sextas-feiras, o auditório da matriz é aberto para o Momento Científico, uma hora de treinamento a todos os colaboradores interessados sobre temas científicos e assuntos relativos ao negócio da empresa, bem como palestras sobre prevenção de doenças.

Também mantém o Programa de Desenvolvimento de Carreira, para o crescimento profissional, e o Programa Desenvolver Líderes, para capacitar gestores em exercício ou potenciais a conhecerem seu papel na organização. Cada gestor é motivado a preparar, em sua área, três sucessores, sem que isso represente o risco de perder seu cargo, mas sim a possibilidade de receber uma promoção, tendo formado alguém para ocupar sua posição anterior. Segundo Marly, 90% dos colaboradores que ocupam cargos de liderança no laboratório em todo o país vieram do plano de carreira.

Ainda para gerar oportunidades de crescimento, realiza a avaliação de desempenho 360 graus, chamada de "Verdade com Amor", em que as pessoas são analisadas por pares, subordinados, chefias e por elas mesmas. Cabe aos líderes das equipes, compostas por 30 pessoas, em média, apontar em que o colaborador pode melhorar. Para ter alta performance, o nível de corte é oito. Segundo o RH, 90% dos colaboradores do Sabin ficam acima da nota. Isso não significa que os critérios sejam maleáveis. Janete ressalta: "Precisa fazer bem feito. Somos muito rigorosos com os resultados a serem entregues aos clientes."

A funcionária Eliana Mendes Teixeira abordou a importância da avaliação em um e-mail enviado às gestoras em novembro de 2005:

> *Esta avaliação que está sendo realizada é ótima! No início, ficamos um pouco receosos, mas depois achamos muito bom, pois sabemos onde precisamos melhorar — às vezes nos acostumamos a fazer as coisas tão roboticamente que nem notamos o quanto precisamos mudar — e também onde somos bons. Isso é de muita valia para o crescimento de todos e para que o andamento do nosso trabalho contribua para o reconhecimento de que a empresa onde trabalhamos é a melhor. Como me sinto orgulhosa de trabalhar aqui! Obrigada por tudo que já conseguiram mudar na minha vida nesses nove anos em que faço parte dessa família.*

Há casos em que a expectativa de desempenho não é correspondida. "Uma colaboradora foi designada para comandar uma unidade que recebia muitos executivos exigentes. Era necessário atender com agilidade, o que ela não conseguia garantir", relembra Janete. "Tiramos a gestora do lugar e retomamos seu processo de desenvolvimento. Depois, ela foi mandada para uma unidade próxima à casa dela, reconstruiu sua forma de trabalhar, motivou a equipe e soube transformar sua unidade na segunda em volume de atendimento."

Outra história interessante é de Raquel Cardoso, coordenadora de Suprimentos. Ela começou no laboratório trabalhando no atendimento. Surgiu uma vaga no almoxarifado e ela foi transferida, mas não se adaptou. Ia ser removida quando foi falar com Janete. "Ela entrou na minha sala e pediu uma oportunidade. Era novinha, disse que daria conta", relembra Janete.

A jovem fez valer a sua oportunidade. Formou-se em Farmácia e Bioquímica e hoje está muito bem na Coordenadoria de Custos, no setor de Compras. "A Dra. Raquel, com o apoio da Dra. Lídia, fez um levantamento do custo de toda a empresa, considerando cada suprimento necessário. Não precisamos recorrer à consultoria externa. Graças a esse setor, sabemos quanto custa cada exame, por exemplo, uma dosagem de glicose", acrescenta Janete. Raquel organizou um elogiado trabalho de logística para as compras de todas as unidades do Sabin e hoje integra a equipe que participa das reuniões de liderança e auxilia no planejamento estratégico.

"Sempre acho que as pessoas merecem mais uma oportunidade. Não gosto de demitir ninguém antes de mostrar ao colaborador que é possível mudar, se ele quiser", completa Janete. "Conseguimos muitos resultados positivos. Já houve casos de funcionários com demissão pronta, mas eu sugeri dar mais uma oportunidade e eles conseguiram superar seus pontos fracos, crescer e chegar a cargos de liderança. Às vezes, é preciso apenas alinhar a pessoa para que seu talento venha à tona."

DESAFIAR

Foca o profissionalismo. O objetivo é estimular as equipes a superarem expectativas. Para isso, o Sabin realiza auditorias, busca certificações e faz planejamento estratégico, estipulando metas e indicadores a fim de incentivar o comprometimento e a competitividade, mas mantendo a qualidade. Nesse contexto entra também a pesquisa de opinião do cliente, que oferece *feedback* do atendimento.

Em troca do esforço, além de oferecer salários que estão acima da média do mercado, o laboratório promove a participação nos resultados (PPR), com ganhos que podem chegar a 1,5 ou 2,5 salários para líderes, com variação de mais ou menos 20%. A divisão dos resultados estimula a postura proativa. "É o melhor caminho para transformar os colaboradores em sócios do negócio", informa Janete.

O ato de ser desafiado é entendido como provocação ao amadurecimento, o que pode ser percebido na mensagem do colaborador Igor Barbosa, enviada em 2012:

> Estou mandando este e-mail para, de maneira discreta e direta, agradecer a vocês por tudo de bom que tem acontecido nos últimos cinco anos. Durante esse período, eu já ouvi, aprendi, cresci e amadureci como nunca na minha vida. Desde a minha contratação aos ensinamentos, evolução, cobranças, "puxadas de orelha", alegrias, tristezas, irritações, tudo isso tem se tornado realizações. Sem demagogia, muito, mas muito obrigado. Tenho uma dívida eterna de gratidão a essa empresa. Já trabalhei em grandes organizações antes, mas só aqui eu tenho aprendido diariamente a amadurecer sem endurecer. Que Deus os abençoe!

RECONHECER

Abrange as ações destinadas a motivar a equipe, de recados motivacionais postados pelas lideranças no correio interno à escolha dos colaboradores e das unidades de maior destaque. O reconhecimento do esforço melhora a autoestima e a autorrealização de cada membro da equipe.

A premiação é um dos pontos altos da festa de fim de ano, em que todos os colaboradores e gestores vestem a mesma camiseta para reforçar o caráter igualitário do laboratório. Janete faz questão de salientar, porém, que a motivação não pode se resumir a essa festa de final de ano. "Motivação se faz todos os dias. É como uma chama: você precisa cuidar o tempo todo para permanecer ardente."

O Sabin também fornece uma bonificação de Natal, o Auxílio Noel, correspondente ao valor do vale-alimentação do mês de dezembro. Tem, ainda, bônus de 20% sobre o salário para o empregado que assume a liderança da área durante as férias do chefe. Caso se destaque como gestor, pode ganhar 30% a mais no pagamento.

Profissionais que ultrapassam as metas recebem o bônus produtividade, além do PPR, extensivo a todos os colaboradores. O programa de participação nos resultados começou a ser desenvolvido em 2002 com o apoio da Holus Consultoria, que também auxiliou na implantação de processos de qualidade.

"Em 2011, batemos a meta do ano em outubro", conta Janete. "O que conseguimos dali até dezembro foi distribuído entre os funcionários. Cidinha, do Faturamento, calculou quanto dar a cada um. A mesma porcentagem do salário foi depositada na conta de cada colaborador. Uma funcionária me contou que pretendia usar o dinheiro para reformar o quarto da filha."

O efeito positivo desse bônus pode ser conferido pela mensagem da farmacêutica e bioquímica Flavia Ferrini, enviada em março de 2014:

> *Só gostaria de agradecer pelo PPR e dizer também que tenho muito orgulho em trabalhar em uma empresa como o Sabin. Se hoje tenho esse benefício, sei que a ideia e o esforço para que se tornasse real partiram de vocês. Obrigada por tudo o que fizeram por mim até hoje. Sou mais compreensiva, tolerante e paciente, aprendi a ouvir, e sou menos egoísta e arrogante. O que me deixa feliz é saber que posso ser sincera e não ter medo de me expressar, pois trabalho em uma empresa transparente. Dras. Janete e Sandra, precisamos de vocês no Sabin, sempre. Não sumam!*

Jaqueline Monique, supervisora da unidade de Luziânia (GO), também manifestou sua gratidão pelo bônus em um e-mail datado de 31 de março de 2014:

> *Gostaria de agradecer imensamente pelo reconhecimento ao nosso esforço. Quantas histórias temos para contar! Tempos difíceis, muito trabalho, sem hora para sair, com a família esperando e cobrando, mas com muitas bênçãos! Muito obrigada pelo PPR antecipado. Esse valor veio no momento certo! Agradeço por fazer parte dessa empresa, da qual me orgulho a cada dia mais, não apenas pelo reconhecimento financeiro, mas por nos sentirmos valorizados, por toda garra e força que ela tem, além do poder de envolver outras pessoas.*
>
> *Quando conhecemos a empresa e nos apaixonamos por ela, nada nos para. Fazemos o nosso melhor como se fosse para Deus — que tudo vê e nada deixa passar — e Ele nos capacita. Dessa forma, é impossível não conseguir alcançar grandes resultados! Meu prazer é ver que nossa dedicação e esforço sempre são reconhecidos aqui. Isso nos inspira! Que o Senhor continue nos capacitando para nos superarmos mais e mais a cada dia e sermos sempre melhores!*

Recompensar

Aqui entram todas as práticas, programas e benefícios elaborados para ajudar os colaboradores a transformarem sonhos em realidade. As recompensas não se limitam à concretização de aspirações pessoais, como fazer uma faculdade, já contemplados no primeiro princípio, Desenvolver. Envolvem a valorização da família e a valorização da saúde, além de gratificações de ordem financeira e prêmios pela fidelidade.

Janete diz que as pessoas são estimuladas a "tirar os sonhos da gaveta". Com entusiasmo, ela conta que guarda centenas de mensagens de colaboradores que realizaram algum sonho com o apoio da empresa. "Leio os recados e choro. Há coisas muito profundas", diz.

Um exemplo é o de Nislânia Pereira, analista financeira, há 20 anos no Sabin. Indicada por um amigo, ela foi entrevistada pela própria Janete. Neste depoimento, ela recorda tudo o que conquistou com o apoio da empresa:

> *Comecei a trabalhar na recepção da unidade Taguatinga Sul. Isso me permitia estar mais perto da minha filha, Mariana, que tinha seis meses de vida. Aliás, essa sempre foi uma preocupação das Dras. Janete e Sandra:*

alocar os funcionários perto de suas casas, proporcionando mais tempo com as respectivas famílias.

Minha história na empresa foi marcada por muitas realizações. A primeira a gente nunca esquece. Lembro bem da Dra. Sandra me incentivando a tirar a carteira de motorista para ter mais liberdade e condição de exercer a minha profissão. Com a ajuda do Sabin, comprei o meu primeiro carro e concluí a graduação em Administração. Construí a minha casa, simples e bonitinha, do jeito que eu sonhei.

No início foi difícil, pois minha filha sentia saudade de mim. Mas ela foi crescendo e, com apenas 16 anos, passou em Engenharia na UnB! Os primeiros parabéns que recebi foram das Dras. Janete e Sandra. Ano passado, ela se casou em uma cerimônia emocionante, feita com muito amor na minha casa. Depois, fui presenteada com uma netinha linda, a Manuela. E, ao completar 20 anos de trabalho, o Sabin me presenteou com um carro, que eu já havia prometido para a minha filha. Na cerimônia de entrega, as Dras. entregaram a chave para ela e para a Manuela. Fiquei muito emocionada e me senti retribuída por todos os anos de dedicação ao Sabin.

Hoje, prestes a concluir a minha pós-graduação, digo que o Laboratório Sabin, representado pelas Dras., é o responsável por essa trajetória de realizações. Pois é assim que me sinto, uma pessoa realizada, com muitos amigos e irmãos que me apoiam todos os dias... Uma verdadeira família.

Às vezes, no entanto, os sonhos podem fugir ao mais previsível. Em 2010, durante a festa da entrega dos prêmios às Melhores Empresas para Trabalhar no Brasil, seis mulheres do Laboratório Sabin tiravam fotos, muito bonitas, felizes e animadas. Janete se ofereceu para se juntar ao grupo e ouviu o comentário: "Vem, doutora, este é o grupo das poderosas do Sabin". E todas deram a maior gargalhada. As seis haviam colocado silicone nos seios e aproveitavam para comemorar as novas curvas.

A porta-voz do grupo explicou que realmente se sentia feliz e realizada com a prótese mamária. "A minha vida inteira, eu sempre usei o meu dinheiro só para o básico." Casada com um fotógrafo freelancer, ela era o arrimo da família. Sempre pagou escola para os filhos e ainda bancava o aluguel. "Colocar silicone era um sonho e o Sabin me ajudou a realizá-lo." Essa "opção de investimento" aumentou muito a autoestima dessas mulheres, verdadeiras guerreiras, muitas chefes de família que conciliam diferentes papéis e assumem o sustento da casa.

Valorizando a família

Ao entrar no Sabin, o empregado passa a ter direito ao seguro de vida Sabin Vida Segura. O plano de saúde básico, Saúde em Dia, é custeado 100% pela empresa para cada colaborador, que arca com a inclusão dos dependentes. O plano odontológico Sorriso em Dia é bancado pelo funcionário. Além desses benefícios comuns à boa parte das empresas, o laboratório agrega outros que surpreendem pelo ineditismo.

É o caso do Programa "Educa SABIN Ação". Ele começou como reembolso para a compra de material escolar dos filhos dos funcionários com até 12 anos de idade, até que Janete teve a ideia de pedir a lista de material aos pais e verificou que a compra em grande quantidade proporcionava uma economia de 33% nos gastos. Agora, os funcionários fornecem a lista, o RH pesquisa preços, adquire o material e parcela em três vezes sem juros na folha de pagamento. Segundo Marly, a adesão tem sido boa, independentemente da função: gerente, técnico, atendente, todos trazem a lista.

> *Nossos funcionários trabalham de segunda a sábado. Que hora terão para pesquisar preço e comprar material escolar mais barato? E justamente em janeiro, um mês de tantas despesas, como IPVA, matrícula, uniforme... Nós cuidamos disso para eles.*

O Sabin Bem-Casado é uma ajuda financeira de um salário mínimo para auxílio nas despesas do casamento. Se os dois trabalham no laboratório, ambos recebem o benefício. Os casamentos entre funcionários do Sabin são levados tão a sério que já aconteceram, inclusive, no auditório da matriz, com direito a pastor, festa organizada pelo RH e noiva se arrumando no banheiro. "Cuidamos de tudo, ajudamos até a alugar o vestido de noiva e contratar o coquetel para a festa", conta Janete. "Enquanto isso, o RH coordena os presentes de cada setor da empresa."

A única condição imposta pela companhia é que marido e mulher não sejam da mesma equipe e jamais chefe um do outro. Já houve, inclusive, caso de funcionário que casou no cartório na hora do almoço, sem avisar, e, à tarde, quando chegou ao laboratório, encontrou uma festa de casamento preparada às pressas.

A supervisora de unidade Rejane Marques da Silva conheceu seu marido no Sabin, onde trabalha há 20 anos. Eis seu depoimento:

> Tenho muito orgulho e prazer em fazer parte dessa empresa, onde só obtive crescimento pessoal e profissional. Entrei cursando minha graduação. Na sequência, concluí a minha pós-graduação. Comecei como atendente no Edifício de Clínicas, estive no call-center e participei de exames periódicos. Íamos semanalmente às empresas fazer coleta de sangue dos funcionários. Trabalhei no Faturamento e passei por algumas unidades até me tornar supervisora do Lago Sul. Tenho um carinho especial pela equipe e pelos pacientes, dos quais eu conquistei a confiança e que sempre me trataram com carinho e respeito.
>
> Completei 15 anos de Sabin e ganhei uma viagem para Porto Seguro. Levei a minha mãe. E recebi um carro quando fiz 20 anos. Fico muito feliz com o reconhecimento e sei que ele só acontece em empresas sérias. Conheci o meu marido no Sabin (ele também é funcionário) e esse ano tive o meu primeiro filho (presente de Deus), que certamente vai crescer sabendo da trajetória do pai e da mãe no Laboratório Sabin.

Também faz parte do pacote de benefícios o Auxílio Funeral, criado para apoiar as pessoas em um momento de tristeza e desorientação. O RH libera um salário mínimo para ajudar na compra do jazigo e outras despesas decorrentes da morte do colaborador ou de um dependente legal. A empresa pode fazer o pagamento e descontar em parcelas no contracheque. O benefício se estende a todos os níveis hierárquicos. A própria Dra. Janete teve acesso a ele em um momento doloroso: por ocasião do falecimento de sua netinha, o RH tomou todas as providências para o funeral.

Outro programa inovador, denominado "Eu Cuido dos Meus Pais", surgiu depois que a funcionária Marcela Silva dos Santos, líder de uma das unidades do Gama, perdeu o pai com 50 anos de idade. "Quando vi aquele homem tão novo, quis saber a causa da morte e Marcela disse que ele teve um AVC", lembra Janete. "Fiquei chocada e perguntei se ele não fazia exames. Marcela respondeu que não, o pai costumava dizer que não ia procurar doenças. Aquilo me deixou angustiada, pois trabalhamos com saúde."

Janete ficou tão incomodada pensando naquela situação insólita que no mesmo dia já colocou no sistema o programa pronto. No mês do aniversário do colaborador, a empresa faria o exame periódico dos pais e o programa se chamaria "Eu Cuido dos Meus Pais".

Assim, o aniversariante recebe um kit de beleza (maquiagem, se for mulher; artigos de barba, se for homem) e um vale check-up em nome dos pais, identificado com o código do programa. Desse modo, os atendentes já sabem que o exame pertence a pais de colaboradores. Se o resultado der alterado, eles recebem atendimento especializado e são aconselhados a buscar orientação médica.

A aceitação por parte dos colaboradores foi ótima e a alegria dos pais, maior ainda! "Tem pai que nos escreve dizendo que o filho não pode perder o emprego no Sabin de jeito nenhum, pois isso garante o check-up dele", conta Juliana Alcântara, gerente de RH. "Já descobrimos até câncer de próstata no avô que criou o colaborador", relembra Janete. "Quando veio a uma unidade pegar o resultado do exame, que levaria para seu médico da rede pública, o pai disse ao filho, nosso funcionário: 'Meu filho, trabalha direito nesta empresa, pois não quero perder o meu exame periódico'."

Ainda procurando envolver a família, é promovido um curso anual de colocação profissional para cônjuges e filhos de funcionários. As aulas informam sobre o mercado de trabalho e ensinam a elaborar currículos e a ter bom desempenho em entrevistas. No final, eles são avaliados e, caso se destaquem, podem ser contratados pelo laboratório. Uma vez por semestre é realizado um encontro com os pais dos colaboradores, em que são ministradas palestras de conscientização com médicos, nutricionistas e psicólogos para melhorar a saúde e a qualidade de vida.

Valorizando a saúde

As boas práticas não se limitam a plano de saúde e odontológico. Há um convênio para realização de vacinas no colaborador e dependentes, com desconto na folha do pagamento em três parcelas, e são oferecidos exames laboratoriais de cortesia para funcionários que não têm plano de saúde.

O Sabin promove a Semana Interna de Prevenção de Acidentes de Trabalho (SIPAT) e o Diálogo Semanal de Segurança (DSS), reunião periódica que aborda temas relacionados a segurança, direção defensiva, legislação e boas práticas na condução de veículos e logística de materiais. O alcance dessas palestras e treinamentos excede as dependências da organização, como se pode perceber pelo depoimento da técnica laboratorial Claudevânia Noleto dos Reis:

> *Houve um sorteio durante uma SIPAT em 2007 que consistia na realização de pequenos reparos na casa do colaborador. Eu fui a felizarda, mas a empresa de saúde e segurança que foi fazer a inspeção na minha casa apontou tantos riscos que o que era para ser um simples reparo transformou-se na reforma da minha cozinha. Eu não teria a menor condição de realizá-la sem o auxílio do Sabin.*
>
> *Em 1995, saí do interior do Maranhão com a minha família. Saí com a cara e a coragem e muita vontade de vencer. Com muitas dificuldades, fiz um curso técnico de laboratório e, após o término, fui admitida na família Sabin. Lembro-me do primeiro dia na empresa. Marly me recebeu com um lindo sorriso. Agarrei essa oportunidade. O emprego era tudo o que eu pedia a Deus. Fui muito bem recebida por todos.*
>
> *Em dez anos, comprei o meu primeiro carro e um imóvel e entrei na faculdade de Enfermagem. Agradeço a Deus todos os dias por fazer parte dessa família e peço a Ele que continue a abençoar a todos do Sabin, em especial as Dras. Janete e Sandra, que são exemplos de coragem e determinação.*

Dentre as ações para melhoria da qualidade de vida, destaca-se o Programa Bem Viver Sabin, que disponibiliza salas de estudos e descanso no local de trabalho e parcerias com academias, drogarias, clínicas especializadas, spas e nutricionistas, que oferecem condições especiais aos empregados e até desconto na folha de pagamento.

Para se ter uma ideia de como surgem essas iniciativas, uma funcionária formada em Nutrição, Elisa Goulart, hoje gestora de Relacionamento Corporativo, começou a atender fora do expediente colegas e parentes de colegas que não podiam pagar por esse serviço profissional, cobrando valores inferiores aos do mercado. "Para ela, é um trabalho de responsabilidade social", diz Sandra.

O mesmo programa incentiva a prática esportiva (maratona, ciclismo, natação, kart e futebol), mas não se resume a boas intenções. O Sabin tem um grupo bastante ativo que disputa corridas de rua em Brasília.

O programa de esportes teve início com cinco pessoas: a cofundadora Sandra e Leandro Vaz, filho de Janete, que gostavam de correr, mais três funcionários. Um deles era Luís Carlos Pereira, técnico de laboratório que se graduou em Educação Física utilizando o Auxílio Educação do Sabin. Eles corriam separados. Um dia, vestiram uma camiseta do Sabin e foram correr juntos.

Na segunda corrida, já eram 20 pessoas. "O primeiro lugar na categoria acima de 70 anos foi do Sr. Pedro, que participou da prova usando boné do Sabin. A equipe toda subiu ao palco para receber a premiação", recorda Janete. "Na corrida seguinte, havia 100 inscritos. Eu mesma já participei de três corridas de cinco quilômetros".

O grupo passou a ser supervisionado por Carlinhos, que soube motivar a participação. A inscrição para cada corrida, no valor de R$70, é paga pela empresa. "Você acha que quem ganha R$700 vai tirar 10% para participar de uma corrida?", pergunta Janete. O Sabin também oferece a camiseta com o símbolo da empresa, usada igualmente por todos, do médico ao faxineiro, não importa a função. "Assim, todos se sentem iguais", comenta Janete. "É a inclusão social e o engajamento dos colaboradores com as famílias."

Na segunda-feira, os corredores colocavam recados no correio interno contando como foi a disputa e o marketing postava as fotos. Isso foi estimulando a integração na companhia e o grupo de esportes cresceu.

Hoje, mais de 400 colaboradores e familiares participam dessas corridas. O Sabin instala uma tenda no local das provas, que serve de ponto de apoio para seus atletas. Alguns técnicos ficam ali para medir a pressão de corredores e parentes e o Instituto Sabin monta uma brinquedoteca para entreter as crianças enquanto os pais correm.

O passo seguinte foi a criação de uma academia nas dependências da matriz do laboratório, em Brasília. Carlinhos, o responsável pelo setor de Atividade Física do Sabin, orienta a ginástica laboral e as participações nas corridas. Ele tem indicadores mostrando os benefícios à saúde, como redução no uso de medicamentos em pessoas que estavam com depressão. A conta dos quilos perdidos pelos que aderiram ao programa já ultrapassou uma tonelada.

A agente de Recepção Silvana Passos Xavier faz parte da equipe de corrida e atua como voluntária do programa tanto na parte de inscrições quanto no suporte aos atletas:

> Sempre gostei de correr. Sou apaixonada por esporte. Treino na academia do Sabin três vezes por semana me preparando para provas de maior extensão, como a Meia Maratona Internacional do Rio, com 21km de percurso. A atividade física aumenta a disposição para o trabalho. Só tenho que agradecer ao Sabin por esse incentivo à qualidade de vida e ao crescimento pessoal. É muito bom trabalhar aqui.

Reforçando as finanças

Por meio do Programa Sabin — Sua Casa, o laboratório ajudou seus empregados a comprarem mais de 100 casas até 2010. O empréstimo equivale a sete salários-base para pagamento de prestações na aquisição de imóveis prontos ou para obras na construção ou reforma da casa. O desconto é feito em 36 parcelas com juros abaixo da média do mercado (0,5% ao ano). O financiamento é concedido a quem tem mais de dez anos de laboratório.

Gianni Santos, gerente de Relacionamento Médico, repartiu com as fundadoras do Sabin a alegria de realizar o sonho da casa própria em um e-mail enviado em outubro de 2012:

> Doutoras, hoje é um dia especial para mim. Estou me mudando para a minha casa. Depois de quase 16 anos, consegui realizar esse sonho e ele só foi possível pela graça de Deus e do Sabin (vocês), que me ajudou a alcançá-lo. Queria compartilhar essa alegria com vocês e agradecer por tudo. Estou muito feliz e, assim que estiver tudo no lugar, vocês serão as minhas convidadas especiais para conhecer a minha casinha.

Gianni entrou no Laboratório Sabin em 1997, recém-chegada da Paraíba, trazendo o sonho de crescer profissionalmente:

> No Sabin, todas as portas se abriram para mim. A empresa não era tão grande como hoje, mas já tinha um coração enorme, além de determinação, perseverança, espírito inovador, ética, transparência, respeito ao próximo e preocupação com a qualidade. Tudo isso eu percebi já nos primeiros dias de empresa e, desde então, sabia que o Sabin era o meu lugar.

> *Os meus colegas de trabalho, a Doutora Janete, a Doutora Sandra e todos do Sabin são testemunhas do meu crescimento tanto profissional quanto pessoal. Trabalhando aqui, me casei e tive a minha filha (aliás, como fui paparicada quando estava grávida!). São momentos que ficaram marcados na minha vida. Chorona, sempre me emocionava com tudo, principalmente com as histórias dos pacientes, que sempre gostei de escutar. Agradeço às Doutoras, que tanto me ensinaram e ainda me ensinam. São como mães para mim. E a todos que fazem parte dessa empresa, a minha equipe maravilhosa, que ajudam o meu dia a ser sempre melhor.*

A empresa também financiou veículos para quem já completou cinco anos de organização. Até 2013, o Sabin — Você Motorizado fornecia cinco salários-base, com desconto em folha em 24 parcelas com juros (0,5% ao ano). O programa contemplava tanto o técnico que pretendia adquirir um carro com dez anos de uso quanto o médico interessado na compra de uma caminhonete com acessórios de última geração.

O Sabin — Digital financia computadores para empregados com três anos de casa e o desconto é feito em 12 parcelas sem juros.

Além disso, há também o plano de previdência privada para quem tem mais de um ano de trabalho no Sabin: 50% são pagos pela empresa e a outra metade é descontada no salário do participante.

Premiando a fidelidade

Planejado para estimular a retenção de talentos, o Programa Fidelidade premia os colaboradores pelo tempo de serviço no laboratório.

Quem completa um ano de Sabin recebe um kit beleza, que consiste em um dia em um spa ou em um salão de beleza. Quem faz cinco anos embolsa um salário como prêmio. Aos dez anos, o funcionário tem direito a um computador ou iPad. Completando 15 anos, ganha uma viagem com acompanhante. Aos 20 anos, recebe um carro zero. Aos 25 anos, tem direito ao resgate integral da previdência privada.

O gerente científico Luiz Omar Tavares foi o primeiro contemplado com um carro. A premiação é extensiva a todos os colaboradores, seja qual for o cargo ocupado. "Alguém talvez questione: 'Mas você vai dar um carro para uma funcionária de serviços gerais?' Vou, sim. Por 20 anos, ela se levantou de madrugada e veio trabalhar com a maior boa vontade. Ela merece! Afinal, deu ao Sabin o melhor tempo da vida dela", responde Janete. "Pode ser que o interlocutor argumente: 'Mas ela está ganhando para isso'. É verdade, mas podia fazer malfeito. No entanto, ela fica feliz em trazer resultado para a empresa e seu papel também é essencial para o sucesso corporativo."

Segundo Janete, há resistência em premiar funcionários porque, em geral, o empreendedor não confia nas pessoas. Supõe que o funcionário não tem o menor interesse em contribuir com seu negócio. Isso acontece quando não existe uma relação de confiança construída, quando o funcionário não é visto como parceiro.

A visão do Sabin é completamente diferente. Em seu discurso de entrega do Prêmio Fidelização, em 2014, Janete afirmou que o sucesso não é obra de um ou de outro, nem de poucos: "Sucesso é obra de muitos, é fruto de trabalho coletivo, de espírito de time". E, lembrando a frase do filósofo e político romano Marco Túlio Cícero — "Nenhum dever é mais importante do que a gratidão" —, agradeceu aos colaboradores, dizendo: "Vocês trilharam este caminho conosco, nos bons e nos maus momentos, na prosperidade e na dificuldade. Nenhum sentido faria ou teria a comemoração sem a presença de todos e de cada um em particular. Somos profundamente gratos a todos, os que fazem tempo de casa e nossos líderes aqui presentes, sem exceção. Nossa convicção é de que vocês são os pilares indispensáveis para o sucesso do Sabin."

Logo depois, Janete destacou o caráter especial da premiação: "Significa a celebração do êxito do compromisso com uma causa e uma missão, com valores que dão sentido à nossa existência enquanto empresa". E acrescentou que os princípios e valores que produzem o "Jeito Sabin de Ser" só estão disseminados porque sua equipe tem amor, paixão e motivação por tudo o que faz.

No Sabin, o esforço é estimulado, reconhecido e premiado, como revela a história de Marilza Santana dos Santos, chamada por alguns de Dona Marilza e por outros de Tia Marilza. Auxiliar de serviços de apoio, ela está no Sabin desde 1995 e é responsável pela copa interna há mais de 15 anos.

Antes de entrar no laboratório, Marilza cuidava de duas crianças que eram pacientes do Sabin sem cobrar nada. Fazia isso porque a mãe, Tereza, precisava trabalhar e não tinha com quem deixar os filhos. Foi Tereza quem arrumou o emprego para ela. Marilza ficou radiante e, ao mesmo tempo, insegura, pois não sabia ler. Na entrevista, a Dra. Janete perguntou o que ela sabia fazer. Marilza respondeu: "Sei cuidar de casa e da limpeza". A Dra. Janete a contratou na hora.

"Ela não sabia nem ler, nem escrever o nome", recorda Janete. "Mas sempre levantou às 3h40 com toda a disposição para deixar o almoço para os filhos e vir trabalhar na nossa empresa."

Ao completar dez anos no Sabin, Marilza recebeu um computador, que decidiu vender para usar o dinheiro na reforma de sua casa. Na premiação de 15 anos, ganhou uma viagem para Porto Seguro, que vendeu para comprar o portão da casa. Marilza diz que trabalhar no Sabin já é um prêmio.

"Marilza é uma mulher sistemática. Sustenta a casa com seu salário. E o dinheiro dá para tudo: troca o piso, renova as almofadas do sofá, compra um carro novo para o filho", continua Janete. "A copa é muito bem administrada. Ela conhece os hábitos de cada funcionário. Sabe quem prefere café com adoçante; que a menina de tal setor só toma chá; que fulano traz maçã de casa e precisa de faca. Quando Marilza sai de férias, todo mundo sente falta do seu trabalho e da sua alegria de viver. Eu costumo perguntar a ela: 'Marilza, você está bem?' E ela responde: 'Tô feliz, sim, senhora'."

Exclusivo para mulheres

Com mais de 70% dos funcionários do sexo feminino, o RH entendeu que seria oportuno criar benefícios especiais para as mulheres. É o caso de "O Dono da Fralda", auxílio de um salário mínimo à gestante para contribuir com o enxoval do bebê.

Quando volta da licença-maternidade ou após uma adoção, a mãe passa a receber o Auxílio Babá, meio salário pago do quarto mês de vida até a criança completar um ano. Antes, a empresa oferecia Auxílio Creche até a criança chegar aos três anos de idade, mas o RH percebeu que o benefício não estava surtindo efeito. "Por segurança e conforto, a maior parte das mães deixava seus filhos com a própria família", conta Marly. "Daí o auxílio foi reformulado." As colaboradoras passam a ter acesso ao benefício assim que completam cinco anos de casa.

O Sabin promove palestras educativas para as empregadas gestantes e esposas de colaboradores que esperam um bebê. Obstetras, nutricionistas e pediatras oferecem orientação às futuras mamães. "Esse trabalho contribui para uma gestação saudável e conscientiza as mulheres de que gravidez não é doença. Faltas excessivas e um grande número de atestados podem prejudicar a equipe", diz Janete. O programa tem recebido adesão de todas as gestantes. Em 2011, havia 61 funcionárias grávidas.

"Costumamos brincar que essa é a idade mais produtiva. E reprodutiva", conta Janete. "Não vemos problemas em contratar gestantes. Eu sei que é uma quebra de paradigma, mas essas ações têm funcionado muito bem."

Janete se recorda de uma colaboradora chamada Francimeire Alves de Farias, que, aos quatro meses de casa, mandou-lhe uma mensagem pelo correio eletrônico anunciando a gravidez. "Doutora, a senhora mandou tirar o sonho da gaveta. Eu tirei." E foi explicando por que optou pela maternidade: "Na empresa em que eu trabalhava, eu tinha medo de engravidar e perder o meu emprego. Eu sei que aqui gravidez não é proibido. Eu tenho 43 anos e o meu tempo vai passar."

"Como somos nós que fazemos os exames, se o resultado positivo for bem recebido pela futura mamãe, a notícia é comemorada e disseminada pelo correio eletrônico interno. De cara, a funcionária ganha uma lembrança para começar o enxoval do bebê", destaca Janete.

Esse amparo fez a diferença na vida de Jaqueline Dias Rodrigues, coordenadora de Serviços de Apoio, que está no Sabin há 16 anos:

> *A minha irmã trabalhava no Sabin e me indicou. Eu estava muito nervosa no dia da entrevista. Tinha 20 anos. Foi o meu primeiro emprego. Com um ano de casa, eu descobri que estava grávida. Foi um choque! Não que eu não quisesse ter filhos, mas o momento não era adequado. Eu nem estava*

casada, tinha terminado o meu namoro. Queria me estabilizar primeiro. Algumas pessoas me aconselharam a tirar o bebê, mas aqui no Sabin eu recebi muito apoio. A empresa valoriza a família. Todo mundo me acolheu. Eu pensei que estava só, mas não estava. A Dra. Sandra e a Dra. Janete me ajudaram com o enxoval. Com o suporte do Sabin e a ajuda de Deus, consegui superar cada dificuldade. O meu namorado e eu acabamos fazendo as pazes, casamos há dez anos e estamos juntos até hoje. Tive uma menina, que se tornou a princesa do Sabin.

O sonho de Jaqueline era fazer faculdade. Prestou vestibular de Administração e passou. Contudo, foi reprovada em todas as matérias no primeiro ano. Mas não desistiu e continuou frequentando as aulas. Daí engravidou do segundo filho. Era para ter desistido de novo, porém foi em frente e se formou em 2011.

Com dois filhos, é preciso muita força de vontade para trabalhar e estudar. O menino foi programado. De novo, recebi o enxoval. Fizeram chá de fralda. Ganhei o berço da Dra. Janete. Os meus filhos foram abençoados! Moro no Gama. Acordo às 5h para pegar o ônibus e estar no Sabin às 7h. Entrava na faculdade às 19h e chegava em casa à meia-noite, então fazia comida para a minha filha esquentar no dia seguinte. Ia dormir às 2h e, às 5h, já estava de pé e vinha trabalhar com toda a satisfação.

Gosto muito do que faço. Tenho orgulho de trabalhar no Sabin e da responsabilidade que me confiaram. Cuido da minha equipe com amor e dedicação. Se faltar alguém na cozinha, eu tenho que arrumar. A faculdade me ajudou na organização. Fui aplicando o que aprendi no curso. Agradeço a Deus por estar aqui, às Dras. Janete e Sandra pelo incentivo e a todas as pessoas que me apoiaram.

A assistência às mulheres inclui cursos de beleza corporativa, dia da noiva e descontos em salão de beleza. "Coisas inusitadas acontecem", revela Sandra. "Surgiu um coquetel de última hora. Janete e eu precisávamos nos arrumar. Então, descobrimos uma colaboradora, a Tânia Luiza, técnica em Farmácia e Bioquímica que, aos finais de semana, arrumava cabelo em um salão. Ela veio nos atender."

Tânia queria ter um negócio próprio, um salão de beleza. Uma sala perto do Brasília Shopping foi alugada em nome do laboratório e o aluguel passou a ser descontado do pagamento dela. Suas principais clientes são as mulheres do Sabin. Tânia fez uma parceria com o RH e os serviços prestados às colegas, a preços especiais, são descontados em folha.

O modelo fez tanto sucesso que Tânia decidiu se dedicar exclusivamente ao seu negócio. "Nós gostamos de apoiar iniciativas empreendedoras e asseguramos a empregabilidade dos funcionários", explica Janete.

CELEBRAR

O quinto princípio do modelo de gestão de pessoas do Sabin destina-se a compartilhar as alegrias. Comemorar as conquistas, sejam elas pessoais ou profissionais, é um diferencial da empresa. A celebração aumenta a sinergia e a coesão entre as pessoas.

Tudo é festejado, desde a entrada na faculdade até a compra do primeiro carro, o nascimento do filho e a promoção. Homenagens são feitas no Dia Internacional da Mulher, no Dia das Crianças e em outras datas festivas. A empresa patrocina uma visita dos filhos ao trabalho dos pais (Conhecendo a Empresa do Papai e da Mamãe).

Todas as manhãs, o setor de Gestão de Pessoas passa uma mensagem pelo correio eletrônico com um tema para reflexão e motivação e anuncia os aniversariantes do dia. O sistema é inundado de cumprimentos. É feita uma festa para os aniversariantes do mês (SabiAnos em Festa). Certa vez, o cardápio saiu do convencional, salgadinhos, doces e bolo. Como a aniversariante era nutricionista, seu aniversário foi comemorado com frutas. "Aqui, até a festa é customizada", brinca Sandra.

Em uma mensagem enviada a todos os gestores do Sabin e à equipe que comanda, Gianni Santos, do Relacionamento, registrou sua gratidão por terem feito de seu aniversário uma ocasião especial:

> Eu queria começar o meu agradecimento falando que toda fonte tem que ser alimentada, seja pela água que brota da terra, seja pela energia que provém dos céus. A fonte da minha alegria e do meu bem-estar é alimentada diariamente por Deus e por vocês, com gestos, palavras e ações que me ensinam, me transformam e me tornam uma pessoa melhor a cada dia. Por isso, quero ser sempre "eu" para vocês, assim como os meus pais me ensinaram, com princípios e valores. Mesmo que o mundo diga o contrário, ser bom vale muito a pena e só temos a ganhar. Obrigada por este dia encantador e que eu possa encantar a cada um de vocês todos os outros dias da minha vida.

A Festa Junina é outra celebração tradicional, bem como a Páscoa e as festas de aniversário do laboratório e de Natal, em que são feitas diversas premiações. Nessas ocasiões, o coral do Sabin apresenta músicas de repertório e composições especiais para o evento. "Sempre quisemos ter um coral. A Sandra adora cantar. A dificuldade era arrumar um músico para coordená-lo, até que o Alan assumiu", conta Janete.

O coral ensaia uma vez por semana. Compõe-se de 15 vozes lideradas por Fabíola e Brena. As sócias-fundadoras não integram o grupo, mas a atual presidente executiva, Lídia Abdalla, participa desde o início.

Missas e cultos também fazem parte das celebrações, já que a espiritualidade é muito presente no Sabin. Desde 1999, toda quinta-feira há um momento de oração e encontro com Deus. Se alguém está atravessando um problema, doença na família ou qualquer dificuldade, manda um bilhetinho pedindo para rezar nessa intenção.

O Sabin faz cantata de Natal, com pregação de um pastor, e, logo em janeiro, um planejamento espiritual focado em temas como família, finanças, saúde, projeto de vida e sonhos. Os colaboradores preenchem um formulário sugerindo o tema de cada ano. "É um momento de agradecer pelas vitórias alcançadas no ano que terminou e pedir sabedoria às lideranças para conduzir bem a empresa no ano que se inicia", esclarece Janete. "Quando começam a surgir muitos problemas e o clima fica pesado, pedimos reforço espiritual: chamamos alguém para ungir as portas e orar."

Sandra e Janete são pessoas de muita fé. Sentem-se confortadas quando um funcionário manifesta sua gratidão, dizendo: "A minha mãe ora muito pela senhora".

Janete atribui a essa força espiritual a proteção que recebeu em um dia em que sua família correu grande risco. Era seu aniversário. Às 6h30, seus filhos, ainda pequenos, vieram pular na sua cama e abraçá-la, antes de se arrumarem para ir à escola.

Enquanto isso, um bandido que estava sendo perseguido pela polícia escondeu-se no canil de sua casa. O cachorro começou a latir, chamando a atenção do caseiro. Quando chegou lá, o sujeito pôs a arma na cabeça do caseiro e pediu para entrar na casa. Queria ligar para os três comparsas, que a essa altura já estavam presos. Quem atendeu foi a polícia. Percebendo o perigo, a empregada foi na ponta dos pés, cochichando, avisar os donos da casa sobre a presença do ladrão. "Achei que ela queria fazer uma surpresa pelo meu aniversário", conta Janete.

Seu ex-marido, Rubens, foi ver o que estava acontecendo e o ladrão resolveu mudar de refém: soltou o caseiro e pôs a arma na cabeça de Rubens. Para escapar, ele queria que Rubens o escondesse na Kombi usada para levar as crianças à escola e dirigisse até um lugar distante. No entanto, Rubens tinha sofrido um acidente e não estava em condições de dirigir. Sugeriu pedir um táxi. Enquanto aguardavam o carro, a polícia invadiu a casa de Janete e rendeu o ladrão.

"Ele não fez mal a ninguém e foi embora sem levar sequer o dinheiro do táxi. Segundo a polícia, o bandido estava foragido e era o pior dos quatro", relembra Janete. "Naquela manhã, muita gente disse que, ao acordar, tinha orado por mim. A oração dessas pessoas me protegeu. Eu e a minha família estávamos debaixo da graça."

SELEÇÃO CRITERIOSA

A retenção de talentos é uma arte e já começa na seleção. O segredo da baixa rotatividade do Sabin (0,80%) está na seleção criteriosa.

O Sabin escolhe pessoas com o mesmo DNA da empresa. "A nossa cultura é falar a verdade em todos os momentos. Procuramos quem esteja em sintonia com a gente nessa busca da ética, de ser verdadeiro com todo mundo", diz Sandra. "Nossas pessoas são entusiasmadas com a vida e perseguem a excelência todo o tempo."

Sem dúvida, a formação acadêmica é valorizada, mas a preferência recai sobre quem tem valores alinhados aos do laboratório. "O resto ensinamos depois, no treinamento", continua Janete. "É melhor gastar tempo com a seleção, os testes e as entrevistas do que focar excessivamente o currículo e depois perceber que escolheu a pessoa errada. Deve haver uma química entre o indivíduo e o laboratório. Por isso, o processo para entrar é demorado."

O setor de Recrutamento e Seleção do Sabin recebe quatro mil currículos por mês. Quando surge uma vaga, primeiro ela é oferecida internamente. O Sabin promove *job rotation*, isto é, permite ao empregado conhecer outros setores do laboratório durante seis meses. De manhã, ele fica na sua área e, à tarde, pode transitar por outras. Surgindo uma vaga em um local de seu interesse, ele pode se candidatar para participar do processo seletivo. Na ausência de candidato interno, a vaga é aberta para o Recrutamento.

Familiares também podem concorrer. Por exemplo, se uma atendente está com o marido desempregado, ela pode indicá-lo para o processo seletivo. A indicação não garante a vaga, mas ajuda a tirar o currículo daquele pacote de quatro mil e ir para um menor, com 40 candidatos. Ser contratado ou não depende exclusivamente dele, que atravessará diversas etapas e será submetido a vários olhares, não só do gestor que solicitou a vaga. Janete também costuma participar. Se forem três avaliando e dois votos a favor, o candidato continua no processo. No final, vence o melhor.

"As pessoas lutam para entrar na empresa e as famílias vibram com a contratação. Já ouvi funcionários dizendo: 'No dia em que passei na seleção do Sabin, teve festa na minha casa'", revela Janete.

Os não selecionados recebem *feedback* para saberem onde precisam melhorar. Seis meses depois, podem participar novamente da seleção. Há pessoas que já estão no terceiro processo seletivo e vão se aprimorando.

"O que mais me encanta é como o Sabin atrai pessoas apaixonadas pela empresa. Isso faz dele uma organização diferenciada. Sai da relação trabalhista usual, da visão de estar ali só para cumprir carga horária em troca de remuneração. As pessoas têm um vínculo muito forte com o Sabin. Elas estão ali por paixão", revela Marly.

A própria história de Marly demonstra como foi se formando esse vínculo intenso. Recém-chegada da Bahia, ela começou a trabalhar no Sabin em 1991, como atendente de Recepção. Fazia digitação com uma colega, mas ela saiu. Marly foi falar com Janete: "Se você me pagar o dobro, eu faço o meu serviço e o dela". A gestora aceitou a oferta. Marly trabalhou em dobro e conseguiu dar conta até que a demanda cresceu tanto que foi preciso contratar mais gente.

> O Sabin era pequeno. Todo mundo fazia um pouco de tudo. Entrei só com Ensino Médio, fiz a minha faculdade de Administração, tive duas filhas, fiz pós-graduação e vários MBAs, e encontrei o ambiente perfeito para trabalhar com o que mais amo, a Gestão de Pessoas. Passei por vários setores. Acompanhei todas as mudanças, a implantação do sistema de informatização e a certificação ISO. Participei ativamente do crescimento do laboratório e ganhei um carro ao fazer 20 anos de casa.
>
> Quando tive a minha primeira filha, a Dra. Janete me deu o berço. Ela sempre foi muito presente na minha vida, me aconselhando, orientando e ensinando. Ela chegava ao laboratório bem cedo, entre 6h30 e 7h. Hoje, sigo seu exemplo e abro as portas do escritório às 7h. Gestor eficiente é aquele que demonstra o que é correto com suas atitudes. Aprendi muito. A resiliência, a humildade e a paixão pelo que faço foram fundamentais para o meu crescimento. A minha maior alegria é ver que fiz parte da história de sucesso do Laboratório Sabin, uma empresa ousada, inovadora, humanizada e uma das melhores para se trabalhar no Brasil e na América Latina.

ATRAINDO JOVENS TALENTOS

A maioria dos funcionários do Sabin tem em torno de 30 anos. Eles integram a chamada geração Y, descrita como impaciente, hedonista e menos apegada à hierarquia, mas também curiosa, ousada e capaz de realizar várias tarefas ao mesmo tempo.

A retenção desses talentos tem sido discutida nos congressos de Recursos Humanos por configurar um desafio para os gestores. "Essa geração possui uma nova visão de equilíbrio entre o lado profissional e o pessoal", ensina Marly. "Para eles, a qualidade de vida tem que vir junto com o trabalho." Segundo a diretora, o Sabin consegue ser atraente a esse público por oferecer desafio e oportunidade.

Representante da geração Y, Mara Helaine da Silva Coelho, analista de RH, mandou um e-mail à Dra. Janete compartilhando a alegria pelas vitórias obtidas graças ao trabalho no laboratório e manifestando sua fidelidade à empresa:

> Na sexta-feira, peguei o meu carro financiado pelo Sabin! Nunca havia me sentido tão realizada ao entrar em um. Não foi o meu primeiro carro, mas o primeiro a me dar um feedback pelo meu trabalho. Ao voltar para

casa, fiz uma longa reflexão e passou na minha cabeça uma espécie de filme: o meu estágio aos 16 anos, não por necessidade, mas por opção. Pelo trabalho, consegui custear 50% da minha faculdade e entendi que atingir uma meta depende exclusivamente de você.

Contando a minha história a uma tia, concursada, ela disse: "Nossa, como você se sente realizada, reconhecida e feliz com o seu trabalho! Queria me sentir assim". Isso está estampado na minha cara. Sou muito feliz e fiel ao Sabin.

Recebi uma proposta há alguns dias, mas em nenhum momento cogitei a possibilidade de sair do laboratório, nem o meu marido, que dizia: "Você vai continuar no Sabin, né?". Essa oportunidade serviu para me tirar da zona de conforto e entender que posso entregar ainda mais resultados ao Sabin. Por fim, tento aqui expressar a minha gratidão a vocês por tudo que têm possibilitado na minha vida, por todo o desenvolvimento. Sei que posso errar no caminho, mas a vontade de acertar e crescer será sempre muito maior. O meu contrato pessoal com a empresa se renova a cada dia. Rumo aos 20 anos de Sabin!

Outra representante da geração Y, Juliana Alcântara, gerente de RH, aponta o que considera ser o maior mérito do laboratório:

O que sempre me chamou atenção foi a liberdade de trazer o que aprendi na faculdade. Tive nãos, é verdade, mas várias vezes ouvi: "Bacana, vamos tentar. Desenha o projeto." As sócias dão liberdade para agregar valor à empresa e isso traz motivação. O que mais me encanta é que a empresa está sempre aberta a iniciativas. Estimula a encontrar soluções para conciliar a vida profissional e pessoal. As pessoas sentem-se valorizadas pela diretoria, que as conhece pelo nome, envolve-se com a vida delas, vai a casamentos e funerais, e está sempre muito presente.

Ouvimos muito falar que a geração Y vive mudando de emprego, que não se apega aos lugares ou que não tem resiliência... Eu, Mariana, Elisa, etc. somos várias pessoas da geração Y fisgadas pelo Sabin, quebrando as "generalizações" da nossa geração, com certeza, porque o clima do Sabin é o que é!

Janete fala com orgulho de seus jovens talentos. "Sempre digo que prefiro puxar a empurrar!" É o caso de Juliana Alcântara, a caçula dos gerentes. Junto de Marly Vidal, ela se encarrega de cuidar de um grupo de duas mil pessoas. Entrou como estagiária enquanto cursava a faculdade de Psicologia. Uma antiga gerente de Qualidade deixou o Sabin e a levou para trabalhar em um hospital, mas a direção do laboratório a trouxe de volta pouco tempo depois.

"Substituir a Marly, uma gerente inspiradora e premiada, foi o grande desafio da Juliana. Eu disse que ela deveria criar o seu modelo de gestão, a sua forma de conquistar, dirigir, desenvolver e construir a confiança das pessoas", lembra Janete. "Em pouco tempo, diversos colaboradores começaram a reconhecer a ajuda dela. Por meio das intervenções da Juliana, eles observaram que poderiam obter melhores frutos se olhassem para dentro de si e buscassem ser melhor a cada dia!"

Juliana demonstra muita satisfação com o trabalho realizado no laboratório, como revela neste depoimento:

> *Eu costumo dizer nos meus treinamentos que o Sabin é terra fértil, na qual você pode jogar a semente e, na hora certa do Senhor, ela vai germinar... E conto a minha história. Quando fui promovida a coordenadora de RH, a consultora Rosmary Delboni me parabenizou pela promoção e me perguntou se eu sabia quando conquistei essa vaga. Ela me contou que foi na minha época de estagiária. Em uma de suas vindas à Brasília, tinha jogo do Brasil na Copa do Mundo e o Sabin fechou mais cedo, mas eu não fui embora. Fiquei com a Dra. Janete e com ela. E, nesse dia, as duas foram para o aeroporto falando do meu perfil. Essa história, para mim, é a metáfora da terra fértil, da semente que joguei ao ficar até mais tarde pela responsabilidade e pelo constrangimento de fazer diferente. Falo para os novatos que, no Sabin, a boa semente vai florescer, mesmo que demore mais do que esperamos.*
>
> *Também gosto de dizer: "A Dra. Janete vai dizer para vocês tirarem o sonho da gaveta e eu quero ensinar o caminho. Ele passa pelo conhecimento e pela ousadia. Vocês precisam estudar, mas trazer suas ideias, mostrar o que aprenderam e o que isso poderia gerar no ambiente do Sabin. Quando eu era estudante de Psicologia, sempre sentava na frente da Marly, contava a aula e sugeria ideias. Podia levar oito negativas, de coisas difíceis de aplicar ou quando a teoria era muito distante da prática, mas de duas ideias ela gostava e fazíamos juntas". Ensino, então, que eles precisam usar o conhecimento e ajudar a empresa a inovar, conquistando a carreira e não só esperando processos formais de novos cargos. Isso é empreendedorismo interno.*
>
> *No início, eu achava que faria estágio no Sabin, mas seguiria carreira na clínica como psicóloga, pois, desde pequena, sabia que o meu propósito ou missão na Terra era ajudar as pessoas. Hoje, eu estou aqui há dez anos como contratada, onze se contar o estágio. Como gerente de RH, perseguin-*

> do e lutando pelas metas da empresa — gerando aprendizado que aumenta a eficiência e a excelência do atendimento ao cliente —, selecionando as pessoas, desenvolvendo líderes ou conduzindo processos de avaliação de desempenho, sempre vejo que consigo, ao mesmo tempo, realizar a minha missão de ajudar as pessoas. O mais incrível é acompanhar as pessoas superando a si mesmas, se autodesenvolvendo e agradecendo ao Sabin e ao meu trabalho. É mesmo surpreendente ver e sentir tudo isso aqui!

Segundo Janete, o Sabin, com todos os benefícios, motivações e incentivos, transforma as dificuldades dos colaboradores em oportunidades de crescimento. Por meio dos cursos oferecidos às lideranças, o RH disseminou entre os gestores a cultura de ajudar as pessoas a crescerem graças a uma combinação de desafios, apoio e monitoramento. Cada um em seu papel.

No entanto, o RH procura os pontos cegos, as limitações e as resistências internas a mudanças. Faz um trabalho de bastidores. Conquista a confiança das pessoas, que, a partir daí, revelam suas fraquezas e imperfeições e, apoiadas por uma comunidade leal e segura, buscam o desenvolvimento, tornando-se não apenas mais capazes e bem-sucedidas, como também mais comunicativas, criativas, humanas e resilientes em seus desafios diários.

"Juntos, oferecemos condições de mostrar a cada um que existe muito mais potencial dentro dele do que ele acredita e que é possível crescer em qualquer idade", diz Janete. "Criamos amor, carinho, recompensas, amizades, afetos, solidariedade, qualidade de vida e felicidade! Estimulamos a diversidade, a riqueza da complementaridade. Assim, estamos descobrindo um novo tipo de vantagem competitiva e conquistando espaço nas mídias nacionais e no coração das pessoas."

AS BOAS-VINDAS

O filme mostrava um pai de família voltando do primeiro dia no emprego. A família o recebeu na maior expectativa. Queria saber sobre o ambiente, como foi acolhido e se havia mais colegas homens ou mulheres. A imagem exibida na tela serviu de inspiração para Janete: "O primeiro dia no trabalho é tão marcante quanto o primeiro sutiã. Decidimos tornar esse momento especial."

O funcionário é recebido com um café e seu nome estampado nas portas da empresa. Faz um tour pelas dependências e recebe seu uniforme em papel de presente. "O uniforme é muito importante, pois representa a nossa marca", explica a cofundadora.

O uniforme padrão da área administrativa e de atendimento consiste em calça social preta, camisa branca e gravata para os homens. As mulheres usam terninho preto com camisa branca ou vestido preto, um tubinho discreto, com meia-calça grossa preta. Nos setores técnicos, a roupa é branca e o jaleco, obrigatório. Gerentes e diretores estão dispensados do uniforme e vestem roupas sociais. Todos os funcionários usam crachá. A cor do cordão indica o tempo de casa: de 1 a 5 anos, azul-marinho; de 6 a 9, azul-claro; de 10 a 14, vermelho; de 15 a 19 anos, marrom; e a partir de 20, preto.

Os novos empregados participam do Treinamento Básico Introdutório (TBI), realizado desde 2001. São quatro dias de palestras, no período da tarde, sobre a visão da empresa, o perfil do colaborador, os processos internos, os clientes, a sustentabilidade, as finanças, o aprendizado e o crescimento. O treinamento é realizado para grupos de 30 a 40 pessoas e prevê um curso básico de automaquiagem para as mulheres.

Na primeira palestra, Sandra Costa relembra o histórico do Sabin. Os gestores de cada setor participam, com esclarecimentos sobre sua área de trabalho e expectativas quanto à atuação do funcionário, e contam sua carreira no laboratório. Janete Vaz encerra, falando sobre a marca Sabin. "Ali, os iniciantes já ficam sabendo das oportunidades de crescimento que terão", explica Sandra.

Nos processos auditados pela ISO, esse treinamento introdutório deve ser feito em até 100 dias de trabalho na empresa. "Aqui no Sabin, fazemos no máximo até o terceiro mês", informa Janete. "Nossos líderes são responsáveis por transmitir a filosofia que nos trouxe até aqui, a cultura organizacional do Sabin."

O ingressante também é apresentado ao Código de Ética Sabin, documento que estipula como devem ser as relações entre pares, chefes e subordinados, fornecedores e clientes, bem como entre os colaboradores e a sociedade. Aborda, inclusive, o uso e registro de informações e práticas em mídia social, alertando sobre as medidas aplicadas quando as normas forem infligidas.

Os primeiros três meses são considerados decisivos. Terminado o período, o empregado é submetido a uma avaliação que determina sua efetivação ou não. "Quando recebe nota acima de nove, é sinal de que foi bem selecionado", avisa Janete.

Colaboradores que saíram do Sabin em busca de novas oportunidades ou para tentar um negócio próprio podem ser readmitidos. Há, inclusive, um projeto para buscar egressos no mercado. "São pessoas que já detêm o conhecimento, a cultura, que tentaram e aprenderam. Em geral, voltam muito melhores", revela Janete.

Edmara Paulino passou pela experiência e registrou suas impressões em um e-mail enviado em 2012:

> A dedicação ao Sabin vem desde a minha primeira passagem pela empresa. Neste novo momento, percebo o quanto o laboratório cresceu e o que espera dos colaboradores. Mas os valores continuam os de sempre. Pelo reconhecimento do corpo funcional, expresso nos reajustes das remunerações, dignifica o trabalho e eleva o sentimento de orgulho em fazer parte do Sabin. Não posso deixar de agradecer por esse reconhecimento do trabalho que venho desempenhado à frente da Unidade JK. Sabedora de que esse reconhecimento é antecedido pela ação de várias pessoas, espero continuar contando com a ajuda de todos.

Janete se lembra de outro funcionário que decidiu abrir um negócio, enfrentou inúmeras dificuldades e pediu ao RH para retornar. "Fui falar com ele. Mostrei os pontos que ele precisava desenvolver quando saiu daqui e perguntei o que pretendia fazer. Com a voz embargada, ele pediu uma oportunidade de mostrar seu crescimento. A vaga era dele, claro, eu não ia perdê-lo de novo! Isso é trabalhar a individualidade."

Talvez o maior desafio atual seja preservar esse cuidado com a individualidade tendo duas mil pessoas na folha de pagamento. "Queremos crescer sem perder a nossa maneira de ser, a nossa cultura, o nosso maior valor", registra Sandra. O *brandbook*, lançado em 2013, pretende disseminar essa cultura, servindo de guia e inspiração para os novos colaboradores, além de parceiros e fornecedores.

Para o Projeto de Expansão, o Sabin tem aplicado a expertise acumulada nos treinamentos internos. "Desenvolvemos uma metodologia que envolve os nossos diretores e os gestores locais", conta ela.

Em Uberaba, onde foi estabelecida uma parceria com o antigo proprietário, os funcionários foram divididos em equipes de 15 pessoas para treinamento uma semana antes de o laboratório abrir sob a gestão do Sabin, os novos líderes e os antigos compartilharam suas histórias. Sandra recordou a trajetória do Sabin. Janete apresentou os valores do laboratório. Enquanto falava sobre garra, ética, motivação e trabalho humanizado, a tela exibia fotos dos colaboradores mineiros cedidas pelo RH local. No final, Janete mobilizou a plateia: "Agora depende de você nos ajudar a crescer".

O resultado dessa abordagem pode ser conferido na reação dos funcionários. "Enquanto, nas aquisições, o clima dominante geralmente é de tristeza, no caso do Sabin, as pessoas ficam felizes, entusiasmadas", ressalta Sandra.

A abertura de novas unidades também tem criado oportunidades de promoção para os colaboradores, como Misael Souza, designado para assumir um cargo de liderança na unidade de Manaus. Ele assinalou seu agradecimento em um e-mail em 2012:

> Manaus está sendo uma escola para todos nós. A oportunidade de aprendizagem é muito grande. Dras. Janete e Sandra, eu me orgulho de fazer parte dessa história. As senhoras [são] "visionárias". Admiro a consistência familiar dessa empresa. Agradeço ao setor de Relacionamento, onde aprendi a essência de representar o Sabin externo. A todos os líderes, que, juntos, fazem a diferença, meu muitíssimo obrigado pela promoção e pela confiança em mim depositada, em especial à Dra. Vanuza, que nos acompanha de perto e nos desenvolve como deve ser, com palavras de alívio, de encorajamento, de cobranças em resultados e, o mais importante, de reconhecimento. Tenho a todo instante a angústia de que podemos mais, e é a isso que me apego: às possibilidades de superar as minhas próprias expectativas.

A entrada em novas praças tem despertado certa nostalgia, como explica Marly:

> Estamos revivendo o processo de construção do nosso modelo de gestão. Algumas unidades adquiridas estão onde estávamos há mais de dez anos: às vezes é preciso ajustar o ambiente, a segurança e o destino dos resíduos e discutir a qualidade de vida do funcionário. Temos que agregar os benefícios adequados àquela realidade.

LAÇOS DE TERNURA

De uma coisa, porém, Janete e Sandra não abrem mão: de manter contato estreito com os colaboradores. E transmitiram essa necessidade aos seus sucessores. "Nossos líderes participam ativamente da vida dos funcionários, de nascimentos, casamentos e festas, e é nesse contato que descobrem como podem ajudar a pessoa a concretizar seus planos", justifica Janete.

Com o crescimento do laboratório, essa proximidade foi ficando mais difícil. "Eu conhecia todos os colaboradores pelo nome, sabia nomes de muitos maridos, esposas, filhos e até pais", diz Janete. "Em três momentos do ano, eu passava recados individuais nominais para os funcionários: no Natal, no Ano Novo e na Páscoa."

Quando o número de funcionários passou de 400, em 2005, essas práticas foram se tornando inviáveis. Janete comentou com Marly que estava sofrendo por se distanciar das pessoas e pediu a ela para criar um programa que facilitasse o contato. No ano seguinte, nasceu a Roda-Viva com a Diretoria, um dos mais antigos projetos do RH. É um encontro informal entre 15 colaboradores e as sócias-fundadoras que ocorre na matriz sem participação do RH ou de qualquer supervisor. Após a expansão, o programa passou a ser realizado também nas unidades externas.

Enquanto o RH o divulga aos empregados dizendo que permite "beber água da fonte", as sócias veem aí uma grande oportunidade de "saber o nome e a fisionomia de cada colaborador". Além, é claro, de observar e selecionar talentos. Vários gestores atuais tiveram seu potencial identificado nesses encontros.

Qualquer colaborador pode participar, exceto os que ocupam cargos de liderança e já convivem mais com Janete e Sandra. Em 2011, além das inscrições voluntárias, equipes inteiras passaram a ser convidadas. Os participantes podem perguntar o que quiserem, além de fazerem sugestões.

Na 15ª edição, em abril de 2012, um técnico indagou se o laboratório não poderia se expandir usando o sistema de franquia. Sandra respondeu: "Teria que ser um modelo especial, capaz de garantir a qualidade do serviço, já que 75% dos erros laboratoriais acontecem em fase pré-analítica". Janete completou: "Um laboratório não é um negócio como outro qualquer. A franquia poderia atrair pessoas que não são da área da saúde. Haveria muitas variáveis a controlar, o que no momento parece inviável".

Em outra edição, um funcionário quis saber: "O que vocês fazem com tanto dinheiro?" Janete respondeu: "Você tem que olhar quanto a empresa fatura, quanto ela gasta, quanto investe, onde a empresa está apostando. O processo de crescimento dela é saudável ou ela está pegando dinheiro emprestado?"

Depois do bate-papo, um lanche é servido e as fundadoras tiram foto com cada colaborador. No final, observa-se a vibração das pessoas saindo da sala com essa foto em um porta-retrato, depois de receber um abraço de Janete e de Sandra. Mensagens veiculadas no correio interno demonstram a aprovação por parte dos colaboradores.

Ana Vivian escreveu:

> *Gostaria de agradecer pela oportunidade ímpar que tive ontem de participar do Roda-Viva com essas mulheres cheias de experiência, de vida, de força, de exemplo e de garra, que são nossas diretoras. Não é qualquer empresa que nos dá esse privilégio de conhecer bem de perto os seus criadores. Foi um momento bem descontraído, no qual pudemos esclarecer dúvidas, conhecer a história delas, saber curiosidades e, principalmente, aprender muito. A maior lição que pude tirar foi que nós também somos capazes. Eu sou capaz. Obrigada, Sabin, por essa oportunidade.*

Jean Barbosa de Freitas, do RH, manifestou sua gratidão a Janete e Sandra de maneira mais lírica:

> *Gostaria de escrever hoje uma mensagem bem natural, sem desencantos, sem o menor erro ou cochilo. Nenhuma gota de tristeza molhando a folha. Que, ao lê-la, os corações batessem mais rápido, os olhos brilhassem e seus lábios pudessem sorrir todos os dias. Queria encher um envelope de flores, estrelas, sorrisos e palavras bonitas do tamanho da bondade de vocês. Queria colocar dentro do envelope todos os corações do Sabin que as admiram. Nós, do Roda-Viva, lhes damos uma chave especial, que abre o cofre interior onde se encontra tudo o que temos de mais puro e verdadeiro, sagrado e pessoal. Essa chave é a nossa amizade. Que essa felicidade que desejamos a vocês as acompanhe sempre e sempre.*

O compromisso com as pessoas chega a tal ponto que o Sabin também se diferencia por suas campanhas publicitárias. Em vez de pagar cachês estratosféricos a celebridades, os vídeos, os folhetos e todo o material institucional usa imagens dos colaboradores. "É só um detalhe, mas, com isso, participamos da intimidade das pessoas e construímos laços de confiança com elas", explica Janete.

Não é de se estranhar, portanto, que as homenagens às fundadoras escapem do formalismo e tragam doses generosas de emoção e ternura. A mensagem escrita pelo publicitário Maurício de Carvalho Sampaio, esposo de uma colaboradora, e lida na festa de fim de ano de 2012, em nome de todos os funcionários, fala por si:

> No dicionário, a gente pode encontrar várias palavras que poderiam ser utilizadas para definir as senhoras: empreendedoras, dedicadas, visionárias, atenciosas, profissionais, batalhadoras, generosas, incansáveis, dedicadas, etc., etc. e muitos etcs.
>
> Mas, na minha opinião, dentre todas as palavras, uma em especial exprime realmente o que as senhoras são: corajosas!
>
> Para abrir um laboratório começando do nada, é preciso ter coragem. Para sair da zona de conforto e ousar crescer, é preciso ainda mais coragem. Para enfrentar as crises e turbulências pelas quais a nossa economia passou, e não foram poucas, é preciso coragem. Para não se assustar com o ritmo de crescimento da empresa, vendo cada vez mais e mais clientes buscando nossos serviços e um número cada vez maior de colaboradores sendo integrados à empresa, tem que ter coragem. Para mais uma vez sair da zona de conforto, abandonando o porto seguro da cidade onde o laboratório nasceu e cresceu e ir em busca de um projeto de laboratório nacional, é preciso muita coragem.
>
> As senhoras, Dra. Janete e Dra. Sandra, são corajosas e admiráveis.
>
> Para definir a nós, que fazemos parte desta grande empresa, existe também um termo que se adequa muito bem e que exprime o sentimento que é compartilhado por todos: orgulho.
>
> Somos todos orgulhosos da nossa empresa e muito gratos às senhoras.

7
Inovar é preciso

Em 2006, no congresso anual da AACC, Associação Americana de Química Clínica, um dos eventos mais importantes do mundo na área de análises clínicas, Sandra Costa se deparou com um lançamento que a deixou fascinada: uma esteira que integrava os equipamentos do laboratório criando uma espécie de linha de montagem por onde os tubos com as amostras circulavam sem contato manual.

"Vi a esteira em atividade em um hospital sueco em Chicago e comecei a sonhar", recorda Sandra. "Mas parecia um sonho impossível. O preço estava avaliado em torno de R$4 milhões. Como acrescentar esse custo à tabela? A esteira tinha 16m de comprimento por 50cm de largura. Era grande, pesada e não desmontável. Como entraria no edifício onde está o Núcleo Técnico Operacional do Sabin, no Brasília Shopping? Em que espaço seria instalada? A estrutura física do laboratório teria que ser modificada. Os desafios eram enormes."

No ano seguinte, Sandra viu a esteira novamente em ação, dessa vez em um laboratório de renome internacional em San Diego, na Califórnia. Ali, ela conferiu o quanto essa solução de automação traria ganho em eficiência, produtividade, qualidade, segurança e rapidez, além de gerar menor impacto ambiental.

A plataforma realiza mais de um milhão e quinhentos mil exames por mês, o que ofereceria um ótimo suporte aos planos de crescimento do Sabin. A redução do contato manual diminuiria a possibilidade de erros durante o processo. Para os técnicos, a vantagem seria a menor exposição ao material biológico coletado. Para o cliente, seria possível realizar vários exames com apenas uma amostra de sangue. Além disso, o benefício mais evidente para o médico seria o acesso ao laudo em um prazo mais curto.

Sandra voltou dos Estados Unidos entusiasmada e conversou com sua sócia, Janete Vaz. "Sentamos várias vezes pensando em formas de viabilizar o sonho", conta ela. Como o Sabin envolve os colaboradores nas decisões estratégicas, Sandra preparou uma apresentação sobre a nova tecnologia aos médicos, biomédicos, bioquímicos e técnicos do laboratório e acabou contagiando a todos com sua empolgação.

A esteira possui dois gerenciadores de amostras que distribuem os tubos entre oito equipamentos interligados, manipulando roboticamente até 800 tubos por hora a uma velocidade de seis metros por segundo, 30% mais rápido do que se conseguia até então. Rotinas que exigiam 14 horas passariam a ser liberadas em 8 horas. Para atingir essa meta sem a nova plataforma, só aumentando um turno de trabalho. Como as amostras seguem para equipamentos diferentes, vários resultados saem praticamente juntos. Além disso, é possível distribuir as amostras de acordo com a prioridade de cada exame.

A equipe decidiu receber os engenheiros da Siemens, a fabricante da esteira Labcell. Durante seis meses, os especialistas avaliaram o processo produtivo do Sabin. Rastrearam o caminho dos tubos, identificando os gargalos e ajudando a equipe a entender onde e como a esteira deveria revolucionar esse processo.

Janete estava ciente dos ganhos, mas uma preocupação de outra ordem a incomodava: temia que o peso da esteira fosse superior à capacidade do shopping. "O Brasília é um dos shoppings mais movimentados da cidade. Eu tinha pesadelos em que o prédio ia cair e a gente causaria uma tragédia", conta. Por mais que os profissionais da Siemens insistissem que não havia motivo para aflição, Janete não sossegou enquanto um engenheiro independente, Gustavo Jardim, fez os levantamentos de todos os pesos e garantiu que não haveria perigo. O edifício do shopping aguentaria a esteira.

Após 18 meses de pesquisa e estudos de viabilidade econômica, decidiu-se pela compra dessa solução tecnológica, que teve o maior aporte financeiro da história da empresa. Enquanto o fabricante customizava a esteira para o Sabin, o laboratório realizava o projeto de reforma e ampliação de sua sede técnica para recebê-la, sob a orientação de Gustavo.

Janete sugeriu que ela, o Marketing e o RH mudassem para outro andar. Assim, seria possível transformar todas as salas do primeiro andar em área técnica. Odilon, marido da Sandra, que sempre as auxiliava na reforma e instalação das unidades, temia que as salas tivessem um pé direito baixo para receber a esteira. Gustavo encontrou maneiras de resolver esse problema. A reforma durou oito meses.

A parte mais difícil foi subir a esteira com seus 16 metros de extensão até o primeiro andar. Como a sala da Sandra fica nesse andar, em uma das extremidades do prédio, uma das soluções cogitadas foi quebrar suas paredes externas e arrancar a janela. O equipamento entraria por ali, erguido por um guindaste. Até que Gustavo encontrou outra saída: usar o fosso do elevador. Em um domingo, quando a maioria dos escritórios localizados no edifício está fechada, os elevadores ficariam presos no alto e a esteira subiria pelo fosso, levantada por um guindaste. Foi o que aconteceu.

"Durante a fase de adaptação, continuamos atendendo, sem perder a qualidade", relembra Sandra. Foi preciso treinar a equipe para lidar com a nova plataforma. A esteira é acoplada a um *software* que permite gerenciar o controle de qualidade a distância. "No início, ele não queria funcionar; os técnicos viraram a noite trabalhando para fazê-lo operar", recorda Sandra.

"A reforma aconteceu com o laboratório em funcionamento. Os colaboradores estavam engajados. Todos abraçaram a ideia", atesta Lídia Abdalla, que guarda muitas lembranças daquele período.

> *Eu estava escrevendo a dissertação para o mestrado em Ciências da Saúde na UnB, grávida e com um barrigão. Dizia: "Vamos ver o que nasce primeiro". Foi o meu filho, em 3 de junho de 2007. Um mês depois, defendi a tese de mestrado e, em 4 de março de 2009, a esteira começou a operar.*

Depois de muito trabalho, dedicação e conhecimento, o sonho se tornou realidade, relembra Sandra: "Quando vi a esteira rodando pela primeira vez, senti que valeu a pena acreditar no impossível e tive a certeza: 'Agora estamos em pé de igualdade com os maiores e melhores laboratórios de análises clínicas do mundo. Temos qualidade, credibilidade e respeito'. Foi um momento de grande realização."

O Sabin foi o primeiro serviço da América Latina a adquirir a Labcell. Profissionais da Colômbia e do Chile vieram visitar o laboratório para conhecer a novidade.

Em novembro de 2011, o Sabin montou a segunda esteira, que tem a metade do tamanho da primeira, oito metros de comprimento, e a capacidade de manipular 400 tubos por hora. Terminadas as dosagens bioquímicas, hormonais ou biológicas, os tubos são catalogados e guardados em estantes de modo a serem encontrados facilmente se houver necessidade de reavaliar a amostra ou acrescentar algum exame.

Janete afirma que, desde o início, o Sabin tem um olhar inovador que o mantém em dia com o que existe de melhor no mundo. "Novas tecnologias aumentam a sensibilidade dos exames, reduzem os custos, favorecem a sustentabilidade, motivam a equipe e encantam os clientes."

Para quem resiste à mudança por supor que a automação cause desemprego, Lídia responde que aconteceu justamente o contrário:

Não mandamos ninguém embora. Tivemos que contratar mais gente, porque o laboratório cresceu. Ganhamos em qualidade e agilidade e, em vez de ficarmos totalmente absorvidos com tarefas cotidianas, pudemos nos dedicar mais à inovação.

Em 2014, o Sabin fechou novamente mais um grande investimento com a aquisição de uma das mais modernas plataformas de automação laboratorial para sua nova sede, a Aptio, que permitirá dobrar a capacidade produtiva, podendo chegar a mais de quatro milhões de exames por mês.

ESTÁ NO DNA

O Sabin virou referência no negócio de análises clínicas justamente pela inovação, que vai além do investimento em tecnologia de ponta, exigência atual do mercado nesse segmento. Faz parte da própria cultura do laboratório.

"O que diferencia o Sabin das outras organizações é a criatividade de seus colaboradores", esclarece Sandra. "A cada instante, vivenciamos situações em que a criatividade foi usada como solução. Em todos os detalhes, tem um pontinho que o Sabin faz diferente."

A variável criatividade foi apontada como fundamental para a melhoria dos resultados durante uma mesa de discussão sobre inovação e sustentabilidade no Saúde Business Fórum 2013, principal encontro dos líderes do setor de Saúde no Brasil. Na ocasião, o professor Fabian Salum, da Fundação Dom Cabral, disse que a criatividade desponta quando há desburocratização dos processos, descentralização das decisões, estratégia bidirecional e o cuidado de trabalhar o sentimento de pertencimento dos funcionários. Os quatro requisitos são observados no Sabin.

Em julho de 2009, o laboratório integrou a lista das 25 empresas mais inovadoras do Brasil da revista *Época Negócios*. O júri, formado por professores do Fórum de Inovação da FGV-Eaesp, procurou no perfil das candidatas elementos como excelência tecnológica e clima organizacional aberto à criatividade. Feito com apoio técnico da Fundação Nacional da Qualidade (FNQ) e do *Great Place To Work* (GPTW), o levantamento constitui uma radiografia dos processos de inovação das empresas.

Dentre as práticas inovadoras adotadas pelo Sabin, talvez a mais simbólica seja o Núcleo de Inovação, criado em 2005 com o objetivo de estimular a criatividade e a experimentação dentro da empresa. "Aqui a inovação é oficializada", afirma Sandra.

Qualquer colaborador pode oferecer sugestões, médicos, atendentes, gerentes, motoristas. "É feita uma avaliação de custo-benefício e analisada a viabilidade", explica Lídia. "A pergunta principal é: que retorno trará ao laboratório e à comunidade?"

A atual CEO cita um exemplo de busca de inovação na área técnica:

> *Só havia um fornecedor de material para teste de vitamina D. Fomos estudar a metodologia, pois existiam muitas publicações sobre o tema, e envolvemos o coordenador da área na prospecção de um exame viável e com alto nível de confiança. As fundadoras sempre nos deram oportunidade para trazer novidades.*

Certa vez, lançaram um equipamento com nova metodologia para espermograma em um Congresso de Patologia Clínica. "Nós, com este espírito de inovação, sempre saindo na frente, resolvemos adquiri-lo", revela Janete. "Só que o exame não foi validado pelos médicos. Não tivemos dúvida, nem medo de recuar no meio do caminho e voltar para a metodologia tradicional."

O processo para validar metodologias inclui acompanhamento de artigos científicos, reuniões de sociedades médicas e atenção às demandas dos médicos. Sandra se lembra da solicitação de um exame para determinar o índice de permeabilidade intestinal para diagnóstico de alergia alimentar. Não havia quem o fizesse na cidade. "Antes de investir, avaliamos se os testes disponíveis poderiam oferecer a resposta procurada ou não e qual seria a abrangência do atendimento. Havendo um potencial de demanda, nós pesquisamos, desenvolvemos e validamos." Demora um ano ou mais para validar e internalizar as práticas.

Com o aumento da expectativa de vida, espera-se um crescimento na procura por novos exames. "Nós temos que estar na frente", defende Sandra, que, desde 2005, frequenta congressos no exterior, como o da AACC, que mobiliza mais de 20 mil profissionais do mundo inteiro em busca de novas soluções em medicina diagnóstica. A partir de 2007, ela começou a levar também técnicos de sua equipe. "A patologia clínica é um instrumento de informação para o médico. Nos eventos nacionais e internacionais, vejo o que há de interessante. O meu papel é estar junto do médico trazendo o novo. Para isso, temos de pesquisar novas metodologias e equipamentos."

Sandra fala com muito conhecimento de causa. O trabalho que fez para sua dissertação de mestrado, "Avaliação dos fatores de risco cardiovascular em pacientes portadores de lúpus eritematoso sistêmico", em parceria com outros profissionais do Sabin, foi apresentado no XII Congresso Brasileiro de Análises Clínicas, em junho de 2004, em Salvador, Bahia, e depois publicado na revista oficial da Sociedade Brasileira de Endocrinologia e Metabologia.

"A pesquisa científica está correndo muito e o laboratório tem que acompanhar", endossa Janete. "Temos uma postura ativa na descoberta de metodologias. Precisamos gerar e transformar dados em conhecimento e levar para o nosso parceiro, o médico."

Os maiores avanços são aguardados no ramo da Biologia Molecular. Por isso, o Sabin tem investido aí. Em outubro de 2002, a farmacêutica e bioquímica Lara Franciele Ribeiro Velasco foi encarregada de criar o Setor de Biologia Molecular do Sabin. Em 2003, ela convidou um colega da academia, o farmacêutico e pesquisador Gustavo Barra, para trabalhar no desenvolvimento de novos exames. Na época, ela fazia doutorado e ele mestrado na Universidade de Brasília.

"Os exames de Biologia Molecular eram terceirizados: a análise acontecia fora do Brasil, com alto custo e longo prazo de entrega. O nosso objetivo inicial foi efetuar os exames aqui, com grande qualidade, menor custo e resultado mais rápido", conta Lara.

Desses esforços surgiu a sexagem fetal, que identifica o sexo do feto em uma amostra do sangue da gestante, colhida a partir da oitava semana de gravidez. O Sabin foi um dos primeiros laboratórios brasileiros a oferecê-la, em 2007, e seu índice de certeza chega a 99%. "Nós estudamos a literatura científica e desenvolvemos um exame próprio, isto é, para realizá-lo, não precisamos adquirir kits comerciais. Passamos a produzir informação", diz o farmacêutico Gustavo Barra, que demonstra muita satisfação por estar no Sabin, como se pode perceber pelo depoimento a seguir:

> *Trabalho em um laboratório conceituado, que me dá a oportunidade de fazer o que gosto: realizar pesquisa, orientar alunos e desenvolver metodologias inovadoras. Sou apaixonado por isso. É como se estivesse de férias todo dia. Eu me realizo na bancada e sou grato ao laboratório por me permitir isso. Não é à toa que o Sabin é uma das melhores empresas para se trabalhar.*

O Setor de Biologia Molecular reúne hoje dez profissionais e efetua mais de 20 exames diferentes, desde exame de paternidade até teste de intolerância alimentar, incluindo predisposição genética a câncer de mama. Atualmente, desenvolve um teste de paternidade em gestante menos invasivo, feito a partir do sangue da mãe. Ele foi apresentado a um time de especialistas forenses em maio de 2014, em Bruxelas, na Bélgica, e, conforme as observações, aprimorado para ser oferecido à população.

A coordenadora Lara Velasco tem uma ligação com o Sabin que extrapola o vínculo profissional. Ela é sobrinha por parte de mãe de Janete Vaz. Tinha sete anos quando o laboratório foi fundado.

> *Eu ia passar uns dias na casa da minha tia e ela nos levava para o Sabin. Nas férias escolares, os meus primos ficavam na nossa casa; a minha mãe cuidava deles. Foi um começo difícil e sacrificante. Lembro da minha tia trabalhando muito e com pouco tempo para conviver com os filhos. Mas ela aproveitava cada minuto desse tempo. E estava sempre feliz. Falava do Sabin com empolgação — como fala até hoje! Ela sempre foi a minha referência e a principal inspiração para a minha escolha profissional. Enquanto eu fazia a graduação, em Goiânia, ela me levava a todos os congressos de análises clínicas. Nesses eventos, eu vi que Biologia Molecular era uma área promissora e decidi que caminho deveria seguir.*

Por gostar muito da pesquisa básica, Lara ficou tentada a optar pela carreira acadêmica. No entanto, o laboratório precisava de alguém para criar o setor de Biologia Molecular e ela resolveu encarar esse desafio. Visitou um laboratório de Vitória que já tinha o setor montado, desenhou a planta e encontrou uma sala para alugar na Asa Sul.

> *O Sabin oferecia ótimos recursos laboratoriais, profissionais qualificados e apoio à pesquisa. Não me arrependo. A empresa está sempre motivando e valorizando os profissionais. O que mais me encanta no Sabin é a maneira de lidar com as pessoas, as portas abertas, a facilidade de comunicação, a valorização das pequenas atitudes e o reconhecimento dos profissionais. Quando o Dr. Gustavo quis orientar alunos no mestrado e doutorado, por acreditar que isso trataria crescimento para o laboratório, o Sabin pagou bolsa equivalente à da universidade, ofereceu flexibilidade de horário para cursar disciplinas na UnB e investiu no desenvolvimento das pessoas. Além disso, o laboratório teve um crescimento muito grande. Fico feliz por fazer parte de tudo isso.*

INCENTIVO À PESQUISA

Outra iniciativa importante foi a criação do Núcleo de Apoio à Pesquisa (NAP), em 2003. Ao retornar para a universidade, Sandra verificou a dificuldade que diversos colegas encontravam para dar continuidade aos estudos. Uma professora de nefrologia precisava de várias dosagens de marcadores renais de pacientes para seu projeto de doutorado, mas o laboratório da faculdade não tinha condições de atendê-la. Outro pesquisador necessitava de 30 dosagens de glicose para terminar sua investigação, o que, para o Sabin, não seria um problema. Daí veio a ideia de aproximar o laboratório da academia oferecendo sua estrutura para a realização dos exames.

Por meio de parcerias com universidades públicas, particulares e instituições de pesquisa, o NAP apoia tanto projetos de funcionários interessados em desenvolver seus trabalhos acadêmicos quanto de pesquisadores externos que necessitam de suporte laboratorial para seus estudos. A única exigência é que ao menos um profissional da casa esteja envolvido.

Os primeiros trabalhos colaborativos foram feitos com a Universidade de Brasília sob consultoria da Dra. Luciana Naves, cuja experiência acadêmica era reconhecida e poderia ajudar o laboratório a estabelecer a interface para uma parceria ética e produtiva com as instituições de pesquisa. Essa consultoria ajudou a determinar os pilares do Sabin como instituição de pesquisa, hoje reconhecida em todo o Brasil. O Núcleo de Apoio à Pesquisa (NAP) já recebeu prêmios nacionais e internacionais e viabilizou a realização de pesquisas em colaboração com as principais instituições do Distrito Federal.

Vários tipos de parceria podem ser estabelecidos. "Vamos supor que um projeto precisa de 300 testes de insulina", exemplifica Lídia.

> *Entramos com uma parte do valor para a compra dos kits e a outra parte vem de órgãos de fomento, como CNPQ e CAPES. Outras vezes, o cientista tem recursos — dispomos de uma tabela especial para pesquisadores! —, mas falta conhecimento para o nível de detalhamento exigido. Os profissionais do laboratório podem ajudar na descrição e na interpretação das variáveis.*

As pesquisas também podem recorrer ao banco de dados do Sabin, sem a necessidade de gastos com reagentes e outros materiais, o que reduz o custo: "Basta coletar os resultados, produzir estatísticas e interpretar", explica Gustavo.

O embrião do NAP foi o Momento Científico, que o Sabin já mantinha (e mantém) às sextas-feiras, desde 2001. Consiste em 30 minutos, das 11h30 às 12h, em que são ministradas palestras, discutidas questões científicas e apresentados lançamentos vistos em congressos ou as conclusões de trabalhos realizados pelos colaboradores. O momento é aberto a 100% do pessoal da área técnica.

Até 2013, o NAP financiou 260 projetos de pesquisas. Um comitê avalia as propostas, levando em conta a viabilidade técnica e financeira e o parecer do Comitê de Ética da instituição. O setor de P&D (Pesquisa e Desenvolvimento) funciona em um prédio à parte, com uma rotina diferenciada do dia a dia do laboratório. "Normalmente, as instituições privadas não têm esse viés. No Brasil, as pesquisas acontecem em geral nas universidades, mas nós procuramos investir na produção de conhecimento e gerar informação para a comunidade médica", diz Sandra.

O Sabin patrocina os trabalhos, apoia a ida a congressos para apresentá-los e estimula a publicação em revistas científicas de prestígio. Em agosto de 2007, o *The New England Journal of Medicine*, uma das revistas médicas mais conceituadas do mundo, publicou o primeiro trabalho feito só por pesquisadores brasileiros em 15 anos. Assinado por cientistas da Universidade de Brasília, dentre os quais Gustavo Barra, ele identificou uma rara mutação genética na produção de hormônios sexuais, o que possibilita a criação de nova metodologia de análise genética. O Sabin realizou todos os exames necessários. "Foi um divisor de águas", conta o pesquisador.

Em 2008, outro trabalho apoiado pelo Sabin foi aceito para apresentação no congresso da Sociedade Brasileira para o Progresso da Ciência (SBPC).

Três anos depois, uma pesquisa que contou com o apoio do Sabin recebeu o prêmio *Latin American Novartis Oncology Scientific Award* de melhor trabalho de neuroendocrinologia. O trabalho investigou mutações genéticas em tumores da hipófise, em busca de meios para retardar a progressão da doença.

Ainda em 2011, um trabalho sobre HPV no homem, de autoria de Gustavo Barra, foi premiado no congresso da AACC. Houve 730 pôsteres, dos quais 30 foram selecionados para apresentação por terem maior relevância clínica. Dentre eles estava o de Gustavo, único representante do Brasil e da América Latina.

Em 2012, seis trabalhos foram aceitos pelo congresso da AACC. No ano seguinte, nove trabalhos científicos da equipe técnica do Sabin foram expostos no 47º Congresso Brasileiro de Patologia Clínica, promovido pela Sociedade Brasileira de Patologia, em São Paulo. Um recebeu convite para exposição oral, o trabalho do hematologista e atual diretor técnico Rafael Jácomo.

Também em 2013, houve nova premiação pela AACC. A biomédica Júlia Vasques, pesquisadora do Sabin, recebeu a medalha de primeiro lugar na categoria de divisão de Patologia Molecular pela apresentação oral de trabalho científico. Seu estudo abre perspectivas para melhorar a conservação de amostras de DNA da mãe em exames laboratoriais por meio do uso de anticoagulantes. O congresso recebeu mais de cinco mil resumos de trabalhos de cientistas do mundo todo. Apenas 906 foram selecionados, sendo 86 do Brasil e, destes, oito do Sabin. Três foram escolhidos para apresentação oral e o único premiado foi o de Júlia, que teve a orientação de Gustavo Barra.

Resumindo a produção científica: desde a criação do Núcleo de Apoio à Pesquisa, 14 artigos foram publicados em revistas científicas internacionais; 12 artigos foram publicados em revistas médicas brasileiras e, no total, foram feitas 65 apresentações de trabalhos em congressos internacionais e nacionais.

Em junho de 2014, trabalhos de pesquisadores do Sabin foram apresentados no IFCC, Congresso Europeu de Química Clínica e Medicina Laboratorial.

Ser selecionado para participar desses eventos já é motivo de celebração, o que dirá quando um trabalho é premiado. "Mandamos não apenas os diretores para receber os prêmios", revela Lídia. Quando um dos fornecedores, a Roche, organizou um grupo de estudos sobre novos marcadores tumorais e promoveu em encontro na Alemanha, as gestoras convidaram médicos e técnicos do laboratório para acompanhá-las. "O colaborador sente-se valorizado e motivado a pesquisar. Se engaja e trabalha fora do horário, se necessário. Isso também aumenta a qualificação dos profissionais. Levanta o padrão de qualidade dos exames que entregamos aos clientes", acrescenta Lídia.

Além da percepção de que o investimento em pesquisa traz mais qualidade para o processo, há os benefícios indiretos, como pontua Gustavo:

> *As fotos das premiações passam em uma tela enquanto o cliente aguarda a realização do exame, o que reforça a confiança no laboratório. Já os agradecimentos e coautorias nos estudos aumentam o prestígio da organização perante a comunidade médica.*

APOIO AOS PARCEIROS

Mais um serviço inovador oferecido pelo Sabin é a Assessoria Científica, que orienta o médico quanto a possibilidades e tipos de exames, além de esclarecer dúvidas. "Às vezes, os médicos não pedem certos exames porque não os conhecem. O nosso papel é divulgar essa informação", diz Sandra.

A Assessoria Científica é formada por uma equipe de profissionais especializados, entre eles médicos, bioquímicos, biomédicos, mestres e doutores, que oferece apoio técnico-científico para médicos e pacientes, esclarecendo dúvidas sobre exames e discutindo casos clínicos. Se o resultado for crítico, existe o contato e a discussão com o médico sobre o caso específico. "Cada paciente é tratado como uma pessoa, não como um dado", destaca Lídia.

Também é tarefa da Assessoria Científica autorizar a marcação de urgência, por exemplo, de um teste de HIV que precisa ficar pronto no mesmo dia. Esses profissionais dispõem de uma chave que permite dar entrada a esses exames no sistema de modo diferente. Dão suporte às unidades. Falam com o médico em caso de limite crítico. "Para o Laboratório Sabin, a proximidade e o compartilhamento de conhecimento técnico-científico com a comunidade médica são fundamentais, pois não nos limitamos a realizar o exame. Temos uma visão mais ampla da construção junto à cadeia produtiva e da nossa contribuição na prevenção e no diagnóstico de doenças", reforça Vanuza Sá, diretora de Relacionamento com Mercado.

Aliás, o laboratório se tornou tamanha referência no segmento de análises clínicas a ponto de abrir suas instalações para treinamento de profissionais de órgãos reguladores. Foi feito um curso prático para 42 fiscais da Vigilância Sanitária em 2012. "Os novatos às vezes ficam inseguros. Para desempenharem seu papel, eles precisam entender como funciona um laboratório, que pontos devem ser fiscalizados e como é o registro no Ministério da Saúde", esclarece Lídia. "A experiência é gratificante porque reforça a parceria e, além de profissionais, eles continuam sendo pacientes."

Assim, não é de se estranhar que um dos mandamentos da cultura do Grupo Sabin recomende: "Busque melhorar. E, logo em seguida, melhore de novo." Afinal, trabalhar neste laboratório é buscar eficiência e inovação a cada instante.

8
Responsabilidade social

"Fui salva pelo seu laboratório", dizia o e-mail recebido por Janete Vaz em abril de 2014.

> *Estava tomando lítio e fazendo exames todo sábado. Em um deles, fiz o exame pela manhã e voltei para casa tranquila. Lá pelas 14h, ligaram do laboratório. Atendi. Perguntaram se tinha mais alguém em casa. Disse que tinha uma menina. Pediram para chamá-la ao telefone e deram o recado: ligar urgente para o 190 porque precisavam me levar imediatamente para um hospital. Mas antes da chegada do socorro, ela avisou os parentes e vizinhos, que já me colocaram no carro e me levaram para atendimento. A essa altura, eu estava assustada, até que, de repente, não vi mais nada. Entrei em coma e fui direto para a UTI. O médico foi taxativo: saí viva dela graças ao pronto atendimento. Devo tudo ao Sabin. Muito obrigada, eternamente! Jamais esquecerei que o Sabin salvou a minha vida.*

A mensagem ilustra a importância e o impacto de um serviço de análises clínicas. "Cuidar do cliente já é responsabilidade social porque o nosso negócio é saúde", destaca Janete.

No entanto, não apenas em casos extremos, como o que acaba de ser relatado. O cuidado com o ser humano também se manifesta no atendimento cotidiano. "A forma como nossos supervisores e coletores tratam os clientes já faz a diferença na vida deles", acrescenta. É o que se pode perceber no depoimento enviado à Janete por Daniella Holanda, da ACDF Jovem, Associação Comercial do Distrito Federal Jovem, que reúne os jovens empresários e empreendedores de Brasília:

> *Hoje, só quero agradecer pelo que fez pela minha família ao longo desses anos, com sua dedicação, visão, competência, profissionalismo e gestão, proporcionando um atendimento de primeiro mundo pertinho da minha casa. Obrigada a você e à família Sabin.*

Essa preocupação com o cliente já estava presente desde o início do laboratório. Uma amostra é o atendimento aos primeiros pacientes diagnosticados com HIV. O teste para identificar anticorpos contra o vírus da Aids foi criado em 1985, um ano após a fundação do Sabin. "Nós aplicávamos a metodologia, mas a grande dúvida era como entregar o resultado em um tempo em que a doença estava fazendo vítimas fatais e o conhecimento a seu respeito era escasso", registra Sandra Costa. "Querendo ter cuidado com a pessoa, ligávamos para o médico e, às vezes, ouvíamos a resposta: 'Eu o atendi no Pronto Socorro, não me manda esse paciente'. Não se sabia ao certo o que fazer diante de um HIV positivo. Ainda não havia o Programa Nacional de DST/Aids, criado no ano seguinte. A Janete acompanhava a coleta pela manhã e eu entregava o resultado à tarde. Ao dar a notícia, chorava o paciente de lá e eu de cá. Janete e eu nos sensibilizamos e criamos uma forma mais humana de lidar com os clientes HIV positivos, o que deu origem ao premiado projeto Aconselhamento, reconhecido pelos próprios pacientes, que voltam para agradecer o apoio recebido em uma hora tão difícil, e pela comunidade médica. Temos uma equipe preparada para entregar o resultado, que só é liberado após repetir o teste, e o paciente é encaminhado ao Programa Nacional de DST/Aids, com o qual mantemos um vínculo estreito."

Um exemplo mais recente diz respeito à triagem neonatal, popularmente conhecida como "teste do pezinho", feita a partir de 48 horas de vida até o quinto dia do recém-nascido, que pode detectar mais de 50 enfermidades, dentre as quais fenilcetonúria, hipotireoidismo, doença falciforme e fibrose cística. O diagnóstico e o tratamento precoces evitam prejuízos ao desenvolvimento do bebê. "A triagem neonatal representa um dos principais avanços para a prevenção de doenças na infância", esclarece a bioquímica Natália Almeida, da Assessoria Científica do Laboratório Sabin. "Mas essa importante ferramenta só traz um impacto real quando todos os envolvidos, a família, o laboratório e o pediatra assistente, trabalham em conjunto."

O laboratório criou uma assessoria médica para a análise dos testes com resultados fora dos intervalos de referência, que acompanha a criança e orienta o médico e a família. "Além de identificar situações reais de risco e notificar rapidamente o pediatra ou a família para as condutas terapêuticas necessárias, o laboratório também tem procurado evitar ansiedade desnecessária dos pais quando existe uma chance de alterações transitórias que não trazem prejuízos ao crescimento", avisa Natália.

Em cinco anos de trabalho, o projeto já rendeu bons frutos. É o caso de um cliente que teve um resultado de deficiência de biotinidase em heterozigose. "Sua mãe, Elizete, queria saber o que fazer", conta a médica.

> *A nossa equipe médica conversou com geneticistas e neuropediatras e constatou que não havia um protocolo a seguir. A mãe teve o nosso apoio quando decidiu escrever para um dos maiores pesquisadores da área, o geneticista Barry Wolf, do Children's Hospital of Michigan, nos Estados Unidos. Com orientação de um especialista de Porto Alegre, no Rio Grande do Sul, colhemos exames da criança, dos pais e do irmão. As análises foram feitas no Sabin e no laboratório do Dr. Wolf, nos EUA. Não existe consenso sobre a reposição nessas circunstâncias, mas temos repassado todas as informações para a família, com a qual criamos um vínculo de apoio. Enquanto isso, o nosso cliente mirim está crescendo com saúde.*

Em 2014, Natália e médicos da assessoria receberam convite para sua festinha de aniversário de cinco anos.

Outras duas irmãs tiveram resultados anormais para hipotireoidismo congênito, que requer intervenção de urgência a fim de que o bebê não tenha atraso no desenvolvimento neuropsiquicomotor. Os testes foram repetidos e as duas foram encaminhadas para endocrinologistas pediátricos do Hospital Universitário de Brasília, que iniciaram a reposição hormonal. Ambas tiveram ótima evolução e estão crescendo sem sequelas.

Meses depois, os pais enviaram fotos das filhas para a assessoria científica, acompanhadas da seguinte mensagem:

> *Conforme prometido, seguem algumas fotinhos das nossas filhas. Ainda são provas, mas, assim, já dá para ver como elas são as bebês mais lindas e doces desse mundo. Aproveitamos a oportunidade para agradecer-lhe toda a atenção que a senhora teve para com elas. Deus certamente a colocou em nossos caminhos.*

A assessoria técnica recebeu outras mensagens de clientes mirins contando como estavam crescendo:

> *Vocês lembram como nós éramos pequeninos? Hoje em dia, mamãe e papai quase não conseguem nos pegar no colo... Estamos com 8kg. Somos bons de garfo, estamos sentando e quase engatinhando! Fizemos oito meses no último dia 27.*
>
> *Minha irmã já dá "piti". Ah! Se não fizer o que ela quer... Eu aprendi o seguinte: o brinquedo que ela pega, eu tomo dela. Ela então pega outro brinquedo, e eu tomo dela também. Assim, de brinquedo em brinquedo, ela fica sem nenhum. Aí mamãe e papai conversam comigo, então eu tenho que dividir com ela. Mas lembrem: ela que me ensinou; antes, ela que fazia isso comigo. Aprendi direitinho!*
>
> *Beijinhos e até mais. Ah! Já íamos nos esquecendo de agradecer todo o carinho e atenção que vocês sempre nos dão. Mamãe e papai ficam muito tranquilos em saber que vocês cuidam da gente com muito amor. Obrigado, titias! Que Deus as abençoe!*

Ao longo das três décadas de atividade, a responsabilidade social foi se tornando outro diferencial do Sabin. Para Sandra Costa, essa construção foi pautada em dois conceitos-chave: conquista e cuidado. "As conquistas são os projetos, os avanços e as fronteiras, e o cuidado são os vínculos sustentáveis, criados por meio da empatia e da confiança", explica a sócia-fundadora.

Janete Vaz adiciona que o compromisso com o cliente se traduz na busca de excelência e na melhoria contínua dos processos, trazendo tecnologia, qualidade nos resultados, inovação, atualização e também rapidez na entrega dos laudos. No entanto, a responsabilidade social não se esgota aí.

VISÃO AMPLIADA

Na primeira palestra que realizou em 2002, *Administrando com Visão Social*, Janete explicitou os vários níveis de responsabilidade social em uma empresa. Eles podem ser organizados no formato de uma pirâmide. Do topo para a base, são eles:

- Ser cidadã ⇨ Responsabilidade voluntária (o foco é o fomento sociocultural)
- Ser ética ⇨ Responsabilidade ética (fazer o certo e evitar danos; o foco é a conduta moral)
- Obedecer a lei ⇨ Responsabilidade legal (o foco é a aderência)
- Ser lucrativa ⇨ Responsabilidade básica (o foco é a rentabilidade)

A primeira responsabilidade que uma organização tem é com ela mesma e, por último — embora não menos importante —, é com a comunidade. "Buscamos dar um retorno social para a comunidade que nos prestigia, que faz seus exames conosco, por isso temos tantos trabalhos sociais", explica Janete. "Porém, o mais importante é que uma empresa socialmente responsável busca seu crescimento, sua sustentabilidade. Olha interna e externamente, o que significa equilíbrio financeiro e das relações com toda a cadeia produtiva."

Durante a palestra, Janete descreveu as ações adotadas internamente pelo Sabin a partir da decisão de colocar as pessoas no centro da estratégia. "Uma empresa socialmente responsável preocupa-se com seus colaboradores; ela os desenvolve, motiva, reconhece, recompensa e comemora. O nosso conceito é que pessoas felizes produzem mais e melhor. Ficamos entre as 10 melhores empresas para trabalhar há seis anos consecutivos graças ao respeito e à dignidade dos nossos colaboradores, que buscam a competitividade do negócio."

A cultura de responsabilidade social praticada pelo laboratório é pautada por princípios como: certificar-se de que não são cúmplices em abusos e violações dos direitos humanos; eliminar todas as formas de trabalho forçado ou compulsório; erradicar o trabalho infantil; eliminar a discriminação no ambiente de trabalho; e combater a corrupção em todas as formas.

Na palestra, Janete também destacou a importância do exemplo: "Não adianta eu pôr o meu filho no carro e ficar citando as normas de trânsito. O importante é mostrar boas atitudes e meu filho seguirá essa referência. O líder de uma organização pode exercer o mesmo papel."

A plateia estava cheia de homens de terno e gravata. "Eu tremia", recorda Janete. "Fui falando da minha visão de empresas socialmente responsáveis, de como cuidar dos colaboradores, respeitar as pessoas à sua volta e estender esse olhar para a comunidade. No final, havia um monte de gente chorando. Um daqueles executivos veio me contar que não chorava havia nove anos. Aquele dia foi um marco. Depois fui convidada para fazer outras palestras, ganhamos vários prêmios e, aos poucos, fomos disseminando a nossa visão."

A responsabilidade social também se expressa por meio de outras iniciativas do Sabin, como o programa de benefícios aos colaboradores, que inclui até mesmo o cuidado com os pais deles, os informativos de saúde, e as palestras e campanhas das quais participa junto à Secretaria de Saúde do DF e às associações médicas.

Sandra se recorda de várias campanhas para prevenção de Aids realizadas nas comunidades, nas escolas e nas empresas. No domingo 8 de março de 2007, a equipe de teatro realizou uma ação educativa na Praça do Relógio, em Taguatinga. Cerca de duas mil pessoas foram atingidas. "Atendemos idosos, moradores de rua, comerciários, funcionários públicos, profissionais do sexo e trabalhadoras de uma fábrica de roupas", relembra a fundadora. "Fizemos oficina de prevenção e distribuímos preservativos e uma poesia — a mesma que havia sido colocada nas unidades. Contamos, inclusive, com a participação da Mamãe Taguá, uma boneca gigante que chamava a atenção de todas as pessoas que passavam a pé ou de carro pelo centro de Taguatinga. Foi gratificante!"

Sandra envolveu-se tanto na luta contra a Aids que, em 2007, assumiu a presidência do Conselho Empresarial de HIV/Aids do Distrito Federal (Ceaids-DF). Naquele mesmo ano, ela e Janete receberam, no Memorial JK, o troféu Solidariedade em reconhecimento aos relevantes serviços prestados pelo laboratório à comunidade.

O hematologista e diretor técnico Rafael Jácomo resumiu a visão abrangente de responsabilidade social adotada pelo Sabin na mensagem enviada às fundadoras no dia em que a empresa completou 30 anos de existência:

Se este é um momento de grande alegria e orgulho para mim, imagino para vocês! É fantástico ver o que o Sabin significa para aqueles que aqui trabalham e para os que nos buscam precisando de um exame, mas também é fantástico ver o impacto social que temos. Esta empresa tornou-se um modelo de respeito e credibilidade, espelhando a forma de trabalho que aqui implantaram e mostrando que é possível ser íntegro. Os prêmios, os reconhecimentos, são apenas uma pequena ponta de uma filosofia que busca o aprimoramento de todos, material, intelectual e espiritual, mas também coletivo. E o melhor lugar para trabalhar não é feito apenas de pessoas felizes individualmente, mas de todo um ambiente que propicia a tranquilidade, a motivação e o crescimento. Parabéns pela obra que construíram e pelo que ainda virá!

PROMOVENDO A TRANSFORMAÇÃO SOCIAL

Desde o início, o Sabin já trilhava o caminho da responsabilidade social, ainda que nos anos 1980 esse conceito não estivesse estabelecido e consolidado. De modo intuitivo, já desenvolvia ações destinadas a cuidar das pessoas e manifestar gratidão à comunidade que sempre o prestigiou. "Eram iniciativas tímidas, nem existiam projetos bem estruturados", conta Sandra.

As fundadoras tinham o sonho de criar e gerir uma creche onde os colaboradores pudessem deixar seus filhos durante o expediente de trabalho, mas perceberam a dificuldade de viabilizá-la, já que o laboratório possuía unidades espalhadas por vários pontos do Distrito Federal.

Sandra trabalhava com amigas ajudando a Promovida — Ação Social Nossa Senhora do Perpétuo Socorro, entidade social localizada em São Sebastião, cidade-satélite de Brasília, que mantinha uma creche. O projeto foi criado em 1998 para abrigar crianças que pediam dinheiro nos semáforos de um bairro nobre da capital federal. Vendo que havia ali tantas carências, sugeriu que o Sabin apoiasse o projeto.

Depois, o laboratório passou a auxiliar outras entidades indicadas por Janete: uma creche em Samambaia, uma casa para crianças infratoras em Pirenópolis e uma casa de recuperação de drogados para ambos os sexos em Anápolis. Mais tarde, apoiou também uma casa de recuperação de mulheres em Guará. "A nossa ajuda era apenas financeira. No início, o que a gente fazia era filantropia", relembra Janete.

Em 1999, uma voluntária da creche em São Sebastião pediu para o Sabin realizar exames de sangue nas crianças para diagnóstico de parasitose e anemia. As fundadoras aceitaram na hora. "Era uma oportunidade de contribuir com a nossa expertise e envolver os nossos colaboradores, desenvolvendo neles essa visão social", conta Janete. Foi aí que nasceu o primeiro projeto social do Laboratório Sabin, o "Criança e Saúde", que realiza exames gratuitos em crianças assistidas por entidades.

"O nosso objetivo ao contemplar a preocupação com as causas sociais era contribuir para melhorar a qualidade de vida das pessoas", revela Sandra. "O mais importante, no entanto, foi o potencial transformador que essas ações tiveram dentro da empresa, para o nosso crescimento interior e dos colaboradores, que participavam com satisfação, pelo prazer de se doar. Isso nos deu muito ânimo para prosseguir dentro da nossa filosofia de servir. Quando queremos ser luz, temos que agir e oferecer segurança para que as pessoas que estão à nossa volta também realizem boas obras."

A parceria com a Promovida continua até hoje. Em 2014, o projeto atendia 220 crianças de 6 a 14 anos no horário em que não estão na escola, oferecendo espaço de lazer, aulas de música, oficinas de leitura e informática, curso de inglês e noções de cidadania. "A partir dessa experiência, vimos que podíamos fazer mais e começamos a investir no conceito de responsabilidade social corporativa", explica Janete.

O projeto foi crescendo e vieram outras creches. Naquele primeiro ano, foram feitos exames laboratoriais em crianças de 23 entidades e, no seguinte, de sete creches. Os resultados apontaram alta incidência de verminoses. Em algumas instituições, o índice de parasitas chegou a 95% e foram encontrados até cinco tipos diferentes.

A publicação dos números provocou repercussão na cidade. O então Secretário de Saúde do Distrito Federal qualificou como inoportuno o trabalho social realizado pelo Sabin na comunidade de Varjão porque expunha as inúmeras deficiências do poder público local na promoção da saúde.

A pedagoga Nair Queiroz Pessoa, coordenadora-geral do Centro Social Comunitário Tia Angelina, que atende mais de mil crianças e adolescentes, a maioria no Varjão, mas também na Estrutural (onde está o maior lixão do Distrito Federal), Planaltina de Goiás, Fercal e Sobradinho, lembra-se dessa passagem. A entidade foi uma das primeiras a participar dos projetos sociais do laboratório, como revela Nair:

> Um dia, a Dra. Janete apareceu lá no Varjão para oferecer exames às crianças. Foram selecionadas 170. Em quase 90% deu verminose. A Secretaria de Saúde fez uma pressão muito grande em cima da nossa instituição, pois não queria que aqueles números fossem conhecidos. A Dra. Janete foi o nosso anjo de salvação. Graças a ela e ao apoio do Sabin, conseguimos que as crianças fossem atendidas e tratadas.

O episódio resultou na criação de um posto de saúde. Em outras localidades, o Sabin pressionou os governos a criarem serviço sanitário e a realizarem outros investimentos na comunidade. "Fomos percebendo a necessidade de estabelecer parcerias no campo das políticas públicas para melhorar a vida daquelas comunidades e a importância de atuar em rede, o que se tornou uma diretriz do nosso trabalho social", informa Sandra.

"Da simples filantropia, evoluímos para a responsabilidade social e, agora, estamos em um terceiro estágio, o da multiplicação e transformação social", esclarece Janete. "O Sabin quer contribuir para fazer do mundo um lugar melhor e promover o desenvolvimento do ser humano em todas as dimensões: corpo, mente, coração e espírito. Nesse sentido, o laboratório incentiva a colaboração de muitos para muitos."

O Sabin ainda é o maior parceiro da creche mantida pelo Centro Social Comunitário Tia Angelina, que também oferece reforço escolar, curso profissionalizante para adolescentes e oficina de artesanato para mulheres. Nair continua sua narrativa:

> Desde o início, o laboratório ajudou em tudo o que a gente precisava, até na divulgação. Tia Angelina, a minha mãe, começou esse projeto em casa, recebendo as crianças da comunidade que não tinham com quem ficar enquanto as mães trabalhavam. Depois arrumou uma chácara, onde foi construindo pequenas salas de madeira. Com o apoio do Sabin, reformamos essas salas, que passaram a ser de alvenaria. O parquinho precisava de areia branca, e o Sabin doou. Fizemos um projeto para colocar azulejo

> nas salas, e o Sabin apoiou. Certa vez, ficamos nove meses sem receber recursos públicos e o Sabin ajudou a financiar a alimentação das crianças.
>
> A parceria continua. Em 2013, o Centro Comunitário desenvolveu dois projetos do Instituto Sabin, "Saúde na Escola" e "Meninas e Mulheres". O Sabin é uma empresa séria que cresceu muito e vem empoderando a minha instituição. Ele tem financiado para os nossos gestores um curso de capacitação para o terceiro setor ministrado em São Paulo. São dois encontros por mês durante o ano todo. Em 2013, fui eu e mais duas pessoas. Em 2014, vão três gestores de unidades. O conteúdo é fantástico! Aprendemos o que é Missão, Visão e Valor. Organizamos melhor a instituição e a captação de recursos. Temos mais foco. Cada um sabe a sua responsabilidade. Por aí se percebe o quanto o Sabin está comprometido em melhorar as condições das populações carentes. Ele contribui para transformar a vida dessas famílias.

Segundo a socióloga Denise Cesario, gerente-executiva da Fundação Abrinq, há diferenças importantes entre assistencialismo e investimento social. O primeiro se resume a ações pontuais, sem continuidade. Já o investimento social requer planejamento, monitoramento e avaliação dos resultados para ter impacto social.

O objetivo é ajudar a mudar a realidade de crianças e adolescentes, melhorando suas condições de vida", diz. "A empresa precisa olhar de modo ampliado para o entorno, ouvir a população e avaliar que direitos estão sendo desrespeitados e quais são as necessidades da comunidade para atuar como agente de transformação.

A parceria da Abrinq e do Sabin data de 2002, quando o laboratório tornou-se membro do programa Empresa Amiga da Criança, que reconhece empresas empenhadas em prevenir e combater o trabalho infantil e em realizar investimento social. Denise descreve os últimos trabalhos em comum:

> Em 2014, o Sabin se tornou colaborador do Projeto Conhecer para Nutrir, no estado da Bahia, que surgiu por iniciativa da Fundação Cargil. O objetivo é a melhoria da nutrição e da segurança alimentar em Barreiras (BA). O projeto está de acordo com a visão ampliada do laboratório, que procura desenvolver atividades nos locais onde suas unidades estão alocadas. A meta é alcançar 1312 crianças de 0 a 5 anos, das quais 50 — as mais vulneráveis — serão acompanhadas por agentes da saúde e passarão por exames fornecidos pelo laboratório. O Sabin agrega valor à estratégia do

> *projeto, qualificando as ações realizadas: os exames podem comprovar se houve melhora nos aspectos nutricionais e na saúde infantil. É importante para nós e para a comunidade.*

No ano anterior, por meio do Instituto Sabin, ofereceu apoio ao programa "Nossas Crianças", que mantém convênios com 185 organizações da sociedade civil que atendem crianças e adolescentes de 0 a 18 anos, realizando uma gama ampla de projetos voltados para a educação infantil, a sobrevivência infantil, a prevenção e erradicação do trabalho infantil e o combate à violência doméstica e social.

"O programa beneficia mais de 67 mil crianças e adolescentes em 57 municípios de 16 estados, além do Distrito Federal", informa Denise.

> *Enquanto colaborador, o Sabin ajudou a manter essa rede por meio do suporte financeiro e do acompanhamento técnico. Temos uma relação muito próxima com o Instituto, um parceiro qualificado que compõe muito com nossas ações.*

NASCE O INSTITUTO SABIN

O Instituto Sabin foi criado em 2005 para coordenar as atividades de responsabilidade social do laboratório. Trata-se de uma entidade sem fins lucrativos — seu formato é de uma OSCIP, organização da sociedade civil de interesse público — que coordena a atuação social de seus mantenedores, realiza pesquisas, desenvolve metodologias, e produz e divulga conhecimentos sobre o investimento social privado.

A missão do Instituto é promover a melhoria na qualidade de vida das comunidades por meio de ações de saúde, esporte e educação. Praticar o bem, fortalecer e incrementar parcerias e gerar benefícios mútuos são seus principais valores.

Janete Vaz descreve sua atuação com satisfação explícita: "O Instituto Sabin é gigante, é saúde, é cultura, é esporte e é qualidade de vida. Ele abraça, cuida, zela, sustenta e arranca lágrimas de verdade."

A dedicação, o engajamento e a militância da administradora e ex--funcionária Esmeralda Moreira Fernandes foram fundamentais para a concepção do Instituto, já no início dos anos 2000, e o apoio das fundadoras do Sabin nessa empreitada. Janete e Sandra são suas embaixadoras.

Atual pastora missionária, Esmeralda entrou no Sabin em uma fase difícil de sua vida, quando ficou desempregada, como relata no seguinte depoimento:

> *O meu coração sempre foi voltado para a área social. Trabalhei no Conselho do Direito da Criança e do Adolescente durante um ano, exercendo um cargo comissionado. Com a mudança do governo, perdi o emprego. Fui falar com a Dra. Janete para me ajudar a conseguir uma colocação e ela me chamou para trabalhar no Sabin: "O laboratório está crescendo, vem trabalhar comigo". O Sabin tinha acabado de introduzir a entrega de resultados pela internet e precisava de pessoal para ajudar a distribuir para os médicos os cartões com as senhas de acesso. Entrei com essa tarefa e, para a minha surpresa, descobri ali no Sabin o paraíso da responsabilidade social.*
>
> *Um dia, a Dra. Janete me avisou que o que era provisório poderia virar um emprego, se eu estivesse interessada. Ela e a Dra. Sandra foram amorosas comigo. Graças ao Sabin, consegui terminar a faculdade. Aceita a proposta, a minha função principal era o Relacionamento: visitar médicos e convênios. Eu não tinha conhecimento do mundo de laboratórios, mas sabia de todas as iniciativas voltadas para o campo social. Montei um álbum com as fotos das creches apoiadas pelo Sabin. Se o médico perguntava de algum exame, eu ligava para o bioquímico e perguntava.*
>
> *Sugeri inscrever o laboratório na Abrinq. Logo depois, o Sabin ganhou o prêmio de Destaque em Responsabilidade Social pelo Guia da Boa Cidadania. Então foi buscar a certificação SA 8000, conquistada em 2003. Para responder ao questionário, tive que pesquisar todas as suas ações de responsabilidade social. Foi quando eu descobri que a empresa já realizava 15 projetos diferentes. Já estava na hora de fundar uma instituição. Então eu sugeri: "Se vocês estiverem interessadas, eu fico só com a parte social e a Vanuza Sá assume o Relacionamento".*
>
> *Saí da empresa e fiquei um ano fora, até que fui chamada para criar o Instituto Sabin. Foi uma realização pessoal e profissional poder divulgar ao público não só uma empresa comprometida com a responsabilidade social, mas também o papel de um instituto organizado para esse fim específico: o trabalho social. Na época, alguns projetos já existiam, como o*

"Criança e Saúde", mas seria possível estender seu raio de ação, acompanhar mais crianças e não se limitar apenas aos exames.

Esmeralda ficou à frente do Instituto Sabin até 2011, quando foi convidada a iniciar uma missão no Havaí. Então, o cargo de gerente-executivo passou a ser ocupado pelo agrônomo Fábio Deboni.

Ele sempre foi respeitoso e amigo, mantém um bom relacionamento com os diversos parceiros e consegue ter o equilíbrio necessário para conduzir o trabalho. Eu vivi tudo isso com muita emoção. Tive a chance de realizar a minha missão na vida porque os corações das gestoras do Sabin estavam alinhados ao meu. É coisa de Deus! Fizemos o que era certo, na hora certa, para as pessoas certas. E assim o Instituto Sabin marcou história em Brasília.

A data da fundação do Instituto coincide com a do laboratório. Por isso, seu atual gestor, Fábio Deboni, registrou ambos os aniversários em uma mensagem comemorativa em que mostrou o alcance do trabalho social da instituição:

Além de 30 anos de uma linda história de sucesso [do laboratório], é importante registrar também que, neste mesmo dia 2 de maio, o Instituto Sabin comemora nove anos de vida, representando a sensibilidade social das Dras. Sandra e Janete. Esse lado social nasceu com o Sabin porque está no DNA dessas duas líderes que tanto nos inspiram a prosseguir em busca dos desafios que nos fazem crescer. O Instituto também é um belo exemplo de uma visão de futuro das Dras.

É muito bom podermos aproveitar essa oportunidade para ajudar pessoas, não só os colaboradores e familiares, mas comunidades! Para que todos tenham uma noção da dimensão desse trabalho, listamos abaixo alguns resultados dessa sensibilidade e atuação social do Sabin:

- *mais de 750 mil pessoas impactadas;*
- *mais de 500 mil exames gratuitos concedidos (a pessoas carentes, comunidades, entidades sociais...);*
- *mais de 50 entidades sociais beneficiadas.*

Resultados como esses nos enchem de orgulho e de alegria. Afinal, fazer o bem faz bem!

Parabéns Dra. Sandra e Dra. Janete, por nos mostrar que é possível conciliar o social, o ambiental e o econômico!

Em 2012, o Instituto foi procurado pelo UNICEF para se tornar um parceiro nos projetos destinados a investir na infância e na adolescência. A aproximação aconteceu em decorrência do engajamento social do Sabin e de seu posicionamento perante funcionários e clientes, como esclarece Camila Carvalho, cliente do Sabin e gestora de parcerias corporativas do UNICEF:

> *Conhecemos o potencial que a empresa tem de fortalecer seu compromisso social, atuando continuamente de forma ética, contribuindo para o desenvolvimento econômico e, ao mesmo tempo, melhorando a qualidade de vida de seus funcionários e suas famílias, bem como da comunidade local e da sociedade como um todo, que são direta ou indiretamente impactadas pelo seu negócio. O UNICEF acredita que investir na infância é a forma mais efetiva de contribuir para o desenvolvimento sustentável e equitativo. Por isso, coloca os direitos das crianças e adolescentes no centro da agenda de responsabilidade social das empresas.*

De acordo com Camila, por meio dos programas apoiados, o Sabin tem a oportunidade de potencializar sua estratégia de responsabilidade social e colaborar efetivamente para a universalização dos direitos de crianças e adolescentes, seja em sua atuação no mercado, seja com seu público interno, seja nas relações com a sociedade. Além disso, contribui para levar saúde, educação de qualidade e proteção para crianças e adolescentes de todas as regiões do Brasil, especialmente onde estão os piores e mais graves indicadores de vulnerabilidade social: a Amazônia e o Semiárido.

> *Quando a empresa reúne seus funcionários e colaboradores para também abraçar esse desafio, traz a causa da infância para seus lares, fortalece o convívio familiar e esclarece temas de relevância para a sobrevivência, a proteção e o desenvolvimento infantil, trazendo o dever da família e da sociedade de assegurar à criança e ao adolescente, com absoluta prioridade, seus direitos básicos. E é assim que essa boa sinergia acontece.*

PIONEIRISMO NOS PROJETOS

O Instituto Sabin desenvolve projetos próprios e apoia projetos de terceiros. "A maior parte dos recursos é proveniente do Laboratório Sabin sob a forma de incentivos fiscais", conta Fábio Deboni.

A seguir são descritos os principais projetos do Instituto Sabin.

CRIANÇA E SAÚDE

O mais antigo projeto social mantido pelo Instituto tem como objetivo prevenir e tratar doenças por meio de parcerias com entidades sociais que atendem a população infantil. Já beneficiou mais de dez mil crianças de cerca de trinta creches do Distrito Federal e entorno. Garante a gratuidade dos exames de análises clínicas e realiza mutirões para atendimentos, em geral às sextas-feiras à tarde, quando o laboratório tem movimento menor. Na entrega dos resultados, uma médica pediatra examina as crianças que estão sempre doentes e têm problema de desnutrição e, se necessário, chama os pais e já fornece amostra grátis de remédios para verminose e anemia.

"Quando começamos o acompanhamento, mais de 80% das crianças tinham verminose. Hoje, esse índice caiu para menos de 20%", conta Fábio. No entanto, o Instituto não se limita a fornecer medicamento. Também procura melhorar a condição de higiene por meio da educação e de ações concretas, como a doação de armários para guardar alimentos antes mal-acondicionados. Até filtro chegou a instalar nas casas de crianças carentes de uma das creches onde foi encontrado alto índice de parasitose.

Para orientar as crianças expostas à verminose, adotou uma abordagem lúdica: "Criamos um boneco, o Sabinho, que explicava o que era verme", conta Esmeralda.

> *Então íamos eu e o Dr. Sosigenes Técio Gomes, que era super tímido, falar o texto e interagir com o boneco. O passo seguinte foi criar um teatro, incluindo outros personagens, como a Ameba, a Giardia e o Piolho. As crianças ficavam assustadas com o Piolho. Além de mim e do Dr. Técio, havia mais três "atores", jovens da Fundação Bandeirantes, como o Rodrigo, que hoje é motorista do Projeto Samurai, unidade móvel de promoção à saúde.*

Segundo Fábio Deboni, o "Criança e Saúde" é o projeto que mais mobiliza os colaboradores do Sabin, que atendem voluntariamente durante os mutirões. Aliás, Esmeralda se recorda de talentos descobertos graças ao projeto.

> Uma das primeiras carências percebidas nas creches foi esporte para os meninos. Em uma delas, reformamos a quadra, equipamos com material de vôlei e fizemos uma rampa de skate. O Sabin tinha motoboys premiados nessa modalidade, que foram lá demonstrar as manobras.

Em setembro de 2008, Sandra enviou uma mensagem pelo correio interno agradecendo a participação no chamado "Dia de Fazer a Diferença", quando foi colhido sangue de 300 crianças na Estrutural, em uma enorme ação do Sabin:

"Colaborar para que os outros vivam felizes é abrir a porta para acolher a própria felicidade! E foi essa alegria que vi nos olhos dos colaboradores Sabin que, durante o sábado e o domingo, se envolveram nas ações sociais, dedicando generosamente seu tempo para servir ao outro. Parabéns à equipe do Instituto Sabin, à equipe de coleta, a todos que participaram ativamente, dando tudo de si. Uma ótima semana! Lembrem-se que sorrir e fazer sorrir é um excelente tônico para o coração."

LUDOTECA

É uma espécie de brinquedoteca adaptada para atender crianças e adolescentes vítimas de violência, maus-tratos e negligência. A iniciativa surgiu em 2008, graças a uma parceria com o Núcleo de Atendimento à Família e aos Autores da Violência Doméstica.

"Esse projeto veio do fundo do meu coração", conta Esmeralda.

> Eu era militante da área de proteção à criança, queria trabalhar com a questão da violência sexual, sofri abuso na infância, mas achava que o tema não tinha a ver com o laboratório. Quando o Sabin foi escolhido como a Melhor Empresa para a Mulher Trabalhar, fui convidada a participar de uma reunião do Conselho da Mulher. Eles descreviam os trabalhos realizados e eu não visualizava como envolver o Sabin.

> *Até que, em uma dessas reuniões, alguém comentou que as mães iam para o fórum e levavam os filhos junto por não terem com quem deixá-los. Os juízes estavam incomodados, pois a criança sofria duas vezes: vendo a mãe ser agredida pelo pai e depois vendo pai e mãe brigarem na audiência. Perguntei se, no fórum, havia uma sala disponível e disse que nós criaríamos um espaço para essas crianças ficarem. Daí veio a ideia de criar uma ludoteca com brinquedos que estimulassem as crianças a relatar as violências sofridas ou presenciadas.*

Psicólogos e assistentes sociais conseguem obter informações sobre a agressão, fazer o diagnóstico precoce e ajudar a vítima a lidar com o fato por meio dos brinquedos e livros. Vários profissionais se interessaram pelo projeto. "E assim conseguimos relatos maravilhosos de crianças que contaram a história do abuso sem falar nada, só mostrando, pelo cenário e pelos personagens, o que aconteceu", continua Esmeralda.

Os primeiros bonecos foram comprados pela internet de uma empresa premiada pela Unesco. "Bebês, crianças, jovens, adultos, idosos e até uma boneca grávida", diz Esmeralda.

> *Encomendamos kits de famílias brancas e negras. A minha experiência com o teatro de bonecos me levou a conhecer uma loja de brinquedos pedagógicos no Terraço Shopping. Ali havia casinhas de madeira para compor os cenários: casa, fazenda e carro. Só que os bonecos adquiridos pela internet tinham 30cm de comprimento e não cabiam, e os vendidos ali não eram sexuados. Maria, a proprietária, envolveu-se com o projeto, ligou para o fabricante e conseguiu que ele produzisse para nós bonecos sexuados. Assim, nas ludotecas com orientação profissional temos bonecos sexuados. Nas outras, apenas bonecos comuns, para não estimular a sexualidade precoce. Afinal, lutamos contra a prostituição infantil e a pedofilia.*

O Instituto Sabin montou nos Tribunais de Justiça nove ludotecas abertas ao público. "Os juízes ficaram maravilhados!", conta Esmeralda. O Conselho da Mulher cedeu espaço. Cinco ludotecas foram criadas em hospitais públicos que atendem as crianças vítimas de agressão. Cada uma recebeu o nome de uma flor. Também foram implantadas em Centros de Referência Especializados de Assistência Social (CREAS) e Delegacia de Proteção à Criança e ao Adolescente (DPCA). "O PAV, Projeto de Assistência às Vítimas de Violência da Secretaria de Saúde do DF, abriu as portas para a gente", recorda Esmeralda.

Ao longo de seis anos, o projeto inaugurou 38 ludotecas e cada uma realiza, em média, mil atendimentos por ano. Mais de 30 mil crianças já foram beneficiadas. A 36ª ludoteca do Distrito Federal foi inaugurada em maio de 2014 no Setor de Pediatria do Hospital Regional de Santa Maria. No mesmo ano, o Instituto inaugurou duas ludotecas fora do DF, uma em Uberaba (MG) e outra em Salvador (BA).

"É um projeto muito bacana", corrobora Sandra. "Mais do que lazer, ele utiliza o lúdico para ajudar a reparar os danos sociais e psicológicos sofridos por essas crianças. Sempre me emociono ao falar a respeito e em cada inauguração da qual eu participo."

Projeto Pescar Sabin

"Esse é o projeto do nosso coração, pois tem objetivo de transformação de vidas!", disse Janete por ocasião da formatura da 10ª turma de formandos, em 2013. Já passaram por ali 176 jovens desde 2004 e 90% estão empregados. Criado em parceria com a Fundação Projeto Pescar de Porto Alegre (RS), visa à qualificação pessoal e profissional de jovens entre 16 e 19 anos, de famílias de baixa renda e em situação de vulnerabilidade social, habilitando-os a atuar no mundo corporativo e estimulando a formação de novos hábitos e atitudes de convivência.

As turmas são compostas de 20 a 25 alunos em cada ano, selecionados conforme critérios socioeconômicos, que fazem nove meses de formação em auxiliar de serviços administrativos. O currículo prevê 60% de valores (comportamentos) e 40% de conhecimentos técnicos. As aulas são dadas por voluntários da empresa na sobreloja de uma unidade em Taguatinga Norte, em período integral. "A ideia é formar para o mercado, mas o laboratório absorve parte desses jovens e acompanha os demais", revela Fábio. Após dois meses de aulas, alguns entram no Sabin como Jovem Aprendiz: passam a manhã em uma unidade e participam do projeto à tarde.

Os depoimentos dos egressos do Projeto Pescar mostram o impacto positivo em suas vidas. É o caso de Jean Barbosa de Freitas, de 21 anos:

Morei em uma invasão, onde eu convivia com traficantes e muita gente envolvida com criminalidade. Mas, por meio do Projeto Pescar, eu percebi que podia ser uma pessoa diferente. O projeto é divulgado como um curso de Auxiliar Administrativo, mas, como todo projeto de Deus, faz muito mais do que isso. Aprendi a me relacionar com as pessoas e consegui um lugar no mercado de trabalho. Comecei no Sabin como Jovem Aprendiz e hoje estou como auxiliar administrativo, sempre na perspectiva de conciliar os meus estudos com o trabalho. Sou aluno do curso de Artes Plásticas da UnB. Quando me perguntam o que eu fiz para passar no vestibular, respondo: você deve acreditar que não é capaz de vencer sozinho.

Outros ex-alunos do projeto que se tornaram funcionários do Sabin também cresceram pessoal e profissionalmente. Fabíola Araújo, da Lavagem e Esterilização, formou-se enfermeira. Adriana Evaristo, da Contabilidade, graduou-se em Ciências Contábeis. André Macedo, da Controladoria, resume o significado da formação em suas vidas:

O Projeto Pescar foi, para mim, uma mudança de vida radical, me fez ter novos sonhos, me trouxe visão de futuro, me inspirou a criar objetivos e ir atrás deles com uma força que eu nem imaginava que teria. Passei a querer alcançar coisas novas, que me fizeram feliz e também trouxeram benefícios à minha família.

Projeto Meninas e Mulheres

Prevê a montagem de oficinas em comunidades carentes. Participam mil mulheres, que são mães, tias e avós das crianças das 14 creches selecionadas. Ali elas recebem aulas de artesanato, corte e costura, culinária, empreendedorismo, violência doméstica, saúde, direitos humanos e educação.

Zilene de Paula, que realiza trabalho de coaching, foi coordenadora do projeto "Meninas e Mulheres" na creche do Centro Comunitário São Lucas (CECOSAL), em Ceilândia, onde procurava estimular o empoderamento feminino. Eis seu depoimento:

Hoje posso ajudar mulheres, não só com boa vontade, mas com técnicas e ferramentas poderosas, que são capazes de extrair o que cada uma tem de melhor e levá-las a lugares altos! E assim me sinto realizada.

O projeto "Meninas e Mulheres — Educar para Liderar" é resultado da parceria entre o Sabin e o Clube Soroptimista Internacional — SI Brasília, organização mundial de serviços voluntários formada por mulheres que são profissionais de destaque em suas áreas de atuação e comprometidas em promover os direitos humanos e o status da mulher. "Sua missão é melhorar a vida de mulheres e meninas em suas comunidades e no mundo; contribuir para que tenham acesso a recursos e oportunidades de desenvolver seu potencial pleno e seus sonhos", explica Janete, ex-presidente do Clube em Brasília.

Isso é feito por meio de programas internacionais e projetos locais que levam à capacitação econômica e social, nas áreas de educação, saúde, direitos humanos e status da mulher, meio ambiente, desenvolvimento econômico e social, boa vontade e compreensão internacional. A organização está comprometida com valores como igualdade de gênero e educação da mulher e preocupada com a fraternidade e a diversidade. Atua isoladamente ou em parceria com instituições como o Instituto Sabin.

JUNIOR ACHIEVEMENT

A parceria entre o Sabin e essa associação educativa sem fins lucrativos mantida pela iniciativa privada está possibilitando a aplicação de diversos programas da Junior Achievement no Distrito Federal. Os programas oferecem oportunidades de aprendizado sobre empreendedorismo a diversas escolas públicas e privadas e proporcionam uma visão do mundo de negócios, a fim de facilitar o acesso ao mercado de trabalho. Jovens de mais de 150 instituições participam da criação de negócios inovadores, capazes de transformar a realidade do local onde vivem.

"Todos os anos, o Sabin estabelece parceria com a Junior Achievement para aplicação de dois programas: o 'Miniempresa', para os alunos do Projeto Pescar Sabin, e o 'Nosso Planeta, Nossa Casa', em parceria com escolas públicas do DF e entorno. A partir de 2014, estamos ampliando essa parceria também para outros estados onde o Sabin está presente. Dessa forma, contribuiremos com a aplicação dos diversos programas nas cidades onde atuamos", alega Fábio Deboni, gerente do Instituto Sabin.

Unidade Móvel de Promoção à Saúde Samurai

Realiza exames e dissemina informações preventivas em comunidades carentes. De novembro de 2012 a outubro de 2013, seis mil pessoas foram atendidas. Os recursos para criação e execução dessa iniciativa, no valor de US$52.400, foram doados pela Embaixada do Japão.

Equipe de Esporte

O Instituto Sabin apoia atividades que promovam melhoria na qualidade de vida dos colaboradores do Grupo Sabin e familiares. A equipe de esporte participa de uma corrida de rua por mês, com a média de 400 atletas. Uma brinquedoteca é montada no local da prova para distrair as crianças. A academia de ginástica da matriz conta com cerca de 120 alunos.

Além disso, o Instituto apoia diferentes modalidades, como, por exemplo, atletas amadoras do golfe; João Nilson, atleta amador do karatê; Sérgio Oliva, atleta paraolímpico do hipismo (conquistou o quarto lugar na Paraolimpíada de Londres, em 2012); Phoenix, basquete em cadeira de rodas de Ceilândia; Rejane Cândida, do tênis em cadeira de rodas; e a escolinha de talentos de Ceilândia, projeto que incentiva os jovens a praticar atletismo em vez de ficar na rua.

Outras Iniciativas Sociais

O Instituto ainda organiza o "Papo Saúde", uma conversa com profissionais de saúde e personalidades por meio da qual são transmitidas dicas de saúde e qualidade de vida. Promove oficinas de orientação sobre sexo seguro nas escolas, além de atividades de interação e sensibilização nas empresas com vistas à prevenção de DST/Aids, em uma parceria com o Ceaids-DF.

"Fizemos muitas feiras de saúde, exposições, oficinas para prevenção de Aids e stands para prevenção de câncer de mama", confirma Esmeralda. "Tínhamos, inclusive, uma prótese para ensinar as mulheres a fazerem o autoexame."

Na área cultural, destaca-se o "Mala do Livro", projeto em parceria com a Secretaria de Cultura do DF, que utiliza todas as unidades do Sabin para receber livros. A proposta é facilitar o acesso à informação e incentivar a leitura nas comunidades desprovidas de bibliotecas públicas. Também foram criados pontos de entrega de livros em todas as estações do metrô, mantidos por três anos. "Em abril de 2004, entregamos quase três mil livros arrecadados pelo laboratório ao então secretário Pedro Bório", conta Sandra. "O melhor de tudo foi ter o reconhecimento da comunidade. As nossas unidades receberam muitos elogios, mas, como disse a orientadora educacional do Projeto Pescar Sabin, Edialeda Bergmann, isso aumenta cada vez mais a nossa responsabilidade e o nosso compromisso com o cliente."

INCENTIVO À REFLEXÃO

Em 2013, o Instituto resolveu fomentar as discussões sobre a sustentabilidade social no Brasil. Daí resultou a publicação do livro *Investimento Social Privado no Brasil*, organizado por Fábio Deboni, que contou com a colaboração de vários especialistas e representantes de instituições comprometidas com o desenvolvimento dessa temática no país. É o caso do GIFE, Grupo de Institutos Fundações e Empresas, que é referência nessa área, e do Instituto Ethos, que se propõe a sensibilizar e ajudar as empresas a gerirem seus negócios de forma socialmente responsável.

O livro se detém especialmente a experiências que ilustram tendências, desafios e potencialidades no campo do investimento social privado nas regiões Norte, Nordeste e Centro-Oeste, para onde o Laboratório Sabin está conduzindo seu processo de expansão. As análises apontaram um enorme campo de desenvolvimento e uma carência marcante de profissionais. A intenção, segundo o organizador, não é oferecer conclusões, mas servir de inspiração ao compartilhar visões e diferentes pontos de vista, apresentando caminhos, dilemas e possibilidades de ações.

Parceiro nessa iniciativa, o GIFE foi fundado em 1995 com o objetivo de assessorar investidores a aplicarem recursos privados de forma planejada, monitorada e sistemática em projetos sociais, ambientais e culturais de interesse público. O Instituto Sabin é um de seus 130 associados. O secretário-geral do GIFE, Andre Degenszajn, bacharel e mestre em Relações Internacionais, discorre sobre a atividade do Instituto:

> *O principal ponto de destaque do Instituto Sabin é o foco claro em sua área de atuação, saúde, apoiando sistematicamente essa agenda, em especial os projetos envolvendo crianças. Recentemente, ampliou seu foco ao demonstrar interesse pelo panorama mais amplo, o investimento social privado no Brasil. O livro publicado apresenta o cenário atual, trazendo experiências práticas e reflexões sobre tendências e configuração geral. Por meio dele, o Instituto Sabin passou a liderar a discussão em um campo que tem produção acadêmica escassa e poucos textos sistematizando ações. Por isso, a contribuição é relevante e inovadora.*

Vale a pena destacar um trecho de um artigo do livro *O Investimento Social em Movimento*, assinado por Andre Degenszajn e Pamela Ribeiro, coordenadora de conhecimento do GIFE:

> *A aproximação do investimento social ao negócio contribuiu para a convergência entre investimento social, responsabilidade social corporativa e sustentabilidade. Há pouco mais de dez anos, essa separação era muito evidente e, quanto mais longe do negócio, menores as chances do investimento social ser contaminado pelos interesses privados da empresa. Mas o cenário mudou e, hoje, na grande maioria das corporações, o investimento social está incorporado na estratégia de sustentabilidade. Apesar de manter seu caráter voluntário e sua finalidade pública, a tendência é que o investimento caminhe cada vez mais próximo da estratégia de negócios responsáveis e sustentáveis da empresa.*

Os autores informam que esse caminho não é o único. Metade dos associados do GIFE não tem seus investimentos sociais vinculados ao negócio da mantenedora. O Laboratório Sabin optou pelo novo caminho e tem feito a lição de casa ao investir "em melhores práticas de gestão e de governança, em transparência, na comunicação adequada e efetiva do que se tem feito, no estabelecimento de parcerias com novos formatos de investimento e com o poder público". Assim, também nessa área a organização se destaca pelo pioneirismo.

9
Sustentabilidade na prática

Que destino dar ao lixo? Essa questão obrigatória nas discussões sobre meio ambiente e sustentabilidade instigou a busca de soluções por parte das lideranças do Sabin. Os resíduos sólidos potencialmente infectantes e os efluentes produzidos pelos equipamentos são o principal passivo ambiental dos laboratórios.

Havia metodologia estabelecida para manejo dos resíduos sólidos. Desde 2003, uma empresa terceirizada de Anápolis (GO) faz a incineração e reincineração desse material oriundo do Sabin. A cada tonelada incinerada são gerados em média 700ml de um produto semelhante a um gel preto, que segue para um aterro de resíduos perigosos.

Quanto aos resíduos líquidos (efluentes), a prática é despejá-los no esgoto. De acordo com a legislação, todo laboratório é responsável pelo tratamento desse líquido, que pode atingir o afluente e poluir o rio onde ele deságua. No entanto, não havia especificação sobre o método a ser empregado, nem orientação quanto ao monitoramento.

Signatárias do Pacto Global[1], iniciativa desenvolvida pelo ex-secretário-geral da ONU Kofi Annan para a promoção do crescimento sustentável e da cidadania, Sandra e Janete perceberam a necessidade de encontrar outra saída para o gerenciamento de resíduos. O encarregado da tarefa foi o farmacêutico e bioquímico Antonio Leitão Torres de Araújo, atual gerente de Sustentabilidade, que está no Sabin desde 1999:

---
[1] O Pacto Global mobiliza as empresas a adotarem valores fundamentais e internacionalmente aceitos nas áreas de direitos humanos, relações de trabalho, meio ambiente e combate à corrupção, refletidos em dez princípios. Mais de 5200 organizações ao redor do mundo assinaram o pacto voluntariamente. O Sabin tornou-se signatário em 2003.

Fui procurar a resposta na academia. Em 2005, entrei na Universidade Católica de Brasília para fazer mestrado em Planejamento Ambiental, financiado pelo Sabin. O coordenador do curso de Química tinha a proposta de desenvolver uma metodologia para tratamento de resíduos líquidos, um processo à base de reagente oxidativo. Era preciso padronizar e otimizar o processo, depois aplicá-lo em larga escala. A validação foi feita no laboratório Sabin. Toda noite, eu vinha fazer tratamento de esgoto. Fui desenvolvendo a metodologia e depois treinei pessoas da empresa para manejarem os resíduos. Em 2007, o método foi oficialmente implantado.

Hoje, tratamos 100% do esgoto gerado pelos equipamentos. O nosso gerenciamento de resíduos tem a qualidade certificada. Para se ter uma ideia da eficiência, após o tratamento, a quantidade máxima de oxigênio dissolvido e matéria orgânica permitida no esgoto é 850 ppm (partes por milhão); com o nosso tratamento e monitoramento, liberamos esse material com cerca de 100 ppm. Já que o produto final da nossa produção gera resíduo, o que temos de fazer, como uma empresa preocupada com o meio ambiente, é adotar medidas ambientais compatíveis com a complexidade.

Contudo, falar em sustentabilidade não remete apenas à preocupação em conservar a biodiversidade e usar de modo responsável os recursos naturais, pensando no futuro do planeta e nas próximas gerações. "Significa garantir a sobrevivência da empresa do ponto de vista ético, lucrativo e socialmente viável", explica Janete.

No Sabin, o compromisso com a sustentabilidade está estruturado no tripé: social, ambiental e econômico-financeiro. A primeira dimensão, social, refere-se ao capital humano, o que implica pagamento de salário justo, respeito à legislação trabalhista, ambiente de trabalho agradável para os funcionários e cuidado com a comunidade onde o empreendimento está instalado. O pilar ambiental diz respeito ao impacto do processo produtivo ou do serviço sobre o meio ambiente. O último, econômico-financeiro, prevê o cuidado com o negócio para que ele se mantenha lucrativo e durável. "A gestão ambiental não pode tornar a empresa economicamente inviável", alerta Janete. "A nossa principal responsabilidade é conduzir os nossos negócios de maneira honesta, transparente e ética."

No entanto, o laboratório não se limita às três dimensões clássicas. "Sustentabilidade é também dar o seu melhor para fidelizar o cliente com a melhor qualidade e o médico ter a informação certa para tomar a decisão correta e receitar o melhor remédio, o mais rápido possível", diz Janete. "Precisamos oferecer todas as condições para um diagnóstico perfeito."

A sustentabilidade é vista como uma ferramenta de gestão para o negócio, já que proporciona um ambiente saudável tanto para os colaboradores quanto para os clientes e a comunidade. Antonio salienta que se trata de investimento, não custo, como demonstra no depoimento a seguir:

> *Trocando os carros e o sistema de monitoramento por GPS, diminuímos em 10% as despesas com combustível no ano. Ao reduzir o gasto com papel em 15%, deixamos de produzir toneladas de carbono. Luz acesa ao sair significa energia desperdiçada. É preciso desconstruir o processo. Avaliamos até os detalhes: se um algodão com álcool limpa o braço do cliente, para que usar dois?*
>
> *Daí a importância das certificações. No treinamento, procurei mostrar como a vida seria mais fácil e o trabalho mais produtivo com as certificações. A primeira foi a mais difícil. Não houve limitação de recursos humanos ou financeiros para viabilizá-la. A dificuldade surgiu na hora de elaborar os documentos. O que nos motivou foi a segurança de que a mudança era para valer. Alinhados à cultura da empresa, os gestores se envolveram e foi possível produzir um sistema.*
>
> *Tudo ocorreu na época certa. Sandra e Janete souberam identificar o perfil de pessoas certas no momento certo. As duas me incentivaram a estudar sustentabilidade. Tive e tenho carta branca. Essa liberdade não tem preço. É uma injeção de motivação. Trabalhar no Sabin foi o grande achado da minha vida profissional.*

Em 2010, o Sabin recebeu a certificação da ISO 14001/2004, norma internacional que estabelece padrões para um sistema efetivo de gestão ambiental. Foi um dos primeiros laboratórios nacionais a obtê-la. A norma determina requisitos para as empresas gerenciarem seus produtos e processos de modo a não agredir o meio ambiente, não causar problemas à comunidade em decorrência dos resíduos gerados e beneficiar a sociedade como um todo. Desde então foi estruturado um sistema com programas ambientais que preveem, inclusive, a conscientização dos colaboradores e familiares e também dos clientes sobre ações em defesa do planeta.

GESTÃO AMBIENTAL

"Uma empresa ambientalmente responsável é feita por pessoas ambientalmente responsáveis", diz Sandra Regina Pereira, gerente da Excelência. "Investir em sistemas de qualidade sinaliza, sobretudo, que a nossa prioridade é entregar um resultado de excelência ao nosso cliente." E essas ações reforçam a imagem positiva da organização. "Vendo que os nossos processos são controlados, o cliente tem mais confiança no nosso trabalho", acrescenta a gerente.

O planejamento ambiental faz parte desse pacote. O Sabin desenvolve mais três programas, além do específico para tratamento e monitoramento de resíduos sólidos e efluentes. São eles:

- Gerenciamento da Frota de Veículos — O Sabin dispõe de frota própria, fundamental para sua logística e rigoroso controle no transporte das amostras. No entanto, os estudos feitos ali contrariaram o senso comum de que os veículos 1.0 são mais econômicos. Eles estavam consumindo mais combustível que os 1.8. Daí veio a decisão de trocar parte da frota. As oficinas de manutenção precisam fazer o descarte correto de óleo, pneus e peças. As boas práticas a serem cumpridas estão documentadas.
- Plano de Contingência Ambiental — Prevê ações a serem tomadas em caso de acidentes que podem resultar em prejuízos ao meio ambiente. Por exemplo: o que fazer quando quebra uma lâmpada fluorescente ou há colisão de um veículo da frota e derramamento da amostra no asfalto. Os funcionários recebem treinamento sobre como proceder nessas ocasiões.
- Coleta Seletiva — O Sabin estabeleceu parceria com ONGs e instituições da comunidade que aceitam doação de plástico e papel e apoia iniciativas voltadas para conscientizar a população sobre a necessidade de separar o lixo e encaminhar para a reciclagem.

Ainda segundo Sandra, há programas de monitoramento e incentivo à redução do consumo de energia elétrica, papel e impressão, água, combustível e uso de plástico. Um exemplo interessante refere-se ao papel. Com mais de 800 mil exames realizados por mês, a saída para economizar foi disponibilizar os resultados pela internet, depois introduzir papel reciclado na elaboração dos laudos e fazer a impressão frente e verso. O RH aderiu, digitalizando todos os documentos da área, inclusive os holerites.

Os resíduos eletroeletrônicos são doados a uma ONG e há plano para descarte de mais de 100 lâmpadas fluorescentes por mês. Fora isso, são feitos estudos e avaliações periódicos dos impactos ambientais das atividades e investimentos em processos ecoeficientes para evitar a poluição e realizar uma operação ainda mais limpa.

Desses estudos surgem iniciativas como a troca das sacolas utilizadas para coleta de exame e entrega do resultado. Elas eram de plástico comum, agressivo ao meio ambiente, e foram substituídas pelo plástico oxibiodegradável. Há também ações ainda mais surpreendentes visando à sustentabilidade, como, por exemplo, o esforço do RH para contratar pessoas que morem em regiões próximas às unidades onde vão trabalhar, o *home office*, e o estímulo à carona e ao uso de bicicleta como meio de transporte.

O Sabin também manifesta sua preocupação ambiental por meio de parcerias, como a estabelecida com o governo do Distrito Federal para adoção do bosque do Setor Sudoeste de Brasília, com a participação da comunidade.

Em 2013, lançou a campanha "Quem Curte o Sabin, Curte o Planeta" no Facebook, por meio da qual se comprometeu a plantar árvores nativas do cerrado, como angico, aroeira-brava, urucum, araçá, cedro e amburana, e árvores frutíferas em áreas de preservação na Bacia do Descoberto, em Brazlândia (DF), e no Parque Olhos D'água, na Asa Norte (DF). A meta era ter cinco mil pessoas curtindo a fanpage do laboratório, plantar uma árvore para cada seguidor e, assim, reflorestar cerca de 3,4 hectares, diminuindo a emissão de 510 toneladas de carbono na atmosfera entre 2013 e 2028.

Esse compromisso com o desenvolvimento sustentável foi reconhecido. Por dois anos consecutivos (2011 e 2012), o Sabin foi eleito Empresa-Modelo no *Guia Exame de Sustentabilidade*. Em 2013, o mesmo guia a elegeu "A Mais Sustentável do Setor".

Além disso, o Sabin participou da Conferência das Nações Unidas sobre Desenvolvimento Sustentável (Rio+20), em junho de 2012, no Rio de Janeiro. Antonio Leitão representou o laboratório na cúpula das empresas, o Fórum de Sustentabilidade Empresarial, com direito a voz e voto nas reuniões para definição dos temas do documento *O Futuro que Queremos*, discutido pelos chefes de Estado. "A expectativa do Sabin é contribuir com as medidas que adotamos e com o nosso histórico para que outras empresas possam copiar, aprimorar ou, pelo menos, pensar sobre isso e saber que é viável", disse Antonio na ocasião.

Sandra Costa esteve em uma reunião preparatória à conferência, o encontro da Rede de Mulheres Líderes pela Sustentabilidade, no dia 31 de maio, no Rio de Janeiro. E Janete Vaz assinou a Carta Compromisso para a Rio+20, por meio da qual o setor privado brasileiro se comprometeu a contribuir para o desenvolvimento sustentável e a erradicação da pobreza na sociedade.

O próximo passo, segundo Antonio, é conseguir a certificação ISO 31000/2009 sobre gestão de risco. O gerente está estudando as regras internacionais sobre o assunto e os mais modernos processos de segurança instituídos para eliminar ou mitigar os riscos. Paralelamente, tem se reunido com vários setores do Sabin para identificar os riscos embutidos em operações diversas, fazer a mensuração e definir as ações que serão tomadas para atenuá-los ou afastá-los. "A gestão do Sabin está ficando mais exigente nos processos e se vale de normas regulatórias que acompanham essa exigência", diz.

EDIFÍCIO VERDE

Outro marco do crescimento do laboratório, a nova sede que está sendo erguida no Setor de Armazenagem e Abastecimento Norte (SAAN), perto da antiga Rodoferroviária de Brasília, também sinaliza o compromisso do Sabin com a sustentabilidade ambiental. O edifício, que terá 12.500m² quadrados de área construída, segue padrões internacionais de edifícios sustentáveis.

A obra está sendo executada sob responsabilidade da Conbral Construtora, empresa com amplo conhecimento em empreendimentos da área médica e especificações exigidas pelo Ministério da Saúde quanto às dimensões dos ambientes, iluminação e acabamentos. Foram investidos inicialmente R$25 milhões, financiados pelo Fundo Constitucional de Financiamento do Centro-Oeste (FCO).

O projeto se candidatará ao selo *Green Building* pela certificação Leed — *Leadership in Energy and Environmental Design*, concedida pela ONG americana *U.S. Green Building Council* (USGBC), conforme os critérios de racionalização de recursos atendidos por um edifício. Em torno de 12 mil edificações possuem essa certificação no mundo, das quais 900 são localizadas no Brasil.

O cuidado já começa durante a obra. Segundo o engenheiro responsável, Gustavo Jardim, a construção sustentável requer a diminuição dos impactos de ruído e de sujeira na circunvizinhança, a destinação correta de entulho, o reaproveitamento dos aterros, a escolha de parceiros certificados em seus segmentos e a compra de materiais credenciados por órgãos ambientais, visando ao reúso e à reciclagem.

O projeto prevê o aproveitamento dos recursos naturais disponíveis. "Onde for possível, utilizaremos iluminação e ventilação natural", explica Gustavo. "Nos lugares inviáveis, usaremos lâmpadas de LED ou tubular de alta eficiência e aparelhos de ar-condicionado modernos, que garantem conforto térmico sem desperdícios."

Para amenizar a absorção de calor e aumentar a umidade relativa do ar, foram cogitadas soluções, como o uso de telhado verde na cobertura, com paisagismo adequado, e o armazenamento da água da chuva para irrigação.

No entanto, o principal atributo do prédio no que diz respeito à sustentabilidade é a eficiência energética. Tecnologia de automação e monitoramento por computador garantirão o uso eficiente dos sistemas de elevadores, iluminação e ar-condicionado. "Todos os recursos implantados na construção, aliados ao uso correto, proporcionarão economia de energia elétrica média acima de 15%, beneficiando o meio ambiente sem abrir mão do conforto dos colaboradores, clientes e visitantes", afirma o engenheiro.

O edifício também permitirá uma redução significativa do custo operacional, já que todas as operações da empresa estarão centralizadas no mesmo local, da Biologia Molecular ao Faturamento. Além do Núcleo Técnico Operacional, que prestará apoio a todas as unidades, inclusive às de outros estados, a nova sede abrigará a área administrativa, a Central de Atendimento e espaços de convivência dos colaboradores, como academia, refeitório, sala de videoconferência, sala de treinamento, auditório e quadra de esportes. Ali funcionará, ainda, um posto de coleta especial com *drive-thru*.

"A primeira etapa da obra, que inclui o setor de processamento de exames, deve ficar pronta no final de 2015", prevê Lídia Abdalla. A segunda etapa, que abrange a área administrativa, deve ser entregue em 2016. Portanto, a expectativa é de que o prédio seja concluído em dois anos.

Com a mudança da sede, hoje instalada no Brasília Shopping, o Grupo Sabin planeja ampliar e modernizar o Parque Tecnológico, a fim de estender a capacidade produtiva para o projeto de expansão. "Estamos nos preparando para aumentar a nossa capacidade de atendimento e análises de exames em cinco vezes até 2020", informa Lídia. "A meta é passar a atender cerca de 850 mil clientes por mês".

O empreendimento também é uma promessa de geração de emprego no Distrito Federal. "Nos próximos dois anos, a nossa previsão é abrir mil postos de trabalho, o que corresponde a mais da metade do nosso atual quadro de colaboradores", afirma Janete Vaz. "A nova estrutura vai contar com as mais atuais tecnologias e soluções do mercado para sustentar o crescimento", atesta Sandra Soares Costa. "Estamos crescendo com a responsabilidade de garantir sempre qualidade e agilidade nos serviços."

Para avaliar que todas as normas da certificação Leed sejam seguidas à risca, a empresa Geo Lógica Consultoria Ambiental fará o monitoramento da obra, com programa de prevenção e controle de poluição ambiental, gerenciamento de resíduos, água e luz, e educação ambiental.

Essa constante busca de excelência do Sabin, que se manifesta até na preocupação em construir um edifício sustentável, chama a atenção de consultores, como a médica patologista Luisane Vieira, auditora do PALC, o Programa de Acreditação da Sociedade Brasileira de Patologia Clínica. Luisane orientou a empresa para obter essa certificação que referenda sua credibilidade no segmento de análises clínicas. No depoimento a seguir, Luisane aponta o que chama sua atenção no Sabin:

> Já percorri todo o Brasil visitando laboratórios. Em nenhum dei de cara com um músico cantando e tocando violão na recepção, nem experimentei um pão de queijo com cappuccino tão saboroso quanto no Sabin. Logo me identifiquei com a gestão. O foco no cliente é autêntico. Lembro da Sandra me mostrando o diploma de "Menino Corajoso" dado às crianças que tiravam sangue. É uma administração de mulheres, que mantém um olhar diferenciado, feminino. As boas práticas vêm do coração.
>
> Também é perceptível a valorização do funcionário. A empresa estimula a formação de pessoal e a pesquisa. Não economiza para enviar colaboradores para congressos e oferecer cursos e treinamentos. O Sabin sabe aproveitar o melhor de cada perfil. Faz um mix feliz de pessoas mais práticas e mais científicas, todas com uma atitude parecida e muito positiva de enxergar o cliente como alguém que merece cuidado e respeito. O lucro é consequência de agregar pessoas com a mesma visão.
>
> Aprendi muito dando consultoria ao laboratório. A primeira fase de implantação do PALC foi tranquila. As boas práticas de gestão já estavam lá, faltava apenas o reconhecimento externo. Embora não atendesse a todas as exigências, o Sabin tinha a pré-condição e logo se adaptou. A equipe aderiu e demonstrou muita garra e receptividade para aprender — isso é notável no Sabin!
>
> Depois veio a fase do amadurecimento, e o laboratório cresceu além do PALC. Virou referência em setores como a gestão de resíduos. Agora aconselho outros laboratórios a visitarem o Sabin para aprender como se faz. A organização se tornou um modelo de boas práticas. Isso contribui para que o resultado entregue ao paciente seja ainda melhor. Será um desafio introduzir essas boas práticas em todas as unidades, mas, se tem uma empresa que pode conseguir, é o Sabin.

10

A força da marca

Por onze vezes consecutivas (em 2014 e nos dez anos anteriores), o Laboratório Sabin foi a empresa de medicina laboratorial mais lembrada pelos brasilienses na pesquisa *Top of Mind*, realizada pelo *Jornal de Brasília* desde 1998. A premiação, motivo de orgulho para as fundadoras e os colaboradores do grupo, revela a força que a marca Laboratório Sabin possui.

"Saber que, diante de uma situação de escolha, as pessoas se lembram primeiro da nossa marca é a recompensa por todo investimento, treinamento, capacitação de colaboradores e, é claro, marketing e comunicação", disse Janete Vaz na cerimônia de entrega do prêmio em 2013. "O *Top of Mind* é uma importante ferramenta de *feedback* da comunidade e um indicador para as empresas a evidenciar que a estratégia de gestão do negócio está no caminho certo."

No livro *Lições de Gestão da Clínica Mayo*, Leonard Berry e Kent Seltman destacam que o gerenciamento de marca (*branding*) desempenha um papel especial nas organizações de serviço, na medida em que marcas fortes aumentam a confiança dos consumidores em desempenhos intangíveis:

> *Uma marca de serviço é, essencialmente, uma promessa de satisfação futura. É uma combinação entre o que a organização diz que a marca é, o que outros dizem sobre ela e quão bem a organização realiza o serviço — tudo na perspectiva do cliente.*

Um dos requisitos principais para uma percepção positiva por parte dos usuários de um serviço de saúde é o foco no controle de qualidade e na atualização científica. Sandra Soares Costa demonstra a atenção que o Sabin dedica a esta que é a parte central de seu negócio, o chamado *core business*: "Temos hoje um laboratório 100% automatizado e com tecnologia avançada para oferecer o que há de mais moderno no mundo em análises clínicas, de equipamentos da área produtiva e sistemas de informação laboratorial a *softwares* de gerenciamento nas áreas de apoio".

No entanto, ela e sua sócia logo perceberam intuitivamente que a receita para o sucesso exigiria um ingrediente a mais: o comprometimento dos colaboradores. Berry e Seltman salientam que os funcionários responsáveis pelo serviço são a marca viva da organização. Em cada encontro de serviço, tanto podem fortalecer quanto enfraquecer a reputação institucional. Daí a decisão acertada do Sabin de colocar as pessoas no centro da estratégia empresarial. A empresa valoriza e trabalha todos os aspectos importantes que envolvem a vida do colaborador: a família, a saúde, a vida financeira, as relações de amizade e os sonhos.

"Ao cuidarmos das pessoas, elas cuidam do nosso negócio, que é promover a saúde", explica Janete. "Os colaboradores são os nossos embaixadores da marca. Eles constroem a marca a cada dia com suas atitudes focadas nos sete valores da empresa: credibilidade, ética, inovação, respeito à vida, qualidade e responsabilidade socioambiental, e simplicidade. São os nossos colaboradores que tangibilizam a promessa que fazemos por meio da nossa missão: oferecer serviços de saúde com excelência."

A CONSTRUÇÃO GRADUAL

Uma apreciação cuidadosa da história do laboratório revela que a marca Sabin foi construída ao longo de três décadas por meio de vários ciclos, que podem ser resumidos em alguns momentos-chaves: a busca pela melhoria contínua dos processos por meio das certificações e programas de qualidade, a inserção da gestão de pessoas no centro da estratégia empresarial, o crescimento orgânico de várias unidades no Distrito Federal, a diversificação dos negócios (com a criação do Sabinvacinas) e, finalmente, a expansão para outras regiões brasileiras.

"Isso é resultado de uma postura de busca contínua pela qualidade não só junto aos seus clientes e colaboradores, mas também por um profundo respeito com toda a cadeia produtiva", diz Sandra. "Importante para nós é consolidar a reputação da empresa e gerar valor para todas as partes interessadas."

A divulgação da marca é feita em várias frentes, de modo a atingir diversos públicos. No que tange aos clientes, o laboratório atende do recém-nascido ao idoso. Está presente em todas as fases da vida das pessoas, levando sempre a mensagem da prevenção, que é o melhor caminho para cuidar da saúde. Desse modo, realiza ações de educação em saúde com a comunidade em geral e iniciativas voltadas à responsabilidade socioambiental.

O relacionamento com toda a cadeia produtiva é pautado no compartilhamento de conhecimento e na colaboração. Por isso, o Sabin estabelece parcerias e apoio a atividades técnico-científicas na área de medicina diagnóstica e preventiva, treinamentos de qualidade extensivos a fornecedores e assessoria técnico-científica aos profissionais de saúde. "Somos atuantes em diversas associações, entidades de classe e grupos empresariais", esclarece Janete. "Participamos ativamente das questões e ações que envolvem o mercado em geral."

Fora isso, a empresa patrocina eventos esportivos. Uma das primeiras iniciativas foi apoiar a construção de uma quadra de tênis em um terreno da Associação Médica de Brasília, o que permitiu a aproximação da comunidade médica. "Fomos procurados por um médico amigo, Dr. Airton Borges, que é parceiro e tenista. Ele queria construir uma quadra de tênis, mas precisava de apoio financeiro não só para fazer a quadra, mas também para uma infraestrutura mínima de vestiário", conta Sandra. "Na ocasião, ele disse: 'Se o Sabin concordasse em construir a quadra, seria o primeiro passo para transformar aquela enorme área de terra vermelha em um pequeno espaço de esporte e lazer. E também seria mais fácil conseguir outro patrocinador para concluir a infraestrutura mínima'. Janete e eu concordamos. Ficou acordado que seríamos pioneiros. Com a marca Sabin na quadra, ficaria registrado, mais uma vez, o nosso apoio ao esporte."

Então o Dr. Airton Borges saiu em busca de outro patrocinador para o restante da obra e qual não foi sua surpresa: "A ideia de ter uma quadra patrocinada pelo Sabin causou uma revolução no meio", acrescenta Sandra. "Quando viram que o Laboratório Sabin estava presente, alguns serviços se propuseram a construir outra quadra; concorrentes avisaram que seriam os únicos patrocinadores, caso o Sabin saísse do negócio. No final, o Dr. Airton conseguiu patrocínio para quatro quadras e de várias instituições: hospitais, clínicas e serviços de medicina diagnóstica. Quando nós concordamos em participar, encabeçando a iniciativa, o mercado percebeu que aquela era uma boa causa."

Sandra gosta de contar essa história da quadra porque ilustra a postura inovadora do Sabin. "Não apenas fizemos a nossa parte, mas influenciamos outros empresários a saírem da zona de conforto. O episódio mostrou que podemos colocar o nosso talento a serviço de um propósito maior e, com a nossa capacidade de fazer acontecer, evitar a acomodação, nos desafiando o tempo todo e defendendo sempre, profunda e apaixonadamente, os valores que sustentamos."

Depois, o laboratório apoiou corrida de kart e campeonato de golfe. "Esporte é saúde e saúde é o nosso negócio. Por isso, o Sabin abraçou o esporte", explica Janete. Em 2013, patrocinou a Sociedade Esportiva Gama, segundo time de Brasília, que já esteve na primeira divisão.

Em maio de 2007, o laboratório trouxe à Brasília a primeira mostra internacional de cinema, que reuniu filmes inéditos de vários países sobre a temática da Aids. O nome da mostra era: "A Vida é Mais Forte do que a Aids".

O Sabin também patrocina shows como o da cantora Adriana Calcanhoto, em 2012, um concerto de pianistas na embaixada da Áustria, em 2013, e o show do cantor inglês Elton John, em 2014. "Para fazer esse marketing, usamos a Lei Rouanet e a Lei do Esporte", esclarece Janete. "Apoiamos o que vai agregar valor à nossa marca. Queremos resultados com sustentabilidade. Utilizamos esses eventos como ferramenta estratégica, para estreitar o contato com parceiros e divulgar a nossa marca."

Outra característica do laboratório é que a estratégia de comunicação da marca está focada nas pessoas. "São os nossos colaboradores que ilustram as nossas campanhas publicitárias, pessoas reais com suas histórias de vida que nos ajudam a crescer a cada dia", conta Janete. Para exemplificar, campanhas institucionais recentes retrataram os colaboradores em atividades de lazer e descontração e também no ambiente de trabalho. O conceito transmite o convívio harmônico, o respeito à família, o cultivo à amizade e a prática de esportes, que fazem parte de um ambiente de trabalho saudável.

O consultor Augusto Nascimento, do Grupo BBN Brasil (*The Business Branding Network Brasil*), destacou os pontos altos do *branding* realizado pelo Sabin em uma mensagem enviada às fundadoras em dezembro de 2011 para saudá-las por terem sido escolhidas dentre as Melhores Gestoras de Empresas do Brasil pela revista *Valor Liderança Executiva*:

> *Estou com a revista nas mãos, olhando a foto de vocês. Duas mulheres com belos sorrisos de maturidade, com a beleza da experiência de encarar a vida de modo positivo e com energia vibratória por fazer o bem. Vocês duas fazem exatamente aquilo que prega Os 4 Es de Marketing e Branding: entregam o máximo de valor a todos e recebem de volta muito valor em reciprocidade ao que fazem. Vocês são exemplos da melhor forma que um empreendimento humano pode tomar, pois encantam clientes, entusiasmam colaboradores, enlouquecem os competidores e enriquecem a todos em sua volta, inclusive a sociedade e a natureza. Parabéns!*

DISSEMINANDO A CULTURA

A expansão e a consolidação da marca em cinco novas regiões também se apoia nas pessoas. Aliás, o modelo de expansão da Clínica Mayo descrito por Berry e Seltman no livro já citado, aplica-se muito bem ao Sabin:

> *Talvez não surpreenda que o risco à marca tenha sido mitigado exitosamente por um planejamento cuidadoso e uma profunda compreensão dos elementos essenciais da experiência do paciente. Para reduzir o risco, a gerência assumiu dois compromissos: (1) replicar a experiência dos pacientes tão fielmente quanto possível nos novos locais e (2) transportar a cultura da Mayo para Jacksonville e Scottsdale por intermédio de líderes médicos e administrativos experientes da Clínica.*

O processo de expansão nacional do laboratório também foi meticulosamente planejado e contou com o protagonismo de suas lideranças, que participam ativamente do treinamento das novas equipes. "Enfrentamos o desafio de disseminar a cultura Sabin em outros estados. Realizamos um ousado processo de migração de marcas em quatro praças diferentes e os resultados têm sido muito bons", diz Andrea Pinheiro, gerente de Marketing. "O momento é de muito trabalho, mas estamos comprometidos a mostrar, para quem ainda não nos conhece, a nossa cultura de inovação, qualidade e excelência."

Um dos instrumentos para tornar a marca conhecida nacionalmente é o Livro da Marca *Conhecer de Verdade*, que registra a essência da cultura organizacional. Lançado em maio de 2013, ele tem 136 páginas e pretende servir de guia para o novo posicionamento do Sabin, direcionando toda a comunicação interna e externa da empresa, além de contribuir para a consolidação da marca.

"O *brandbook* traz os valores, as ideias, tudo o que inspira o Sabin a ser um laboratório extremamente confiável, eficiente e, ao mesmo tempo, humano e inovador", informa Sandra. "A exemplo de grandes empresas, também nós do Sabin temos agora um instrumento para transmitir, de forma concreta, a nossa cultura. O livro é conceitual e, ao mesmo tempo, inspira atitudes de comportamento."

O diretor de criação Marcelo Pena Costa lembra que, além de ser um setor bastante regulado, saúde é um tema complexo de ser tratado.

> O livro tem o objetivo de tornar essa comunicação mais leve, verdadeira e engajadora para o público. É uma espécie de manual que mostra a alma da empresa, de forma divertida e descontraída, para ajudar as pessoas — colaboradores, parceiros e fornecedores estratégicos — a entenderem o que a marca traduz.

Usando citações das fundadoras, dos próprios colaboradores e referências do mundo do entretenimento e das artes, a obra ilustra a essência da marca, resumida em seis aspectos principais:

- Verdade: todos os processos no Sabin são pautados pela ética e transparência;

- Saúde: é estar em equilíbrio com tudo o que influencia seu bem-estar físico, mental, emocional e espiritual. Para uma empresa, é ter relações sustentáveis e duradouras com clientes, colaboradores, parceiros, médicos, convênios, fornecedores, com toda a sociedade e até com o meio ambiente;
- Tecnologia: é conhecimento aplicado;
- Empatia: de pessoas de verdade para pessoas de verdade;
- Inovação: mais do que atender expectativas, sempre excedê-las;
- Felicidade: um ambiente com alto-astral, leveza e bom humor é indispensável para a maior eficiência no trabalho.

Um antigo parceiro, Roberto Fontenele, na época superintendente da Caixa Econômica Federal e responsável pelo plano de saúde do banco, que atende mais de 30 mil pessoas, entre funcionários e familiares, relacionou cinco pontos altos da marca Sabin:

1. *A alegria dos colaboradores. Desde a primeira vez que entrei ali como cliente, em 1998/1999, fiquei impressionado. Os funcionários, dos recepcionistas e atendentes aos profissionais que fazem a coleta de sangue, sentem-se felizes com a presença do cliente. Não observei isso em outros laboratórios.*

2. *A música ao vivo. Quebra o ambiente mórbido de laboratório e hospital. Isso me encantou muito e até hoje tenho o CD de um desses músicos patrocinados pelo laboratório. É uma iniciativa fantástica!*

3. *A comemoração. Isso é vanguardista em termos de teorias de administração. O laboratório comemora as vitórias, os feitos e as datas. Estamos fazendo isso na Caixa. Sandra e Janete contratam shows, patrocinam palestras e recebem as pessoas pessoalmente. Isso é um grande diferencial. As duas gestoras poderiam estar no estrelato por serem conhecidas hoje, mas continuam próximas.*

4. *O caráter regional. O Sabin está presente em tudo na cidade, mas também está preparado para se nacionalizar. Uma empresa local que se destaca entre "As Melhores Empresas para se Trabalhar" é um feito histórico.*

5. *O modelo de gestão.* O Sabin é uma empresa consolidada. Desenvolveu uma técnica de gestão maravilhosa. Hoje é uma marca forte, que incomoda o concorrente, mas esse caráter humanista, essa proximidade do cliente, não é fácil copiar.

Os diversos prêmios recebidos pelo laboratório e por suas lideranças também contribuem para reforçar a marca. Janete atribui essas conquistas ao esforço conjunto, em especial à preocupação em educar o colaborador. "Investir em educação e inovar em vez de reclamar são fatores essenciais para criar uma empresa robusta", afirma o empresário Jorge Gerdau Johannpeter em entrevista publicada na revista *Pequenas Empresas & Grandes Negócios* de fevereiro de 2014[1]. "Só a Educação faz uma empresa funcionar bem. Todo empreendedor deve levar isso a sério."

Gerdau chegou a essa conclusão ao visitar uma siderúrgica no Japão há algumas décadas. Viu que os funcionários e executivos com alto grau de instrução tinham grande produtividade, apresentavam baixa taxa de erros e ofereciam dicas valiosas para melhorar a operação. Desde essa época, ele treina suas equipes.

As fundadoras do Sabin compartilham da mesma preocupação. Diz Janete: "Uma empresa admirada é resultado de muito trabalho, que envolve uma equipe engajada e apaixonada pelo que faz, que não se limita ao seu *core business*, mas a construir relacionamentos duradouros".

Dispostas a oferecer serviços de excelência em medicina laboratorial a uma população maior, Janete, Sandra e equipe levaram a marca do Laboratório Sabin a diversas cidades do Brasil. "Nessa empreitada, revolucionamos não apenas processos, mas também o comportamento das pessoas. Constatamos que paredes podem ser construídas e alteradas, porém o mais gratificante é conquistar diariamente o brilho no olhar de nossos colaboradores", registra a mensagem assinada pelas sócias e a atual presidente executiva Lídia Abdala e divulgada em 2 de maio de 2014, data em que o laboratório completou 30 anos.

Hoje, temos grande felicidade ao ver que duas mil pessoas vivem diariamente a realização de um sonho. Com o "Jeito Sabin de Ser", construímos uma realidade que nos enche de orgulho e da sensação de missão cumprida.

---

[1] 7 lições de Jorge Gerdau. *Pequenas Empresas & Grandes Negócios*, ed. 301, fevereiro de 2014, p. 24.

Tempo de celebrar

Em 2 de maio de 2014, o correio interno do Sabin ficou inundado de mensagens alusivas ao aniversário do laboratório. A diretora Marly Vidal lembrou que o símbolo do aniversário de 30 anos é uma pérola, que possui brilho próprio, não risca, nem estraga com facilidade. Por isso, foi escolhida para representar a sobriedade e a sinceridade: "Trinta anos marca algo bem estruturado, com valores solidificados. Essa foi a construção do Sabin." Para ela, o laboratório chega à maturidade disseminando seus valores e deixando um legado de qualidade e humanização.

As fundadoras e os colaboradores de diversas áreas e unidades, inclusive das abertas após a expansão, fizeram questão de registrar sua gratidão e emoção por fazer parte da história do Sabin. A equipe também se emocionou com os cumprimentos recebidos de clientes, parceiros, consultores, lideranças e representantes da comunidade. As vinte mensagens reunidas aqui são uma pequena amostra dessas saudações.

JANETE VAZ, presidente do Conselho de Administração do Grupo Sabin

Queridos Sabianos,

"Conheço as tuas obras; eis que diante de ti pus uma porta aberta, e ninguém a pode fechar; tendo pouca força, guardaste a minha palavra, e não negaste o meu nome". (Ap 3.8)

Hoje realmente é um dia muito especial! Trinta anos do Sabin!

Não tem como não navegar na história e se lembrar de fatos que nos conduziram desde o princípio daquela década de oitenta e pelos anos

noventa: fim do regime militar; morte de Tancredo; Brasília ainda jovem; muitos iniciando seu sonho; os convênios novos, para conseguir cada um, uma história; os serviços médicos nos ministérios, verdadeiros hospitais com especialistas famosos; e negociações nos convênios, por meio das quais nos tornamos parceiros e começamos grande mudança.

Até chegar maio de 1999 e a mudança para o BSB Shopping. Lindo, colorido e inovador! Foi, também, o início de um novo ciclo, uma nova história para o Sabin. Vieram as certificações, com uma base forte, mais tecnologia, inovação e início dos reconhecimentos e premiações. A nossa diferença foi nunca comprometer os nossos princípios, os nossos valores, fazer uma boa gestão com qualidade, respeito e desenvolvimento de pessoas, sustentabilidade e muita visão de futuro!

Chegamos até aqui porque buscamos não só os melhores profissionais do mercado, mas, principalmente, porque Deus nos ajudou a encontrar as melhores pessoas, humanas, competentes, talentosas e mais do que apaixonadas pelo que fazem.

Por isso, comemoramos os trinta anos com muita alegria e agradecimento a Deus e a todos vocês, colaboradores e nossos parceiros nesta jornada, que confiaram em nós: clientes, fornecedores, médicos, convênios e comunidade!

Vamos comemorar! Merecemos esta alegria de hoje!

Obrigada e um beijo enorme no coração!

SANDRA SOARES COSTA, vice-presidente do Conselho de Administração do Grupo Sabin

Meus queridos Sabianos,

Amanheci hoje onde tudo começou: no Edifício de Clínicas. Ali recordei e agradeci a Deus o quanto Ele tem nos honrado. Neste dia em que comemoramos 30 anos de existência do Sabin, quero agradecer a todos que trilharam este caminho conosco.

E, durante todo o dia, me emocionei com tantas palavras bonitas de carinho, de orgulho e de alegria.

Que a gente continue como sempre foi, sem perder a nossa essência, com essa alegria e simplicidade de quando começamos. Isso é o mais importante que conseguimos multiplicar. Afinal, são 30 anos com uma vontade enorme de fazer sempre melhor e, principalmente, acreditando naquele sonho inicial de duas jovens de criar um laboratório com muita qualidade e inovação, sempre pautado na ética e na transparência. E com o propósito de multiplicar a união, a harmonia, a fé, a força e a alegria, pois sabemos que, quando lançamos a alegria, ela faz curva e volta novamente para nós.

Temos que continuar agradecendo a Deus por ter sempre iluminado o nosso caminho e nos ter permitido cada conquista.

Parabéns a cada colaborador que não mede esforços e se empenha todos os dias a fim de se tornar mais colaborativo e afinado com os objetivos da equipe, nos ajudando, assim, a construir esta empresa, onde cada um possa buscar melhores resultados para si e para o nosso Sabin.

Obrigada e um grande beijo!

HUGO LEONARDO DA SILVA TAVARES, supervisor de Negociação

Nesta data muito especial, gostaríamos de parabenizar a Dra. Janete e a Dra. Sandra pela garra, determinação, fé e amor com os quais vêm conduzindo esta grande família chamada Laboratório Sabin ao longo destes 30 anos.

Uau! Trinta anos quer dizer muita coisa! Na Bíblia, quer dizer maturidade. Era a idade, conforme a lei de Moisés, em que os homens podiam começar a exercer o Sacerdotismo. Por isso, foi a idade na qual Jesus iniciou seu ministério e, a partir daí, tornou-se a maior influência de toda a humanidade até os dias de hoje.

Poderíamos fazer tantas comparações, mas gostaria de enfatizar a liderança com base no amor. Isso marca a vida de qualquer pessoa e vem marcando a minha nestes mais de quatro anos em que faço parte, com muito orgulho, desta família.

Então, mais uma vez, parabéns, Sabin! Vida longa!

NATALIA SENA, coordenadora de Qualidade

Parabéns, Sabin, 30 anos!

Parabéns a vocês, Dra. Janete e Dra. Sandra, que:

1. *Souberam cuidar desta empresa quando ela ainda engatinhava;*
2. *Tiveram determinação e foco para chegar aonde chegaram;*
3. *Tiveram muita coragem para não desistir;*
4. *Tiveram sabedoria para valorizar seus colaboradores e acreditar nas pessoas;*
5. *Construíram um DNA para o Sabin de combinações fortes que não se desarranjam e de fácil replicação, porque está fundamentado nos valores que são essenciais para a vida.*

Que Deus as continue abençoando!

APARECIDA SATIRO, gerente Técnica Hospitalar

Enfim, agora posso falar do Sabin, ou melhor, da Dra. Janete e da Dra. Sandra, duas guerreiras que jamais mediram esforços, ousadia, coragem, determinação e amor pelo que fazem. Sempre procurando inovar para que o Sabin fosse reconhecido por todas as práticas, não só no processo, mas [no trato] com os funcionários.

Sinto-me orgulhosa de falar que trabalho no Sabin. Esta sempre foi a minha casa, o meu primeiro trabalho... A minha carteira só tem Sabin. Aprendi a fazer tudo aqui. Tinha a teoria, mas a prática aprendi com vocês, Dra. Janete e Dra. Sandra.

Sou muito grata a vocês, por todos os ensinamentos que aprendi e continuo aprendendo nesta família Sabin. Parabéns a vocês e a todos que fazem essa empresa!

ANNA PAULA CORREA SILVA, supervisora *trainee* da Policlínica Gama

Hoje é um dia muito especial para todos nós! Foram muitas histórias marcantes nestes 30 anos. A nossa empresa tem muita coisa boa para contar. Somos referência! Glória a Deus por isso!

Eu também quero compartilhar a alegria que tenho no meu coração... Aqui reconstruí a minha vida, me tornei uma pessoa melhor, casei, conheci pessoas maravilhosas e tenho subido degraus de conhecimento dia a dia. O Sabin tem um valor imenso para mim e minha família. Não me canso de dizer que faço parte da Melhor Empresa para se Trabalhar!

Contem comigo para os próximos aniversários!

Parabéns, Dra. Janete e Dra. Sandra, pela ousadia que fizeram de vocês mulheres vitoriosas e [do Sabin] uma empresa próspera.

Parabéns, também, à nova diretoria!

Parabéns, Sabin!

RAQUEL LOPES CARDOSO, coordenadora de Custos

Hoje não estou me contendo de felicidade. Poderia dizer que estou celebrando duas datas muito importantes para a minha vida: comemorando os 30 anos desta empresa que tanto me proporcionou realizações e a conquista de mais um sonho, o recebimento do meu apartamento.

O Sabin não é só uma empresa de grande sucesso. Muito mais do que isso, é uma empresa que nos motiva a sonhar e nos permite conquistar nossos sonhos.

Obrigada pela oportunidade, pela confiança e pelo reconhecimento.

Que Deus retribua com muitas bênçãos e que o Sabin venha a celebrar mais 30, 60, 90, 120 anos!

JOSÉ GASTÃO DA CUNHA NETO, gestor da Hematologia e sócio do laboratório em Uberaba

Parabéns, Dras. Janete e Sandra, por conseguirem fazer do Laboratório Sabin uma referência nacional. Tenho um orgulho imensurável em fazer parte desta equipe.

Parabéns, porque o mérito é de vocês. Um avião só chega a seu destino, em uma viagem tranquila, com um bom piloto. Neste caso, temos dois pilotos de altíssima qualidade.

Parabéns pela ousadia, criatividade, competência, bondade, credibilidade, qualidade em tudo que põem a mão, etc. e etc.

Sou um grande admirador de vocês e, consequentemente, do Sabin. "O céu é o limite" para vocês e todo o Sabin.

ANA ROSA DOS SANTOS, gestora do Sabinvacinas

O Sabinvacinas é mais uma brilhante iniciativa de vocês, Dra. Sandra e Dra. Janete, e muito nos orgulhamos de sermos parte integrante desta empresa há seis anos. As nossas congratulações a todos que, junto com vocês, iniciaram esta história de 30 anos, assim como aos demais que fazem esta empresa atingir sua missão dentro de valores éticos e humanitários. O nosso reconhecimento e agradecimento.

TATIANA FERRAZ LEAL, gestora de Salvador

Hoje é mais um dia de celebração no Sabin, e hoje é mais do que especial, porque são 30 anos de um laboratório que virou referência nacional em inovação, tecnologia, qualidade, gestão de pessoas, premiações e tudo que já foi descrito por todos!

Dra. Janete e Dra. Sandra, parabéns pela linda empresa fundada. Nós, colaboradores, só temos que agradecer pela oportunidade de fazer parte desta família! É muito gratificante e nós temos um orgulho imenso de dizer que trabalhamos no Sabin! Líderes extraordinários formam colaboradores extraordinários e vocês duas são referências para todos nós!

Parabéns a todos os embaixadores desta empresa, pois é o nosso trabalho diário que faz com que o Sabin cresça mais e mais!

"Este é o dia em que o Senhor agiu; alegremo-nos e exultemos neste dia." (Salmos 118:24)

Vamos comemorar!

REGIS SILVA, gestor de Manaus

Hoje comemoramos 30 anos de uma história feita com muito amor, seriedade e compromisso. Tenho certeza de quanto foram difíceis os primeiros anos, mas a garra e a determinação de vocês nunca as deixaram abater.

Tenho muito orgulho de poder contribuir para esta história de sucesso.

Parabéns, doutoras, por fazerem do Sabin uma empresa referência neste país.

Parabéns pela coragem e determinação.

Parabéns por esta jornada de sucesso!

PRISCILA BRAGA, gestora de Belém

Parabéns, Dra. Sandra e Dra. Janete, pelos 30 anos de muita garra, ousadia, determinação, luta e amor.

Nós, colaboradores, só temos a agradecer por fazer parte desta família Sabin. É muito gratificante ver a nossa empresa comemorar estes 30 anos de muito sucesso. Ser Sabiano é uma felicidade tamanha e somos muito orgulhosos por isso.

As senhoras e seus exemplos são o que nos motiva diariamente; vocês são referências de pessoas batalhadoras e vencedoras.

Estes 30 anos de experiências e desafios só nos engrandecem ainda mais... Por isso, agradeço a cada um de todos que fazem parte desta história.

Que venham muito mais anos para podermos comemorar juntos!

Que cresçamos cada dia mais e mais...

NUBIA FREITAS, supervisora de RH de Uberaba

Feliz aniversário, Sabin!

Parabéns à Dra. Sandra e à Dra. Janete pela belíssima condução e ousadia nas Diretrizes desta empresa, que fizeram com que chegássemos aos 30 anos de Sabin de uma maneira tão eficaz e com muito amor, carinho e dedicação.

Nós, uberabenses, temos poucos anos de convivência nesta história, mas com certeza foram muitas transformações que ocorreram no âmbito pessoal e profissional de cada um.

Muito obrigada e muitos, muitos anos de vida!

PEDRO PAULO DE BRITO NASCIMENTO, sócio minoritário e gestor de Palmas

O Sabin da Dra. Janete e da Dra. Sandra sempre foi um exemplo na minha vida profissional. Exemplo de garra, dedicação, otimismo, superação e muita gestão.

Que o poder de Deus continue abençoando o progresso desta empresa.

Juntos, vamos conquistar muito mais.

Parabéns, Sabin Brasil!

ARMANDO LOPES, sênior vice-presidente Healthcare Sector Brasil, Siemens

Parabéns pela trajetória de sucesso, pela paixão por aquilo que fazem e pelo modelo e valores que possuem. Que o projeto para os próximos 30 anos seja ainda mais repleto de conquistas e alegrias.

Temos orgulho de ser parceiros de vocês!
Contem sempre conosco!

LUCY PRADO, médica e parceira

Parabéns a vocês, Janete e Sandra, que, ao fundarem um pequeno laboratório, implantaram uma forma inovadora de gerenciamento e administração de empresa em que todos crescem juntos! Tornaram--se gigantes!

VINCENT DUBOIS, professor da Fundação Dom Cabral

Caras Sandra e Janete,

Trinta anos de dedicação e de conquistas! Poucas empresas chegam lá... Muito menos chegam com a vitalidade e a integridade que vocês conseguiram preservar ao longo de três décadas.

Parabéns por tudo o que foi conquistado e sucesso por tudo aquilo que ainda está por vir. É um privilégio acompanhar o Sabin.

FABIAN SALUM, professor da Fundação Dom Cabral

Sandra e Janete,

Parabéns pelas conquistas ao longo de três décadas, juntas empreendendo por um país mais digno para se viver, com a saúde e o bem-estar em primeiro lugar.

Obrigado por nos permitir fazer parte desta convivência e família.

Felicidades e muita saúde!

SYLVIA COUTINHO, presidente do banco suíço UBS

Parabéns! Que linda história de sucesso! Sempre trilhando os caminhos da maneira correta e trazendo as pessoas junto, como se diz em inglês, "walking the talk".

Um orgulho para todos nós, brasileiros, e, principalmente, nós, brasileiras, por vocês serem mulheres empreendedoras fantásticas!

Um grande beijo a Janete e Sandra.

LUIZA HELENA TRAJANO, presidente do Magazine Luiza

Parabéns! Sou admiradora e fã do trabalho de vocês. É um orgulho para o Brasil! Que Deus continue iluminando vocês.

Conclusão — O futuro já começou

Diferentemente do que se vê no cinema ou nas novelas, essa narrativa não acaba com a legenda "Fim". A história não termina aqui porque Janete Vaz, Sandra Costa e as lideranças que as estão sucedendo não pararam de sonhar.

Ao chegar à maturidade, o Laboratório Sabin deu novos passos arrojados. Em novembro do ano em que completou 30 anos, anunciou sua entrada no Sudeste com a aquisição do Laboratório Quaglia, de São José dos Campos (São Paulo), e a meta de investir R$10 milhões para dobrar de tamanho, de 8 para 16 unidades na região, no prazo de dois anos. Em 2015, o Sabin chegou ao estado de Mato Grosso do Sul com a aquisição do Laboratório Renato Arruda, em Campo Grande, e ampliou sua atuação em MG, em Uberlândia, com a aquisição do IPAC — o maior laboratório privado do triângulo mineiro. Com as vitórias alcançadas, as metas se tornaram mais ambiciosas. Sua visão, agora, é ser uma empresa de referência em saúde na América Latina.

Já a missão perseguida continua a mesma: oferecer serviços de excelência. Há mais de 30 anos, quando acreditaram no sonho de abrir um laboratório próprio em um mercado liderado por homens e médicos, as duas jovens e corajosas bioquímicas abraçaram esse compromisso: "Desde o começo, acreditamos no nosso negócio e queríamos fazer tudo de uma forma muito diferente", relembra Sandra.

Apostando na competência, na qualidade e na seriedade de seu trabalho, enfrentaram o corporativismo, o preconceito, a instabilidade da economia, a dificuldade de acesso aos equipamentos, entre tantos obstáculos, e conquistaram a confiança dos clientes, o apoio dos parceiros, o respeito da classe médica e o reconhecimento do mercado como líderes de referência no segmento de análises clínicas.

Superando um desafio após o outro, Janete e Sandra lideraram pelo exemplo e foram aprendendo com as pessoas e as experiências. O Sabin se destacou pela eficiência do serviço prestado, pela constante busca de inovação, pela introdução de novas práticas de gestão e pelo compromisso com a responsabilidade social.

A capacidade de se reinventar para fazer melhor é outra de suas características. As gestoras buscaram na academia as mais eficientes ferramentas de gestão; foram a congressos e palestras e realizaram visitas técnicas, mas tiveram o cuidado de manter a sintonia com seu cliente para identificar suas necessidades e superar suas expectativas.

Em um período de fusões e aquisições, Janete e Sandra resistiram ao assédio de grandes grupos, atraídos pela trajetória de sucesso deste laboratório comandado pelas "meninas". Enquanto alguns concorrentes cederam o controle do negócio, as fundadoras do Sabin tiveram a coragem de não vender sua empresa. Pelo contrário, viraram o jogo. Tornaram-se compradoras e se perfilaram ao lado dos grandes players.

Não foi um salto no escuro. Esse avanço foi preparado, passo a passo, com o apoio de consultoria especializada e das lideranças internas, que estavam devidamente capacitadas e engajadas para o crescimento. Disposto a chegar a novas praças com sustentabilidade e pé no chão, o Sabin inaugurou a etapa da expansão por meio de um ousado processo de migração de marca. Convém destacar: a expansão foi financiada por recursos próprios, sem depender de fundos de investimento, linhas de crédito e outros meios de injeção de capital. Assim, foi possível garantir a independência do laboratório.

O temor das fundadoras era que investidores e acionistas viessem a focar exclusivamente o resultado financeiro, levando o Sabin a perder sua identidade. "Aqui valorizamos o mérito e queremos que todos cresçam com a gente", explica Janete. "Será que isso seria possível se vendêssemos a empresa a algum gigante do mercado? Acho que não." A meta era crescer, mas preservando os valores que sempre orientaram a atuação do laboratório: credibilidade, ética, inovação, qualidade, respeito à vida, responsabilidade socioambiental e simplicidade.

Janete e Sandra também se empenharam em garantir a perpetuação da empresa. A sucessão tem sido o calcanhar de Aquiles de muitas organizações. Pesquisa realizada pelo Instituto Brasileiro de Governança Corporativa (IBGC) revelou que apenas 33% das empresas familiares sobrevivem na passagem da primeira para a segunda geração. Em vez de focar exclusivamente nos herdeiros ou buscar estrelas no mercado, as fundadoras optaram por valorizar e reconhecer os profissionais da casa. Ao realizarem uma Governança Corporativa, confiaram a gestão do Sabin a pessoas fortemente comprometidas com os princípios e a história do laboratório.

Janete diz que a perpetuação vem pela transparência e pela sustentabilidade e que a governança não é um destino, mas uma viagem, um processo em curso. O novo modelo de estrutura da organização conta com uma presidente, Lídia Abdalla, e quatro diretores, todos escolhidos dentro de casa e alinhados com o propósito de manter a personalidade, o engajamento e a cultura do laboratório, o que é um mérito do Sabin.

Uma sede própria está sendo construída para aumentar a capacidade produtiva e suportar a demanda crescente. O edifício, totalmente sustentável, valoriza os recursos naturais, visando à eficiência energética e à sustentabilidade do laboratório nos próximos anos. O objetivo será multiplicar por cinco o total de exames realizados até 2020.

Tão ou mais importante do que o visível aos olhos é o intangível. Está no "Jeito Sabin de Ser", sua cultura, as crenças e os valores postos em prática e compartilhados com os colaboradores, que norteiam a empresa e sua visão de futuro. Uma organização que presta serviços na área de saúde só atinge a excelência quando seus profissionais oferecem o máximo de seu potencial.

O Sabin conquistou esse envolvimento não apenas atraindo e selecionando talentos que compartilham os mesmos valores, mas oferecendo a eles a possibilidade de realizar os próprios sonhos. Seu modelo de gestão vai muito além dos discursos bem acabados: traduz-se em práticas efetivas que impactam positivamente os resultados. De 2008 a 2015, o faturamento cresceu, em média, 30% ao ano. A empresa opera com uma rentabilidade acima da média do setor, sinal de que investir nas pessoas vale a pena.

"A inovação trouxe motivação e maior interação, intensificando a aprendizagem, o uso das competências e o trabalho em equipe", avalia Sandra. "Isso gerou um ambiente estimulante, catalisador de potencialidades e iniciativas, que é um dos principais determinantes do crescimento econômico da organização." Esse premiado modelo de gestão proativa fortemente alicerçada em pessoas desperta nos colaboradores não apenas admiração, mas orgulho por fazer parte da família Sabin.

Enquanto o laboratório crescia, Janete e Sandra foram descobrindo o poder revolucionário da simplicidade. Com seus jeitos de goiana e mineira, elas conseguiram transformar a complexidade dos processos e da gestão de tal forma que as pessoas, independentemente da posição na hierarquia, compreenderam a importância de cada uma para a empresa. "Com muito amor, todos entenderam e nos ajudaram a construir o Sabin", diz Janete.

No "Jeito Sabin de Ser", simplicidade significa ter sensibilidade para aprender junto e compartilhar conhecimentos — o que as duas fundadoras sempre fizeram com sua equipe e reiteram agora com a publicação deste livro, visando a um público mais amplo. Ele foi escrito neste período de celebração e recomeço, com o propósito de mostrar que o sucesso organizacional requer conhecimento e paixão. Ao dividir seu legado, esperam que outros líderes e empreendedores também possam se envolver, crescer e ajudar a disseminar esses aprendizados. Segundo Janete, "a inovação também se faz ao olhar para o passado, usando a tradição para projetar o futuro".

Portanto, se a história do Grupo Sabin é feita de princípios — e estes são sustentados por pessoas talentosas, comprometidas e entusiasmadas —, não é preciso ser um especialista em tendências para prever que, assim como o passado, o futuro do Sabin também será baseado em princípios. E já começou.

Referências bibliográficas

ABRASHOFF, D. Michael. *Este Barco é Nosso*. São Paulo: Cultrix, 2013.

ALMEIDA, Emerson de. *Fundamentos da Empresa Relevante: Meu aprendizado na FDC*. Rio de Janeiro: Campus-Elsevier, 2006.

ARAÚJO, Leonardo; GAVA, Rogério. *Estratégias Proativas de Negócios*. Rio de Janeiro: Campus-Elsevier, 2014.

BARRETT, Richard. *Criando uma Organização Dirigida por Valores: Uma abordagem sistêmica para a transformação cultural*. São Paulo: Antakarana e ProLíbera, 2009.

BARROS FILHO, Clóvis de; MEUCCI, Arthur. *O Executivo e o Martelo*. São Paulo: HSM, 2013.

BERRY, Leonard L.; SELTMAN, Kent D. *Lições de Gestão da Clínica Mayo*. Porto Alegre: Bookman, 2010.

BÍBLIA SAGRADA. Português. Bíblia de Referência Thompson. Tradução de João Ferreira de Almeida. Edição rev. e corr. Compilado e redigido por Frank Charles Thompson. São Paulo: Vida, 1992.

BOAS, Andréa Villas. *Valor Feminino: Desperte a riqueza que há em você*. São Paulo: Queen Books, 2010.

BOAS, Andréa Villas; DIEHL, Bruna Villas Boas. *Elas Empreendedoras*. São Paulo: Ed. dos Autores, 2012.

CHARAM, Ram; BOSSIDY, Larry. *Execução: A disciplina para atingir resultados*. Rio de Janeiro: Campus, 2004.

COLLINS, Jim; HANSEN, Morten T. *Vencedoras por Opção*. São Paulo: HSM, 2012.

D'ANNA, Stefano. *Um Sonho para o Mundo: Integridade em ação*. São Paulo: Cultrix, 2013.

DEBONI, Fábio (org). *Investimento Social Privado no Brasil*. Brasília: Instituto Sabin, 2013.

DIAS, Cristina Jorge. *Jogos Pedagógicos e Histórias de Vida: Promovendo a resiliência.* São Paulo: Edições Loyola, 2013.

DUHIGG, Charles. *O Poder do Hábito: Por que fazemos o que fazemos na vida e nos negócios.* Rio de Janeiro: Objetiva, 2012.

FALCONI, Vicente. *O Verdadeiro Poder.* São Paulo: Editora INDG, 2009.

FOLLETT, Ken. *O Voo da Águia.* 5ª ed. Rio de Janeiro: Record, 1983.

GRÜN, Anselm. *A Sabedoria dos Monges na Arte de Liderar Pessoas.* 5ª ed. Petrópolis: Vozes, 2011.

HAMMOND, John S.; RAIFFA, Howard; KEENEY, Ralph L. *Decisões Mais Inteligentes: Os melhores artigos da Harvard Business Review.* Rio de Janeiro: Campus, 1999.

KELLY, Matthew. *O Administrador de Sonhos.* Rio de Janeiro: Sextante, 2008.

MEIER, Roberto; DOMENEGHETTI, Daniel. *Feitas para o Cliente: As verdadeiras lições das empresas feitas para vencer e durar no Brasil.* São Paulo: Padrão Editorial, 2012.

MORRIS, Tom. *A Nova Alma do Negócio.* Rio de Janeiro: Campus, 1998.

SALIBI NETO, José; MAGALDI, Sandro. *Movidos por Ideias: Insight para criar empresas.* Rio de Janeiro: Campus-Elsevier, 2010.

SANDBERG, Sheryl. *Faça Acontecer.* São Paulo: Companhia das Letras, 2013.

SISODIA, Rajendra S.; SHETH, Jagdish N.; WOLFE, David B. *Os Segredos das Empresas Mais Queridas.* Porto Alegre: Bookman, 2008.

SOUZA, Cesar. *A NeoEmpresa: O futuro da sua carreira e dos negócios no mundo em reconfiguração.* São Paulo: Integrare Business, 2012.

SUGAI, Vera Lucia. *Arte da Estratégia.* São Paulo: Editora Sapienza, 2004.

TEIXEIRA, Alexandre. *Felicidade S.A.* Porto Alegre: Arquipélago Editorial, 2012.

WARREN, Rick. *Uma Vida com Propósitos: Você não está aqui por acaso.* São Paulo: Editora Vida, 2003.

WELCH, Jack; WELCH, Suzy. *Paixão por Vencer.* Rio de Janeiro: Campus-Elsevier, 2005.

WHEATLEY, Margaret J. *Liderança para Tempos de Incerteza: A descoberta de um novo caminho.* 3ª ed. São Paulo: Cultrix, 2011.

ZOOK, Chris; ALLEN, James. *O Poder dos Modelos Replicáveis.* Rio de Janeiro: Elsevier; São Paulo: Bain&Company, 2012.

Anexo 1: Premiações do Laboratório Sabin

2015

1. Troféu Solidariedade concedido a Fábio Deboni pela ONG Amigos da Vida.
2. 3º Lugar no Prêmio Saúde UNIDAS 2015, concedido à Dra. Elisa Goulart Machado Kovalski e Mariana de Carvalho Bittar pelo trabalho "Bem-estar e qualidade de vida no ambiente de trabalho: as estratégias de promoção da saúde do Laboratório Sabin aos seus colaboradores".
3. Empresa Referência da Saúde na Categoria Gestão Administrativo-Financeira (Live Healthcare).
4. Empresa Referência da Saúde na Categoria Governança Corporativa (Live Healthcare).
5. Homenagem à Dra. Janete Vaz como Profissional Referência da Saúde em Governança Corporativa (Live Healthcare).
6. Prêmio Ser Humano 2015 concedido ao trabalho "Integrando pessoas para formar equipes de alto desempenho" na modalidade Gestão de Pessoas, categoria Empresa (ABRH-MG).
7. Top of Mind Uberlândia — 2015 na categoria Laboratório de Análises Clínicas, concedido ao Laboratório IPAC / Grupo Sabin.
8. Destaque no Pilar Significado e Propósito na pesquisa "As 50 Empresas Psicologicamente Saudáveis EPS 2015" (Grupo Gestão RH).
9. Pela 2ª vez consecutiva como a Empresa Mais Sustentável no Setor Serviços de Saúde (Guia Exame de Sustentabilidade).
10. Eleito por 4 vezes como a Empresa Mais Sustentável na categoria Pequenas e Médias Empresas (Guia Exame de Sustentabilidade).
11. Mérito AJE Empreendedor concedido à Dra. Janete Vaz (AJE — Associação dos Jovens Empresários do Distrito Federal).

12. IT Leader — Destaque na categoria Saúde, concedido ao Gerente de TIC, Edgard Moreira (IT Media).
13. Melhor Empresa na Gestão de Pessoas na categoria de 1.501 a 3.000 funcionários (Valor Carreira).
14. Prêmio Guia Você S/A 2015. As Melhores Empresas para Você Trabalhar — Destaque na Categoria Liderança (Revista Você S/A).
15. Prêmio Guia Você S/A 2015. A Melhor Empresa para Você Trabalhar no Setor Serviços de Saúde (Revista Você S/A).
16. Troféu de prata do prêmio "Ser Humano Ozeneide Casanova", na categoria Gestão de Pessoas (ABRH – AM).
17. Top of Mind Brasília — 2015 na categoria Laboratórios Clínicos.
18. Entre as 5 indicadas na categoria Benefícios Corporativos Top of Mind RH (Editora Fênix).
19. 2º lugar no Prêmio Benchmarking Saúde Bahia na categoria Ação Social.
20. 3º lugar no Prêmio Benchmarking Saúde Bahia na categoria Sustentabilidade.
21. 3º lugar no Prêmio Benchmarking Saúde Bahia na categoria Laboratório de Análises Clínicas.
22. 2º lugar no Prêmio Dr. José Carlos Basques (49º Congresso da SBPC/ML), concedido ao Dr. Alan Carvalho Dias.
23. 3º Melhor Trabalho e Melhor Pôster no 49º Congresso da SBPC/ML, concedido à Dra. Raquel Lopes Cardoso.
24. 4º lugar e Menção Honrosa no prêmio Dr. Evaldo Melo (49º Congresso da SBPC/ML), concedido ao Dr. Alan Carvalho Dias.
25. Destaque na Dimensão Qualidade de Vida na pesquisa nacional "As 150 Empresas em Práticas de Gestão de Pessoas — PGPs Brasil 2015" (Grupo Gestão RH).
26. Entre as "150 Empresas em Práticas de Gestão de Pessoas — PGPs Brasil 2015" (Grupo Gestão RH).
27. A 5ª Melhor Empresa para Trabalhar no Brasil, na categoria Grandes Empresas. (Instituto GPTW).
28. A Melhor Empresa do Brasil na categoria Saúde e destaque na categoria Saúde nas dimensões: Governança Corporativa; Visão de Futuro e Responsabilidade Socioambiental (Anuário Época Negócios 360º).
29. Prêmio Educorp — Excelência em Educação Corporativa. A Universidade Corporativa do Laboratório Sabin, a Unisabin, foi eleita como o 2º melhor programa de educação corporativa do país pela HR Academy.
30. Prêmio de Excelência em Pesquisa da Divisão de Patologia Molecular — categoria estudante, no AACC — Annual Meeting & Clinical Lab Expo 2015 da American Association for Clinical Chemistry.

31. Entre as 100 Maiores Empresas da Região Centro-Oeste, segundo a edição especial da Revista Exame "Melhores e Maiores. As 100 Maiores Empresas do Brasil".
32. A Melhor Empresa para Trabalhar em Minas Gerais na categoria de 50 a 249 funcionários (Instituto GPTW).
33. Entre as Maiores Empresas do DF em Responsabilidade Fiscal (Jornal de Brasília).
34. 2º Lugar entre as Melhores Empresas para Trabalhar no Centro-Oeste em 2015 (Instituto GPTW).
35. Entre os RH's mais admirados do Brasil em 2015, concedido à Marly Vidal (Gestão RH).
36. Entre as Melhores Empresas para Começar a Carreira em 2015 e Destaque em Identidade (Revista Você S/A).
37. Eleito em 1º Lugar entre as Melhores Empresas para Trabalhar na Bahia (Instituto GPTW).
38. Há 10 anos consecutivos entre as Melhores Empresas para Trabalhar na América Latina (Instituto GPTW).
39. Homenagem a colaboradores do Laboratório Sabin pelo Dia do Trabalhador, concedida pela Secretaria de Estado do Trabalho e do Empreendedorismo e pelo Governo do Distrito Federal.
40. Eleito em 1º Lugar no Segmento Medicina Diagnóstica entre as Melhores Empresas para Trabalhar na Área da Saúde no Brasil (Instituto GPTW e Live Healthcare Media).
41. Empresa Destaque em Qualidade de Vida com Foco no Cuidado e Bem-Estar do Colaborador (Grupo Gestão RH).
42. Eleita a Empresa com as Melhores Ferramentas de Gestão de Pessoas Implantadas no Pará em 2015 (Prêmio Holos, Prazer em Trabalhar).
43. 3ª Melhor Empresa para se Trabalhar no Pará (Prazer em Trabalhar).
44. Prêmio Outstanding Abstract Award — 2015, pelo trabalho "X-Lag Syndrome, aspectos laboratoriais", apresentado no 97º Congresso Americano de Endocrinologia.

2014

1. Empresa Referência da Saúde na categoria Medicina Diagnóstica (IT Mídia).
2. Empresa Líder da Saúde na categoria Análises Clínicas (Revista *HealthCare*).

3. 1º Lugar no Prêmio Saúde UNIDAS 2014, concedido à Dra. Elisa Goulart pelo trabalho com o tema "A Excelência na Gestão em Saúde: Estratégias de Programas de Prevenção às Doenças Cardiovasculares em Ambientes Corporativos e Operadoras de Saúde".
4. Prêmio Ser Humano 2014 concedido pela ABRH-DF à equipe de Gestão de Pessoas do Laboratório Sabin pelo trabalho "Integrando Pessoas para Formar Equipes de Alto Desempenho".
5. Prêmio LIDE de Empreendedorismo 2014 — Categoria Empreendedor do Ano, concedido à Dra. Janete Vaz pelo Grupo de Líderes Empresariais.
6. A Empresa Mais Sustentável no Setor Serviços de Saúde (Guia Exame de Sustentabilidade).
7. Destaque no Pilar Equilíbrio, Vida e Trabalho entre as 50 Empresas Psicologicamente Saudáveis (Gestão RH Editora).
8. Entre as 10 Empresas Psicologicamente Saudáveis (Gestão RH Editora).
9. Entre as 50 Empresas Psicologicamente Saudáveis (Gestão RH Editora).
10. Melhor Empresa na Gestão de Pessoas, entre 1001 e 2000 funcionários (*Valor Carreira*).
11. Prêmio Guia Você S/A 2014. As Melhores Empresas para Você Trabalhar — A empresa com as melhores práticas em saúde.
12. Prêmio Benchmarking Saúde — 3º Lugar na Categoria "Laboratórios Clínicos" em Salvador.
13. Eleito em 2º Lugar no Anuário Época Negócios 360° — Categoria Saúde. Destaque na dimensão "Visão de Futuro" (Revista *Época Negócios*).
14. Entre as 150 Melhores Empresas em Práticas de Gestão de Pessoas, com destaque na dimensão "Qualidade de Vida" (Gestão RH Editora).
15. Prêmio Top of Mind 2014 (*Jornal de Brasília*).
16. Finalista do Prêmio Top of Mind de RH 2014, estando entre as cinco empresas mais lembradas por suas práticas em benefícios corporativos (Fênix Editora).
17. Entre as 10 Melhores Empresas para Trabalhar no Brasil em 2014 (Instituto GPTW). Destaque na prática "Contratando".

18. Eleito entre as 100 empresas com maior prestígio no tema sustentabilidade na imprensa, no setor farmacêutico (Revista *Imprensa*).
19. 2º Lugar entre as Melhores Empresas para Trabalhar no Centro-Oeste em 2014 (Instituto GPTW).
20. 3º Lugar entre as Melhores Empresas para Trabalhar na América Latina em 2014 (Instituto GPTW).
21. Entre as 100 Melhores Empresas em IDHO — Indicador de Desenvolvimento Humano Organizacional (Gestão RH Editora).
22. Entre as Maiores Empresas do DF em Responsabilidade Fiscal.
23. Eleito a Melhor Empresa para Trabalhar na Área de Saúde, segundo o Instituto Great Place to Work e a IT Mídia.
24. Destaque no Pilar Qualidade de Vida, da pesquisa nacional "As 100 Melhores Empresas em Cidadania Corporativa 2014", segundo pesquisa realizada pela Gestão RH Editora.
25. Entre as "100 Melhores Empresas em Cidadania Corporativa 2014", segundo pesquisa realizada pela Gestão RH Editora.
26. Eleito uma das Melhores Empresas para Trabalhar na Bahia em 2014, segundo o Instituto Great Place to Work.
27. Entre as 100 Maiores Empresas da Região Centro-Oeste, segundo a edição especial da revista *Exame* "Melhores e Maiores. As 100 Maiores Empresas do Brasil".
28. 2º Lugar na Categoria Melhor Pôster, concedido ao Dr. Jonas Rodolfo por exposição de trabalho no 48º Congresso Brasileiro de Patologia Clínica.
29. 3º Lugar na Categoria Apresentação Oral, concedido ao Dr. Gustavo Barra por apresentação de trabalho no 48º Congresso Brasileiro de Patologia Clínica.
30. 4º Lugar na Categoria Apresentação Oral, concedido ao Dr. Alan Carvalho por apresentação de trabalho no 48º Congresso Brasileiro de Patologia Clínica.
31. Prêmio do Congresso da Associação Médica de Brasília, concedido ao Dr. Gustavo Barra pelo trabalho apresentado.
32. 100 IT Leaders 2014 do Brasil — Edgar Moreira, Gerente de TI (IT Mídia).
33. RHs Mais Admirados do Brasil 2014, concedido a Marly Vidal. Destaque na região Centro-Oeste (Gestão RH Editora).

34. 100 Pessoas Mais Influentes da Saúde — Dra. Sandra Soares Costa (Grupo Mídia).
35. Homenagem à Dra. Janete Vaz, "Grande CEO do Brasil", concedida pela Faculdade Projeção.
36. Certificado de Mérito concedido à Dra. Janete Vaz pelo Conselho Regional de Farmácia do Distrito Federal.
37. Prêmio Personalidades de Belém 2014, concedido à Dra. Priscila Braga.
38. Honra ao Mérito na Diversidade Cultural LGBT, concedido pelo Grupo Gay da Bahia.
39. Certificado por sua excelência em sustentabilidade na categoria Governança Corporativa (Prêmio IBEF).
40. Indicação do Dr. Gustavo Barra ao prêmio Jovem Pesquisador pela AACC.
41. Indicação ao Prêmio Empresarial SBC 2014 na categoria estande Criatividade e Inovação.

2013

1. Empresa Referência da Saúde 2013 — Categoria Responsabilidade Socioambiental, segundo o IT Mídia.
2. Empreendimento de Valor 2013, segundo a Humanitare Foundation.
3. Prêmio Nacional da Qualidade no critério Pessoas (PNQ) — premiação promovida pela Fundação Nacional de Qualidade (FNQ).
4. Empresa-modelo em Sustentabilidade, categoria Pequenas e Médias Empresas (Guia Exame de Sustentabilidade).
5. Melhor Empresa na Gestão de Pessoas, entre 1001 e 2000 funcionários (*Valor Carreira*).
6. Destaque entre as 150 Melhores Empresas em Práticas de Gestão de Pessoas (PGPS).
7. Campeão do Anuário Época Negócios 360° 2013 — Categoria Saúde (Revista *Época Negócios*).
8. Prêmio Guia 2013 Você S/A, As Melhores Empresas para Você Trabalhar — Destaque em RH (Revista *Você S/A*).
9. Prêmio Guia 2013 Você S/A, As Melhores Empresas para Você Trabalhar — Setor Serviços de Saúde (Revista *Você S/A*).

Anexo 1: Premiações do Laboratório Sabin

10. Prêmio Top of Mind 2013 (*Jornal de Brasília*).
11. Eleito em 10º Lugar entre as 100 Empresas com Maior Prestígio no Tema Sustentabilidade na Imprensa, no ranking geral (Revista *Imprensa*).
12. Eleito em 1º Lugar como uma das 100 Empresas com Maior Prestígio no Tema Sustentabilidade na Imprensa, no setor Farmacêutico (Revista *Imprensa*).
13. Prêmio Empresário Amigo do Esporte 2013 (Ministério do Esporte).
14. 4º Lugar entre as Melhores Empresas para Trabalhar no Brasil. Destaque na prática "Compartilhar".
15. Entre as Maiores Empresas do DF em Responsabilidade Fiscal.
16. 1º Lugar como a Melhor Empresa para Trabalhar no Centro-Oeste em 2013 (Instituto GPTW).
17. 1º Lugar como a Melhor Empresa para Trabalhar na América Latina em 2013 (Instituto GPTW).
18. Entre as 7 Melhores Empresas para Começar a Carreira (Revista *Você S/A*).
19. Entre as 100 Melhores Empresas em IDHO — Indicador de Desenvolvimento Humano Organizacional (Gestão RH Editora).
20. Entre as 10 Melhores Empresas em Cidadania Corporativa 2013 (Gestão RH Editora).
21. 1º Lugar — Apresentação Oral de Trabalho na AACC, Annual Meeting & Clinical Lab Expo 2013 da American Association for Clinical Chemistry.
22. Troféu Stella Prata, concedido à Dra. Janete Vaz.
23. Troféu Stella Prata, concedido à Dra. Sandra Soares Costa.
24. Mérito Mercador Candango — Dra. Sandra Soares Costa (Fecomércio).
25. 100 IT Leaders 2013 do Brasil — Edgar Moreira, Gerente de TI (IT Mídia).
26. Certificado de Mérito Profissional à Dra. Janete Vaz, Embaixadora do Instituto Sabin (Rotary Clube de Brasília Alvorada Distrito 4530).
27. Diploma de Honra ao Mérito concedido pela Câmara Municipal de Uberaba à Dra. Janete Vaz.

28. 100 Pessoas Mais Influentes da Saúde — Dra. Sandra Soares Costa (Grupo Mídia).
29. RHs Mais Admirados do Brasil 2013, concedido a Marly Vidal (Gestão RH Editora).
30. Destaque Estadual — Os RHs Mais Admirados do Brasil 2013, concedido a Marly Vidal (Gestão RH Editora).
31. Destaque da Região Centro-Oeste — Os RHs Mais Admirados do Brasil 2013, concedido a Marly Vidal (Gestão RH Editora).
32. Prêmio Cidadania e Direitos Humanos LGBT — Categoria Responsabilidade Social.

2012

1. 8ª Melhor Empresa para Trabalhar na América Latina (Instituto GPTW).
2. Empresa do Ano em Cidadania Corporativa 2012 (Gestão RH Editora).
3. Homenagem de Empreendedorismo Feminino (CRA/DF).
4. Mérito ACDF, concedido à Dra. Janete Vaz.
5. 1ª Melhor Empresa para Trabalhar na Região Centro-Oeste (Instituto GPTW).
6. Prêmio AJE Empreendedor 2012, concedido à Dra. Janete Vaz.
7. Prêmio Soja de Ouro (Barreiras).
8. Moção de Louvor concedida pela Câmara Legislativa do DF a médicos.
9. Profissional de RH e Marca Mais Admirada pelos RHs do Brasil (Gestão RH Editora).
10. Moção de Louvor concedida pela Câmara Legislativa do DF a enfermeiros do Sabinvacinas.
11. 3ª Melhor Empresa para Trabalhar no Brasil (Instituto GPTW).
12. Moção de Louvor concedida pela Câmara Legislativa do DF a farmacêuticos.
13. Top of Mind DF.
14. Prêmio Parceiro 2012 (Hospital Daher).
15. Melhor Empresa para Você Trabalhar, no setor Serviços de Saúde (*Você S/A Exame*).

16. Prêmio Parceiro 2012 (Sociedade Brasileira de Dermatologia — Regional Distrito Federal).
17. 50 Melhores Empresas Psicologicamente Saudáveis.
18. 50 Melhores Empresas em Práticas de Gestão de Pessoas.
19. A Melhor Empresa na Gestão de Pessoas, entre empresas de 1001 a 2000 funcionários (*Valor Carreira*).
20. Empresa-modelo em Sustentabilidade, categoria Pequenas e Médias Empresas (Guia Exame de Sustentabilidade).
21. Melhor Profissional de RH no setor Serviços de Saúde em 2012 (Revista *Você RH*).
22. Referência da Saúde 2012 na categoria Gestão de Tecnologia.
23. Homenagem ao Instituto Sabin concedida pela Rede Solidária Anjos do Amanhã.

2011

1. Great Place to Work — América Latina (Revista *Época*) — 10ª Melhor Empresa para Trabalhar em 2011 (Empresas Nacionais).
2. Great Place to Work — Centro-Oeste — 1ª Melhor Empresa para Trabalhar em 2011.
3. Great Place to Work — Brasil — 4ª Melhor Empresa para Trabalhar em 2011.
4. Prêmio Empresário Amigo do Esporte.
5. Comenda Gomes de Souza e Ramos (Anápolis) — Dra. Janete Vaz.
6. Troféu Comercial e Industrial de Anápolis.
7. Prêmio Soja de Ouro (Barreiras).
8. *Você S/A Exame* — Melhor Empresa no Setor de Saúde e na Região Centro-Oeste.
9. Top de Marketing e Vendas 2011 (ADBV) — Case Sabinvacinas.
10. Premiação Gestão RH — 50 Melhores Empresas Psicologicamente Saudáveis, destaque na dimensão Reconhecimento do Colaborador, e 10 Melhores Empresas em Práticas de Gestão de Pessoas, destaque na dimensão Qualidade de Vida.

11. Top of Mind 2011.
12. AACC, American Association for Clinical Chemistry, Dr. Gustavo Barra (Genotipagem de HPV).
13. Latin American Novartis Oncology Scientific Award — Melhor Pesquisa de Neuroendocrinologia, Dra. Luciana Naves.
14. ENDO.
15. 1º Lugar entre 501 a 1000 funcionários — A Melhor das Melhores, Prêmio Geral (*Valor Carreira*).
16. Empresa-modelo (Guia Exame de Sustentabilidade).
17. Prêmio Mercador Candango — Dra. Janete Vaz.
18. Prêmio Camélia da Liberdade (Rio de Janeiro).
19. Prêmio Fórum de Líderes Empresariais — Dra. Janete Vaz.
20. Prêmio Saúde Brasília — Triagem Neonatal — Dra. Silvana Fahel.
21. Valor Liderança Feminina — Dra. Janete Vaz e Dra. Sandra Costa entre as 15 Melhores Gestoras do Brasil pela *Valor*.
22. Mérito AJE Empreendedor 2011 — Dra. Janete Vaz.
23. Gente do Bem (premiação de ações de trabalhos sociais).
24. Profissional de RH Mais Admirado do Brasil — Marly Vidal.

2010

1. Prêmio Empreendedor do Ano de 2010 — Ernst & Young — Entre as cinco empresárias finalistas do Prêmio.
2. 1º Lugar entre 501 a 1000 funcionários (*Valor Carreira*).
3. Prêmio EPS 2010 — 10 Melhores Laboratório Sabin.
4. 5º Lugar — Melhor Empresa para a Mulher Trabalhar (*Você S/A Exame*).
5. Primavera Editorial 2010.
6. Top of Mind 2010.
7. Prêmio "Empresário Amigo do Esporte" — Contribuição a projetos esportivos por meio de recursos da Lei de Incentivo ao Esporte.
8. Great Place to Work — América Latina — Entre as 100 Melhores Empresas da América Latina.

Anexo 1: Premiações do Laboratório Sabin

9. Great Place to Work — Brasil (Revista *Época*) — 3ª Melhor Empresa para Trabalhar no Brasil.
10. Great Place to Work — Brasil (Revista *Época*) — Melhor Empresa para Trabalhar no Brasil, na categoria Cuidar.

2009

1. Prêmio Claudia — Janete Vaz e Sandra Costa.
2. 4ª Melhor Empresa para a Mulher Trabalhar no Brasil (*Guia Você S/A Exame*).
3. Great Place to Work — América Latina — Entre as 100 Melhores Empresas da América Latina.
4. Great Place to Work — Brasil (Revista *Época*) — 5ª Melhor Empresa para Trabalhar no Brasil.
5. Great Place to Work — Brasil (Revista *Época*) — Melhor Empresa para a Mulher Trabalhar no Brasil.
6. Top of Mind 2009 — O Laboratório Clínico Mais Lembrado de Brasília (*Jornal de Brasília*).
7. Prêmio Valor Carreira — 2ª Melhor Empresa na Gestão de Pessoas, na categoria Empresa de 501 a 1000 Funcionários (*Jornal Valor Econômico*).
8. Entre as 25 Empresas Mais Inovadoras do Brasil (Revista *Época Negócios*).
9. As 150 Melhores Práticas em Gestão de Pessoas — Melhor Empresa em Prática em Gestão de Pessoas, na categoria Qualidade de Vida (Revista *Gestão RH*).

2008

1. Melhor Empresa em Gestão de Pessoas — 1º Lugar na categoria de 501 a 1000 funcionários (*Valor Carreira*).
2. Top of Mind 2008 — O Laboratório Clínico Mais Lembrado de Brasília (*Jornal de Brasília*).
3. Entre as 50 Melhores Empresas Psicologicamente Saudáveis para se Trabalhar no País (Gestão RH Editora).
4. Great Place to Work — América Latina — Entre as 100 Melhores Empresas da América Latina.

5. Great Place to Work — Brasil (Revista *Época*) — 5ª Melhor Empresa para Trabalhar no Brasil.
6. Great Place to Work — Brasil (Revista *Época*) — Melhor Empresa para a Mulher Trabalhar no Brasil.
7. 6ª Melhor Empresa para Trabalhar no Brasil (*Guia Você S/A Exame*).

2007

1. Top of Mind 2007.
2. Great Place to Work (Revista *Época*) — 9ª Melhor Empresa para se Trabalhar no Brasil.
3. Great Place to Work (Revista *Época*) — 1º Lugar na categoria Imparcialidade.
4. Prêmio Eco 2007 (Câmara Americana de Comércio — Amcham) — Vencedor na modalidade PRSE (Práticas de Responsabilidade Social e Empresarial), na categoria Público Interno para Empresas de Médio Porte.
5. Entre as 150 Melhores Empresas para Trabalhar no Brasil (*Guia Você S/A Exame*).
6. Prêmio Valor Social 2007 — Melhor Empresa em Qualidade no Ambiente de Trabalho (*Jornal Valor Econômico*).
7. Prêmio Mérito Empreendedor 2007.

2006

1. Prêmio Nacional de Luta contra a Aids — Menção Honrosa pelo Controle e Prevenção da Aids no Ambiente de Trabalho.
2. Programa de Qualidade do Distrito Federal — PQDF.
3. Great Place to Work (Revista *Época*) — Entre as 100 Melhores Empresas para se Trabalhar no Brasil.
4. Entre as 150 Melhores Empresas para se Trabalhar no Brasil (*Guia Você S/A Exame*).
5. 5ª Melhor Empresa para se Trabalhar no Brasil (*Guia Você S/A Exame*).
6. Prêmio Candango de Excelência em Recursos Humanos — ABRH.

7. Prêmio Destaque RH 2006.
8. Top of Mind 2006.
9. Prêmio Eco 2006 (Câmara Americana de Comércio — Amcham) — Vencedor na modalidade PRSE (Práticas de Responsabilidade Social e Empresarial), na categoria Público Interno para Empresas de Médio Porte.
10. Prêmio Candango de Excelência em Recursos Humanos — ABRT.
11. Comerciante do Ano 2006 (Associação Comercial do Distrito Federal).

2005

1. Top of Mind 2005 (*Jornal de Brasília*).
2. Prêmio Belmiro Siqueira 2005.
3. Prêmio Candango de Excelência em Recursos Humanos.
4. Entre as 150 Melhores Empresas para Trabalhar no Brasil (*Guia Você S/A Exame*).
5. Prêmio Valor Social 2005 — Vencedor na categoria Respeito ao Consumidor, Júri Popular (*Jornal Valor Econômico*).
6. CRA/DF 2005 — Mérito Administração do DF.
7. Prêmio Nacional de Luta Contra a Aids — Melhor Case de Prevenção da Aids no Ambiente Profissional, na categoria Empresa de Médio Porte.

2004

1. Top of Mind 2004 (*Jornal de Brasília*).
2. Programa de Controle de Qualidade.
3. Ciclo 2004 — Modelo 2-500 pontos = Programa Qualidade DF Destaque Regional Centro-Oeste (Guia Exame Boa Cidadania Corporativo).
4. Prêmio Candango de Excelência em Recursos Humanos, instituído pela Associação Brasileira de Recursos Humanos, seccional do Distrito Federal (ABRH – DF).

2003

1. 1º Lugar no Prêmio Candango de Excelência em Recursos Humanos, categoria Profissional.
2. Prêmio Profissional de Marketing Março/2003 (Faculdade Objetivo/IBTC).

2000

1. Prêmio Top Mega Destaque 2000.
2. 1º Lugar em Mulheres Empreendedoras de Taguatinga — Março de 2000 — Grupo Criança Feliz.

Anexo 2: Unidades de atendimento

DISTRITO FEDERAL

Águas Claras

- Rua Pitangueiras com Rua Alecrim, Lotes 1/2, Lojas 9/10.
- Shopping Quê! — Rua 36 Norte, Lote 5, Lojas 21/22, Térreo.
- Edifício Metrópole — Av. das Araucárias, Lote 1525, Loja 25, Térreo.

Asa Norte

- Centro Empresarial Brasília Shopping, Torre Sul, 1º andar, SCN Quadra 5, Bloco A, Salas 101/104.
- Edifício Crispim — SMHN Quadra 2, Bloco C, Sobreloja, 14.
- Edifício de Clínicas — SMHN Quadra 2, Bloco A, Sobreloja 7/8.
- Edifício de Clínicas — SMHN Quadra 2, Bloco A, Térreo.
- Edifício Carlton Center, SCRN 516, Bloco E, Loja 74, Térreo.
- SCRN 708/709, Bloco D, Loja 11.
- SCRN 710/711, Bloco A, Entrada 52, Loja 64.
- Edifício Medical Center — SHLN, Bloco M, Lojas 96/120, Térreo.
- Conjunto Nacional — SDN, Ala Norte, 3º Andar, Loja 3.054.
- Edifício Vital Brasil — STN, Conjunto M, Entrada B, Sala 130, Térreo.
- Edifício Primo Crossara — SHLN, Bloco F, nº 10, Salas 206/207.
- Edifício Biosphere SHLN Conjunto I, Bloco A, salas 513, 515 e 517.
- Edifício Biosphere SHLN Conjunto I, Bloco A, salas 501 a 511.

Asa Sul

- Centro Clínico Sul — 716 Sul, Conjunto L, Bloco 2, Térreo.
- Centro Clínico Sul — 716 Sul, Torre I, Sala 23.
- Centro Clínico Sul — 716 Sul, Torre II, Sala W 421.
- Edifício Medical Center — 716 Sul, Loja 22.
- Centro Executivo Sabin — 714/914 Sul, Lojas 120/124, Térreo.
- Centro Médico Hospitalar — 613/614 Sul, Lote 95, Sala 11.
- Hospital Alvorada (Antigo HCB) — 710/910 Sul, Subsolo.
- Edifício Via Brasil — 710/910 Sul, Conjunto D, Loja 3.
- Edifício Vital Brasília — 710/910 Sul, Conjunto A, Sala 3.
- Edifício Financial Center Parking — SBS, Quadra 1, Bloco C, Loja 16.
- SCS, Quadra 5, Bloco C, Loja 46.
- Edifício Venâncio 2000 — 2º Subsolo, Salas 16 e 18 (Samdel).
- Edifício Advance — SGAS 715/915, Lote 69, Salas 102, 103 e 104.
- CEPS Quadra 709/909, Lote A, Bloco B, Sala 14, Centro Médico Júlio Adnet.

Brazlândia

- Setor Norte — Quadra 1, Lote 24, Loja 1.

Ceilândia

- Ceilândia Sul, QNM 17, Conjunto H, Lote 28, Loja 2.
- Ceilândia, QNM 17, Conjunto A, Lote 1, Centro.
- Hospital São Francisco, QNN 20, Conjunto O, Lote 43.
- Hipermercado Extra, QNM 11, Lote 6, Lojas 1/6.

Cruzeiro

- Hipermercado Extra, SIA Trecho 12, Lote 105, Loja 19.
- Terraço Shopping — Torre A, Sala 120.

Guará I

- QE 11, Lote 1, Loja 21, Térreo.
- Clínicas Guará — QE 11, Lote 1, Edifício Guará Office Center, Sala 207.

Guará II

- QE 40, Conjunto H, Lote 7, Loja A.

Gama

- Setor Sul — Quadra I, Conjunto G, Lote 19.
- Setor Leste — Quadra 15, Comercial, Lote 20.
- Policlínica Gabriela, Setor Sul, Quadra I, Conjunto 1, Casa 6.
- Setor Hospitalar Lote 07, Lojas 14 e 15, Térreo.

Lago Sul

- Edifício Victória Medical Center — SHIS QI 15, Sala S 2B, Entrada Principal.
- Hospital Daher — SHIS QI 7, Conjunto F.
- Jardim Botânico Shopping — Av. Comercial, QI 23, 1º Andar, Lojas 48/49.
- SHIS QI 13, Bloco E, Loja 2.
- Shopping Deck Brasil — SHIS QI 11, Sala 101, 1º Andar.

Lago Norte

- Shopping Deck Norte — C.A. 1, Bloco A, Sala 8/9.
- SHIN EPPN Lote 2, Lojas 2/3.

Núcleo Bandeirante

- Travessa Dom Bosco, Bloco 785, Lotes 4/5, Loja 1.

Planaltina

- Planaltina I — Quadra 3, Conjunto H, Lote 40, Vila Buritis.
- Planaltina II — Setor Tradicional, Avenida Independência, Quadra 34, Lote 6.

Paranoá

- Avenida Paranoá, Quadra 30, Conjunto 22, Lote 19, Loja 1.

Recanto das Emas

- Centro Empresarial — Quadra 104, Lotes 8–11, Loja 1.

Riacho Fundo

- CLN 07, Bloco B, Lote 02 lojas 01 e 02.

Samambaia

- Samambaia Norte — QN 212, conjunto D, Lote 01, Loja 01.
- Samambaia Sul — QS 116, Conjunto 6, Loja 1.

São Sebastião

- Avenida Comercial, 2.081, Loja 2 (em frente ao Fórum).

Sobradinho

- Edifício Lions — Quadra 6 AR 4, Loja 9, Setor Central.
- Sobradinho Centro Clínico, Quadra 8.
- Condomínio Jardim Europa I, Quadra 1, Conjunto A, Lote 9, Loja 5.
- Sobradinho II — Avenida Central, Conjunto 3, Casa 5, Loja 1, Setor Oeste.
- Edifício Rebeca — Quadra 1, AR 1, Loja 12.
- Sobradinho Salute — Quadra 7, Cl 3, Lojas 1, 2, 3 e 4 (dentro da Clínica de Cardiologia Salute).
- Sobradinho Salute II — Quadra 08, comércio local 15, dentro da Clínica Salute, ao lado do Giraffas.

Sudoeste

- Sudoeste JK — QMSW 05, Lote 10, Bloco A, Loja 02.
- Edifício Sudoeste Shopping — CLSW 104, Bloco B, Loja 38.
- Centro Clínico Sudoeste, Blocos 3–5, Sala 115, Térreo.

Taguatinga

- Pistão Sul, CSE 6, Lote 58, Loja 1.
- Taguatinga Norte — CNC 2, Lote 16, Loja 1.
- Avenida Comercial Norte, QNA 30, Lote 10, Térreo.
- Taguatinga Sul — QSA 2, Lote 17.
- Taguatinga Norte — Clínica São Marcos, QND 1, Lote 20.

Vicente Pires

- Chácara 108, Lote 8, Sala 26 (em frente à Feira do Produtor).
- Rua 12, Chácara 312 A, Lote 13, Loja 4, Setor Habitacional Vicente Pires.

GOIÁS

Anápolis

- Rua 1º de Maio, 294, Centro.
- Instituto da Mama — Rua Coronel Batista, 173, Centro.
- Clínica Yasmim — Rua Sebastião Alarcão, 29, Jundiaí.
- Vila Jaiara — Avenida Fernando Costa 384, Loja 03.
- Praça Dom Emanuel, 97, Jundiaí.

Formosa

- Avenida Ângelo Chaves, 45, Centro (em frente à Igreja Matriz).
- Avenida Valeriano de Castro, 45, Centro.

Luziânia

- Edifício Tamboril — Praça da Matriz, 88, Salas 1–6, Centro.
- Rua Eliane Laquis, Quadra 07, Lote 06, Sala 101, Centro.

Pedregal

- Parque Estrela Dalva VI — Quadra 482, Lote 10.

Valparaíso

- Quadra 10, Casa 9, Etapa A, Valparaíso I.

Águas Lindas

- Quadra 6, Lote 17, Loja 01 — Jardim Brasília.

Cristalina

- Avenida J. J. Torreira, 19, Centro.

BAHIA

Barreiras

- Rua Abílio Farias, 179, Térreo, Salas 1–2, Centro.
- Centro Médico Edifício Dr. Jair, Rua Guadalajara, 176, Centro.
- Rua Capitão Manuel Miranda e lateral direito com a Rua Princesa Isabel, Quadra J, 994, Primavera.

Luis Eduardo Magalhães

- Rua Paraíba, Quadra 57, Lote 24, Loja 546.

Salvador

- Avenida Alphaville, 151, Alpha Mall, Lojas 103/113/114, Alphaville.
- Rua General Labatut, 21, Centro Médico dos Barris, Barris.
- Avenida D. João VI, 155, Brotas.
- Avenida Tancredo Neves, 1.632, Edifício Salvador Trade Center, Caminho das Árvores.
- Rua Marechal Floriano, 31, Canela.
- Rua Metódio Coelho, 104, Lojas 3/4, Edifício Liberal Center, Cidadela.
- Clínica CEDIBA — Rua Eduardo José dos Santos, 147, Ed. Prof. Eduardo Fernando Filgueiras, Sala 1209, Bairro Garibaldi.
- Clínica Multiclin — Av. Paulo VI, 1633, Pituba.

- Avenida Garibaldi, 1.477, Lojas 1/2, Ed. Alexander Flemming, Lojas 01/02, Bairro Ondina.
- Avenida Jorge Amado, 967, Loja B, Imbuí.
- Rua das Hortênsias, 930, Itaigara.
- Avenida Dorival Caymmi, 14.154, Centro Médico Dr. Joaquim Pereira de Souza, Salas 101/102/117, Itapuã.
- Estrada da Liberdade, 36, Loja Térreo, Liberdade.
- Rua Professor Constantino Vieira, 23, Esq. com a Avenida Fernandes da Cunha, Mares.
- Avenida Manoel Dias da Silva 1796 CS, Bairro Pituba.
- Rua José Augusto T. Dantas, 76, Box B e C, Bairro Stella Mares.
- Avenida Antônio Carlos Magalhães, 56, Itaigara.
- Avenida Euclides da Cunha, Loja 01, 170, Graça.

Lauro de Freitas

- Avenida Praia de Itapuã, 652, Quadra A4, Lote 20, Villas do Atlântico.
- Edifício Mais Empresarial, Rua Carlos Albertos Santos, 577, 11º andar, Vilas do Atlântico.

MINAS GERAIS

Uberaba

- Avenida Santos Dumont, 1.106.
- Rua da Constituição, 750.
- Avenida Leopoldino de Oliveira, 3.176.
- Rua Santo Antônio, 150.
- Praça Dr. Tomaz Ulhoa, 544.
- Avenida Santos Dumont, 108, Santa Maria.

Uberlândia

- Avenida Cipriano Del Favero, 515, Centro.
- Avenida João Pinheiro, 289, Centro.
- Avenida Nicomedes Alves dos Santos, 1500, Morada da Colina.

- Avenida Belo Horizonte, 927, Martins.
- Avenida Vasconcelos Costa, 863, Martins.

TOCANTINS

Palmas

- Edifício Jamir Resende — Avenida LO 1, Quadra 104 Sul, Lote 33.
- Quadra 401 Sul, Conjunto 2, Lote 2, Pavimento 1, Sala 2, Mezanino 1, Plano Diretor Sul.
- Quadra. 501 Sul, Conjunto 2, Rua NS A, Lote 12, Plano Diretor Sul.
- Avenida Teotônio Segurado, Quadra 201 Sul, Conjunto 01, Lote 05.
- 501 Sul Avenida Ns 1, Quadra 17, Conjunto 2, Plano Diretor Sul.
- Avenida Tocantins, Quadra 9, Lote 25, Sala 3, Taquaralto.

AMAZONAS

Manaus

- Rua Rio Itannana, 110, Quadra 67A, Conjunto Vieiralves, N. Senhora das Graças.
- Avenida Guapó, 92 (Antiga Avenida Timbiras — em frente ao T3), Cidade Nova I.
- Avenida Leonardo Malcher, 1.739 (em frente à Embratel/UEA), Praça 14 de Janeiro.
- Rua Tapajós, 685 (Clínica Prodimagem) — Centro.
- Rua do Comércio II, 46, Conjunto Castelo Branco — Parque 10.
- Avenida Djalma Batista, 1.719 — Atlantic Tower, Chapada.
- Clínica Sensumed — R. São Luís, 510 — Adrianópolis.
- Avenida Autaz Mirim, 7.800 (Próximo do Shopping Cidade Leste), Bairro Tancredo Neves.
- Shopping Ponta Negra Avenida Coronel Teixeira 5705 L 27/28.1 piso 1.
- Rua São Luís, 60 — Adrianópolis.
- Avenida Álvaro Botelho Maia, 1.444, Praça 14 de Janeiro.
- Efigênio Salles — Ed. Mundi.
- Distrito Industrial — Cond. Elisa Miranda.

PARÁ

Belém

- Travessa Castelo Branco, 912, São Braz (entre Gov. José Malcher e Magalhães Barata).
- Avenida Senador Lemos, 762, Telégrafo (entre Soares Carneiro e Dom Pedro Primeiro/ Estacionamento pela Jerônimo Pimentel).
- KM 8 da BR 316, número 501 — Edifício Business, Ananindeua.
- Cidade Nova III, SN 6, 71 Clínica CLINIC (atrás do CREAS Ananindeua).
- Rua Lopo de Castro, 590C, Cruzeiro, (entre Padre Julio Maria "3ª rua" e 15 de Agosto "4ª rua").
- Rua Bernal do Couto, 53, Umarizal (esquina com Visconde de Souza Franco/Doca).
- Almirante Barroso, 1.842, Térreo (esquina com a Travessa Angustura) — Bairro Marco.
- Clínica Clinel — Rua Benfica, Conjunto Médice II, 4 — Marambaia (próximo ao final da linha de ônibus Sacramenta Nazaré e Médice P. Vargas).

SÃO PAULO

São José dos Campos

- Rua Francisco Paes, 165 — Centro.
- Rua Cel. José Domingos de Vasconcelos, 205 — Vila Ady-Anna.
- Rua Cidade de Washington, 53 — Vista Verde.
- Avenida Andrômeda, 1529 — Jardim Satélite.
- Rua Marcondes Salgado, 28 — Vila Nove de Julho.
- Rua Eng. Francisco José Longo, 1265 — Jardim São Dimas.
- Avenida Andrômeda, 3.560 — Bosque dos Eucaliptos.
- Pátio das Américas Mall, lojas 1 e 2, Térreo.

Jacareí

- Rua Alfredo Schurig, 190, Centro.

MATO GROSSO DO SUL

Campo Grande

- Rua Albert Sabin, 1138 — Vila Taveirópolis.
- Rua Doutor Eduardo Machado Metello, 272 — Chácara Cachoeira.
- Avenida Calógeras, 1143 — Centro.
- Avenida Afonso Pena, 2486 — Centro.
- Avenida Marinha, 724, Centro Comercial — Coophavila II.
- Rua Brilhante, 2702 — Bandeirantes.
- Rua Alagoas, 700 — Jardim dos Estados.
- Avenida Afonso Pena, 3813 — Jardim dos Estados.
- Avenida Júlio de Castilho, 997 — Vila Planalto.
- Rua da Paz, 87 — Centro.

*"Nada do que vivemos tem sentido se
não tocarmos o coração das pessoas."*

Cora Coralina, poetisa goiana (1889–1985)

Índice

Símbolos

7h não é 7h01 89
25 empresas mais inovadoras do Brasil 139

A

Ação Social Nossa Senhora do Perpétuo Socorro 155
Administrando com Visão Social 152
afetividade 68
Albert Bruce Sabin 13
aniversário de 30 anos 191
ANVISA 5
Assessoria Científica 146
Associação Americana de Química Clínica 135
Auxílio Babá 118
Auxílio Creche 118
Auxílio Educação 102
Auxílio Funeral 111
Auxílio Noel 107

B

Biologia Molecular 141
brandbook 130
brinquedoteca 169

C

Centro Social Comunitário Tia Angelina 157
Código de Ética Sabin 129
coleta de sangue 111
Coleta Seletiva 176
Conhecendo a Empresa do Papai e da Mamãe 121
Cora Coralina ix
coral do Sabin 122
cor do cordão 129
criação do Instituto Sabin 81, 82
Criança e Saúde 156, 164
criatividade 139
cuidado com o ser humano 149

D

Destaque em Responsabilidade Social pelo Guia da Boa Cidadania 160
Dia de Fazer a Diferença 164
Diálogo Semanal de Segurança 112
DNA do Sabin 72
Dona Glória 11

E

Edifício verde 178
Educação Financeira 103
Educa SABIN ação 110
Emerson de Almeida xvi
Empatia 189
equipe de esporte 169
esteira Labcell 136
Eu Cuido dos Meus Pais 111

F

Felicidade 189
festa de fim de ano 106
Festa Junina 122
Foco 76
Fundação Abrinq 158
Fundação Dom Cabral 52

G

geração Y 125
Gerenciamento da Frota de Veículos 176
Gestão com Amor 72
GIFE, Grupo de Institutos Fundações e Empresas 170
governança corporativa 62, 78
gravidez 24
Guimarães Rosa ix

I

Inovação 189
ISO 9000 48

J

Janete Vaz v, 11, 191
Jeito Sabin de Ser 70, 117

job rotation 124
Junior Achievement 168

K

kit beleza 116

L

Lídia Abdalla xix
Livro da Marca Conhecer de Verdade 188
livro Investimento Social Privado no Brasil 170
ludotecas 165

M

Mala do Livro 170
Mandamentos do Sabin 79
Melhor Empresa para a Mulher Trabalhar 164
Melhor Empresa para Trabalhar na América Latina 99
Melhores em Gestão de Pessoas 99
Melhores Empresas para Você Trabalhar 50
Meninas e Mulheres 158, 167
Miniempresa 168
modelo de gestão 76
Momento Científico 104, 143
música ao vivo 3, 88

N

Nossas Crianças 159
Nosso Planeta, Nossa Casa 168
Núcleo de Apoio à Pesquisa 142
Núcleo de Inovação 139

O

O Dono da Fralda 118
O Futuro que Queremos 178
Ouvir 76

P

Pacto Global 173
PALC 4
pão de queijo 89
Papo Saúde 169
PAV 165
PELM 5
Pescar Sabin 5
Plano de Contingência Ambiental 176
plano de previdência privada 116
Prêmio Fidelização 117
prêmio Latin American Novartis Oncology Scientific Award 144
primeira mostra internacional de cinema 186
primeiro dia no emprego 128
Princípio xx
proatividade 72
Profissionais do Texto 56
Programa Bem Viver Sabin 113
Programa de Desenvolvimento de Carreira 104
Programa Desenvolver Líderes 104
programa Empresa Amiga da Criança 158
Programa Fidelidade 116
Programa Nacional de DST/Aids 150
Projeto Conhecer para Nutrir 158
Projeto de Expansão 130
Projeto Empresarial para o Crescimento 60
Projeto Pescar 166

Q

Quem Curte o Sabin, Curte o Planeta 177

R

Recrutamento e Seleção do Sabin 124
Rede de Mulheres Líderes pela Sustentabilidade 178
responsabilidade socioambiental 185
Reunião de Acompanhamento de Resultado 60
Rio+20 178
Roda-Viva com a Diretoria 132
Rosmary Delboni 3

S

SabiAnos em Festa 121
Sabin Bem-Casado 110
Sabin — Digital 116
Sabinvacinas 5
Sabin Vida Segura 110
Sabin — Você Motorizado 116
Sandra Costa 11, 192
Saúde 189
Saúde na Escola 158
Semana Interna de Prevenção de Acidentes de Trabalho 112
sensibilidade 68
sistema online de correio interno 75
sustentabilidade 174

T

técnico-científico 146
Tecnologia 189
tirar os sonhos da gaveta 108
Top of Mind 183
Treinamento Básico
 Introdutório 129
Treinar 76

U

UNICEF 162
uniforme 129

V

Verdade 188
Verdade com Amor 104

Fotos

Na foto: Leandro Vaz, Patrícia Justino Vaz, Matteo Vaz, Raquel Vaz, Janete Vaz e Rafael Vaz.

Na foto: Sandra Soares Costa com a neta, Beatriz Costa, e o marido, Odilon Pena Costa.

Sandra Soares Costa e Janete Vaz na obra da nova sede do Laboratório Sabin.

Conselho de Família. Na foto: Sandra Soares Costa, Janete Vaz, Leandro Vaz, José Márcio Diniz Filho, Newton Garzon, Raquel Vaz, Rafael Vaz, Gabriel Costa, Marcelo Costa e Guilherme Costa.

Área técnica do
Laboratório Sabin.

Desjejum especial
para os clientes do
Laboratório Sabin.

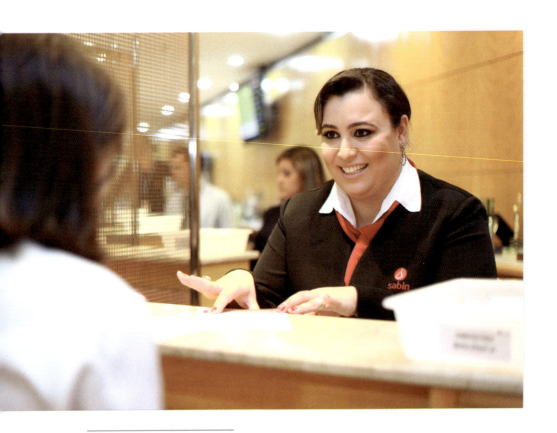

Laboratório Sabin,
referência em gestão de
pessoas e sustentabilidade.

Unidade Móvel de Promoção
à Saúde do Instituto Sabin.

Para garantir uma experiência positiva e diminuir a ansiedade dos clientes, o laboratório possui músicos que se revezam em suas unidades de atendimento.

Atendimento diferenciado para crianças.

Janete Vaz e Sandra Soares Costa durante a campanha "Quem curte o Sabin, curte o Planeta", que plantou cinco mil árvores em áreas de reflorestamento.

Ludoteca implantada pelo Instituto Sabin.

Janete Vaz e Sandra Soares Costa na Premiação do Guia Exame de Sustentabilidade 2013.

Equipe do Laboratório Sabin durante o Prêmio Nacional da Qualidade, em que foi destaque no Critério Pessoas.

Orgulho da empresa e da marca expresso pelos colaboradores e seus familiares.

Equipe do Laboratório Sabin durante o prêmio do Anuário Época 360º 2015, em que a empresa foi eleita campeã na categoria saúde.

Lídia Abdalla e Janete Vaz na premiação do Valor Carreira em 2014, em que o Sabin foi reconhecido como a Melhor Empresa na Gestão de Pessoas, na categoria de 1001 a 2000 funcionários.

O Laboratório Sabin tem orgulho de ter sido eleito em 2013 em 1º lugar como a Melhor Empresa para Trabalhar na América Latina, segundo o Instituto *Great Place to Work*.

Sandra Soares Costa no evento "Desafios da Inovação Empresarial na América Latina", em Cartagena das Índias, na Colômbia.

Janete Vaz apresentando o case do Sabin para a equipe de executivos da KPMG.

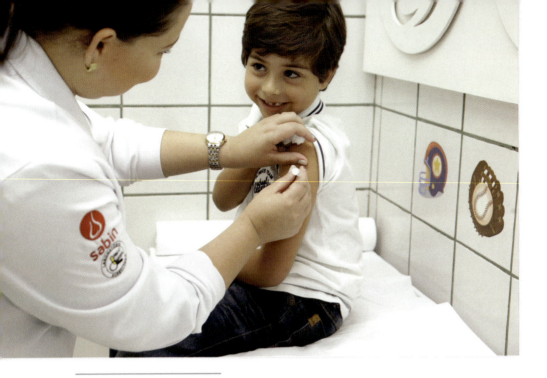

O serviço de imunização do Laboratório Sabin possui vacinas para todas as idades.

Colaborador premiado da Equipe de Esportes do Laboratório Sabin

Festa de confraternização do Laboratório Sabin.

Equipe Sabin recebendo o Prêmio Top of Mind 2014 — 12 anos consecutivos de reconhecimento.

Equipe do Laboratório Sabin durante a *AACC — Annual Meeting & Clinical Lab Expo 2014* da *American Association for Clinical Chemistry*, em Chicago — EUA.

O Núcleo de Apoio à Pesquisa já apoiou mais de 300 projetos científicos.

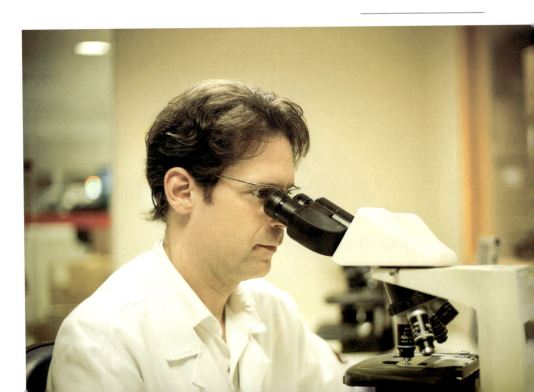

Sandra Soares Costa e Lídia Abdalla durante a *AACC — Annual Meeting & Clinical Lab Expo 2014 da American Association for Clinical Chemistry*, em Chicago — EUA.

Sandra Soares Costa e Janete Vaz no início das atividades da primeira unidade do Laboratório Sabin no Edifício das Clínicas, na Asa Norte, em Brasília.

Sandra Soares Costa e Janete Vaz durante a inauguração da unidade do Brasília Shopping.